Heinrich Nejedly

*Kanuwandern in
Deutschland*

Heinrich Nejedly

Kanuwandern in Deutschland

**50 klassische Touren
zwischen
Rhein und Spree,
Alster und Inn**

Dritte, überarbeitete Auflage

... und vor mir der Fluß und Weite ...

(C. I. Luther)

Bildnachweis
Titelbild: Auf der Wümme bei Fischerhude (Tour 43)
Seite 2: Vereinsfahrt auf der Wörnitz (Tour 17)
Fotos: Miroslava und Heinrich Nejedly
Alle Flußkarten vom Autor
Umschlaggestaltung: F & H Werbeagentur GmbH, München

Lektorat:
Marianne Faiss-Heilmannseder, München
Layout/Herstellung:
Friedrich Wilhelm Bonhagen

Schriftliche und bildliche Darstellung dieses Werkes erfolgten nach bestem Wissen und Gewissen des Autors.
Die Befahrung der Flüsse nach diesen Vorschlägen geschieht auf eigene Gefahr.
Eine Haftung wird nicht übernommen.

BLV Verlagsgesellschaft mbH München Wien Zürich
80797 München

© BLV Verlagsgesellschaft mbH, München 1998

Das Werk einschließlich aller seiner Teile ist urheberrechtlich geschützt.
Jede Verwertung außerhalb der engen Grenzen des Urheberrechtsgesetzes ist ohne Zustimmung des Verlags unzulässig und strafbar. Das gilt insbesondere für Vervielfältigungen, Übersetzungen, Mikroverfilmungen und die Einspeicherung und Verarbeitung in elektronischen Systemen.

Gesamtherstellung: Ludwig Auer GmbH, Donauwörth

Printed in Germany
ISBN 3-405-15564-9

Dank
meiner Frau Miroslava, die fotografierend und schreibend Hunderte von Kilometern geduldig mitpaddelte.
Meinem Freund Karlheinz Martin sowie allen Sportkameraden, besonders aus den neuen Bundesländern, für das reichhaltige Informations- und Kartenmaterial, das sie mir freundlicherweise zur Verfügung stellten, sowie für die nützlichen Ratschläge und Ergänzungen zu einzelnen Tourenbeschreibungen in dieser Neuauflage.
Dank auch meinem Freund Alois Seewald für die Durchsicht des Manuskripts und allen Verbandskameraden, die uns auf mancher Reise begleiteten und bewußt oder unbewußt als Fotomotiv dienten.

Die Deutsche Bibliothek –
CIP-Einheitsaufnahme

Nejedly, Heinrich:
Kanuwandern in Deutschland : 50 klassische Touren zwischen Rhein und Spree, Alster und Inn / Heinrich Nejedly. [Fotos: Miroslava und Heinrich Nejedly]. – 3., überarb. Aufl. – München ; Wien ; Zürich : BLV, 1998
ISBN 3-405-15564-9

Inhalt

Einführung		7
Übersichtskarte		10
1 Warnow	3–4-Tage-Fahrt	12
2 Havel (untere Havel)	4–5-Tage-Fahrt	16
3 Müritz – Mirower Seen	kleine Ferienfahrt	19
4 Havel (obere Havel)	3–4-Tage-Fahrt	23
5 Feldberger Seen Küstrinchener Bach	1–2-Tage-Fahrt	28
6 Rhin (Rheinsberger Rhin)	2-Tage-Fahrt	32
7 Spree	Ferienfahrt	36
8 Spreewald	3 Tages-Rundtouren	41
9 Elbe	Ferienfahrt	46
10 Unstrut	2–3-Tage-Fahrt	52
11 Saale	kleine Ferienfahrt	56
12 Pegnitz	2 Tagesetappen	61
13 Naab	kleine Ferienfahrt	64
14 Regen	Ferienfahrt	67
15 Donau	2–3-Tage-Fahrt	71
16 Altmühl	Ferienfahrt	75
17 Wörnitz	kleine Ferienfahrt	79
18 Inn	Ferienfahrt	82
19 Loisach (mit Isar)	3–4-Tage-Fahrt	87
20 Iller	2 Tagesfahrten	92
21 Rhein (Hochrhein)	kleine Ferienfahrt	95
22 Donau (obere Donau)	Ferienfahrt	100
23 Lauchert	2 Tagesetappen	105
24 Neckar (oberer Neckar)	2-Tage-Fahrt	108
25 Enz	2–3-Tage-Fahrt	111
26 Kocher	4–5-Tage-Fahrt	130
27 Neckar	kleine Ferienfahrt	134
28 Main	Ferienfahrt	139
29 Fränkische Saale	4–5-Tage-Fahrt	144
30 Rhein (Mittelrhein)	4–5-Tage-Fahrt	147
31 Mosel	Ferienfahrt	152
32 Sauer	2–3-Tage-Fahrt	157
33 Kyll	3-Tage-Fahrt	160
34 Lahn	Ferienfahrt	164
35 Sieg	3-Tage-Fahrt	170

36	Lenne	2–3-Tage-Fahrt	174
37	Eder	kleine Ferienfahrt	177
38	Fulda	Ferienfahrt	181
39	Weser	Ferienfahrt	185
40	Werra	Ferienfahrt	192
41	Ems (mit Werse)	4–5-Tage-Fahrt	196
42	Hase	3–4-Tage-Fahrt	201
43	Wümme	3–4-Tage-Fahrt	204
44	Böhme	2-Tage-Fahrt	207
45	Oertze	2-Tage-Fahrt	211
46	Aller	kleine Ferienfahrt	214
47	Ilmenau	2–3-Tage-Fahrt	219
48	Alster	2-Tage-Fahrt	223
49	Schwentine (mit Holsteinischen Seen)	kleine Ferienfahrt	227
50	Treene	3–4-Tage-Fahrt	231

Die wichtigsten Schiffahrtszeichen _____ 120
Wichtige Schallsignale _____ 121

Weiterführende Literatur _____ 236

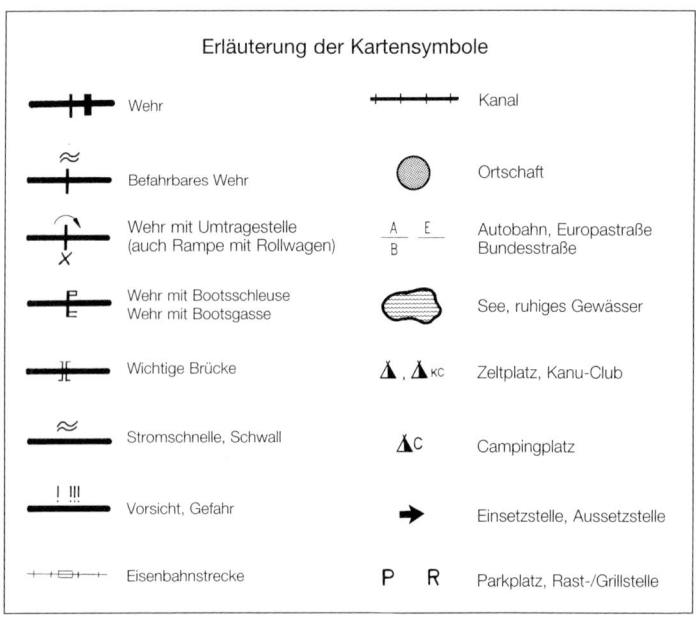

Einführung

Viele von uns können sich noch erinnern, schon als Kind magisch vom Zauber des fließenden Wassers angezogen worden zu sein. Am kleinen Bach, am Teich oder am Ufer eines Stromes spielend, ließen wir unsere Papierschiffchen auf dem Wasser treiben, dabei träumend, es sei ein wirkliches Schiff auf einem großen Fluß. Und mancher hegt auch als Erwachsener den Wunsch, im eigenen Boot einen Fluß zu befahren, der Hektik des Alltags zu entkommen und sich an der vorbeiziehenden Landschaft zu erfreuen. Wer einmal eine solche Fahrt mitgemacht hat, kommt immer wieder zurück zum Fluß und wird oft begeisterter Anhänger einer idealen Freizeit- und Familiensportart: dem Wasser- oder Kanuwandern.

Es kann bei uns auf eine sehr lange Tradition zurückblicken. Schon vor mehr als 130 Jahren wurden einzelne Paddler auf deutschen Flüssen gesichtet und nur wenig später die ersten Vereine und Paddler-Clubs gegründet. Knapp nach der Jahrhundertwende unternahmen manche Faltbootfahrer ausgedehnte Kanutouren in ganz Europa und das Faltboot wurde »salonfähig«. Zum richtigen Volkssport jedoch stieg das Wanderpaddeln in den dreißiger Jahren auf, als die Begeisterung für das »freie Naturleben« ihren Höhepunkt erreicht hatte und Tausende von Faltbootfahrern und -fahrerinnen in ihrer knapp bemessenen Freizeit fast alle, damals noch naturerhaltenen und unverbauten Flüsse und Seen unserer Heimat befuhren. Der Krieg und die schwere Zeit danach unterbrachen diese Entwicklung, und es dauerte fast 15 Jahre, bis sich der Wandersport wieder erholte.

Doch der Rückschlag ließ nicht lange auf sich warten. Rücksichtslos wurde in den sechziger und siebziger Jahren Flüsse zu Wasserstraßen kanalisiert, mit Stauwehren verbaut, von der Industrie verschmutzt und von der Landwirtschaft vergiftet und mancher noch übriggebliebener Fluß oder Bach für Kanufahrer gesperrt.

In den letzten Jahren hat sich da manches geändert. Neue Kläranlagen wurden in Betrieb genommen und Wasserschutzgebiete ausgewiesen; auch bemüht man sich sogar um eine Renaturierung einiger Bäche. Die Wasserqualität vieler Flüsse hat sich spürbar gebessert, und heute finden wir in Deutschland mehrere hundert lohnende, für den Kanusportler befahrbare Gewässer. Nur 50 davon als »klassische Kanuflüsse« auszusuchen, war keine leichte Aufgabe.

Mancher Kanute wird in diesem Buch seinen Haus- oder Lieblingsfluß vermissen, trotz unserer Bemühung, bei der Auswahl alle Regionen in Gesamtdeutschland zu berücksichtigen. Wir wählten in erster Linie Flüsse mit außerordentlichen landschaftlichen Reizen, die schon immer als »klassische Wanderflüsse« bekannt waren, auch wenn es sich heute bei manchen von ihnen um Schiffahrtsstraßen oder ökologisch belastete Flußabschnitte handelt (Rhein, Main, Elbe). Ferner suchten wir Flüsse mit noch relativ sauberem

Wasser aus, die auch längere Wanderfahrten oder Varianten bieten und die meiste Zeit des Jahres befahrbar sind. So entstand eine Tourenauswahl, die flächenmäßig ganz Deutschland abdeckt und die möglichst viele Kanufreunde zu Wanderfahrten auf heimischen Gewässern anregen soll.

Der Spezialführer ist so gestaltet, daß außer einer Touren- und Landschaftsbeschreibung sowie einer kurzen Flußcharakterisierung noch auf Sehenswertes im Tal sowie auf Zelt- und Campingmöglichkeiten, Kartenmaterial und Kanuliteratur hingewiesen wird. In den dazugehörigen Flußskizzen sind Hindernisse (Wehre, Schleusen, Gefahrenstellen u. a.) sowie Umtragemöglichkeiten, Ortschaften, Zufahrtsstraßen und Campingplätze eingezeichnet. Die Bilder, die sämtlich auf unseren Touren entstanden, sollen über die typischen Merkmale einzelner Flüsse informieren und die Erinnerungen an schöne Wanderfahrten wachhalten.

Doch jede Tourenbeschreibung wird mit der Zeit überholt; es ändern sich Wehre, Verbauungen, Zeltplätze etc. Flußabschnitte werden gesperrt, neue Befahrungsregelungen erlassen. Für jeden Hinweis, jede Ergänzung oder kritische Anmerkung sind wir offen und wollen diese in der nächsten Auflage berücksichtigen.

Manche Tour führt durch öffentliche Schiffahrtsstraßen, also Seen oder Flüsse, auf denen besondere Verkehrsregeln und Verordnungen gelten. Die wichtigste Verordnung ist die Binnenschiffahrtsstraßenordnung, die auf den allermeisten Flüssen Gültigkeit hat; für die Donau und den Rhein gibt es eigene, etwas abweichende Verordnungen. Alle Texte dieser Verordnungen sind im Buchhandel erhältlich, und wer öfter auf großen Flüssen paddelt, sollte sich mit den betreffenden Bestimmungen bekannt machen. Hier kann nur auf das Wesentlichste eingegangen werden: Auf allen diesen Gewässern gilt die Ausweichpflicht für Sportboote gegenüber dem Großschiffsverkehr sowie eine Kennzeichnungspflicht der Boote mit einem Bootsnamen (außen) und Adresse (innen). Boote von Mitgliedern des Deutschen Kanu-Verbandes (DKV) tragen am Bug den Bootsnamen, am Heck den Vereinsnamen (10 cm hohe Buchstaben) und den Wimpel oder Aufkleber des DKV. Mindestens ein Kanute muß den DKV-Ausweis im Boot mitführen. Auf Seite 120/121 sind die wichtigsten Verkehrszeichen sowie Licht- und Tonsignale dargestellt und erläutert.

Die während der letzten Jahre andauernde Renaissance des Kanusports sowie das erhöhte öffentliche Umweltbewußtsein brachten auch unliebsame Konflikte mit Naturschützern und mancher Gemeindeverwaltung mit sich. Teils aus Unkenntnis der Kanuwanderproblematik wurden überstürzt Flußsperrungen und Befahrungsregelungen erlassen, die wir aber beachten müssen. Weil Kanufahrer immer ein enges, positives Verhältnis zur Natur hatten, verhalten wir uns auf den Fahrten entsprechend umweltbewußt: In jedem Falle müssen wir Flurschäden an den Einsetzstellen vermeiden (Treppchen, Rampen benutzen!); wir legen nicht überall an, nutzen dazu vorhandene Raststellen, entfachen keine Lagerfeuer außerhalb von Feuerstellen und zelten auf ausgewiesenen Plätzen oder nach Absprache mit Grundbesitzern. Unsere Abfälle sammeln wir wieder ein, und für unsere Bedürfnisse halten wir einen Klappspaten bereit. Am Fluß lärmen wir nicht, fahren nicht zu dicht an Schilfgürtel heran (brütende Wasservögel!) und beachten die Angler und ihre teuren Geräte – kurz und gut, wir verhalten uns als Kanuwanderer vorbildlich.

Noch ein paar Sätze zur Sicherheit beim Kanuwandern: Jeder, der in einem Boot paddelt, muß schwimmen können! Es empfiehlt sich, die Boote unsinkbar zu machen (Spitzenbeutel u. ä.), alle mitgeführten Sachen in wasserdichte Säcke zu verpacken und Reservekleidung mitzunehmen. Auf großen Gewässern gehört eine Schwimmweste zur Ausrüstung. Vor einer Fahrt informieren wir uns über den Wasserstand am Fluß; bei Hochwasser nicht fahren! Wehre als künstliche Flußhindernisse stellen eine Gefahrenquelle dar; Steilwehre und Sohlstufen mit Tosbecken (Rücksog) sind immer lebensgefährlich und dürfen nicht befahren werden. Schrägwehre mit ablaufendem Wasser können bei entsprechendem Wasserstand eine sportliche Bereicherung einer Wandertour sein, doch ein Umtragen der Boote zeugt nicht von Feigheit. An Bootsschleusen oder Bootsgassen lesen wir aufmerksam die Bedienungsanleitung, bevor wir mit dem Schleusenmanöver beginnen. Unsere Bootsfahrten sollten wir nie alleine unternehmen; ideal ist eine kleine Gruppe, in der wir die Schönheiten des Flusses gemeinsam entdecken.

Und falls jemand noch Kanusport-Anfänger ist: Es gibt zwar eine Vielzahl von Lehrbüchern, aus denen man sich theoretische Kenntnisse über Ausrüstung, Paddeltechnik und Bootsbeherrschung aneignen kann, doch mehr Spaß macht es in einem der vielen Vereine des Deutschen Kanu-Verbands, deren geschulte Wandersport-Übungsleiter und erfahrene Kanuwanderer viele Tips und Kniffe dieses schönen Natursports vermitteln.

Miroslava und Heinrich Nejedly

In Vohburg an der Donau kommen die Boote ins Wasser.

Übersichtskarte

1 Warnow
2 Havel (untere Havel)
3 Müritz – Mirower Seen
4 Havel (obere Havel)
5 Feldberger Seen
    Küstrinchener Bach
6 Rhin (Rheinsberger Rhin)
7 Spree
8 Spreewald
9 Elbe
10 Unstrut
11 Saale
12 Pegnitz
13 Naab
14 Regen
15 Donau
16 Altmühl
17 Wörnitz
18 Inn
19 Loisach (mit Isar)
20 Iller
21 Rhein (Hochrhein)
22 Donau (obere Donau)
23 Lauchert
24 Neckar (oberer Neckar)
25 Enz
26 Kocher
27 Neckar
28 Main
29 Fränkische Saale
30 Rhein (Mittelrhein)
31 Mosel
32 Sauer
33 Kyll
34 Lahn
35 Sieg
36 Lenne
37 Eder
38 Fulda
39 Weser
40 Werra
41 Ems (mit Werse)
42 Hase
43 Wümme
44 Böhme
45 Oertze
46 Aller
47 Ilmenau
48 Alster
49 Schwentine (mit Holst.
50 Treene   Seen)

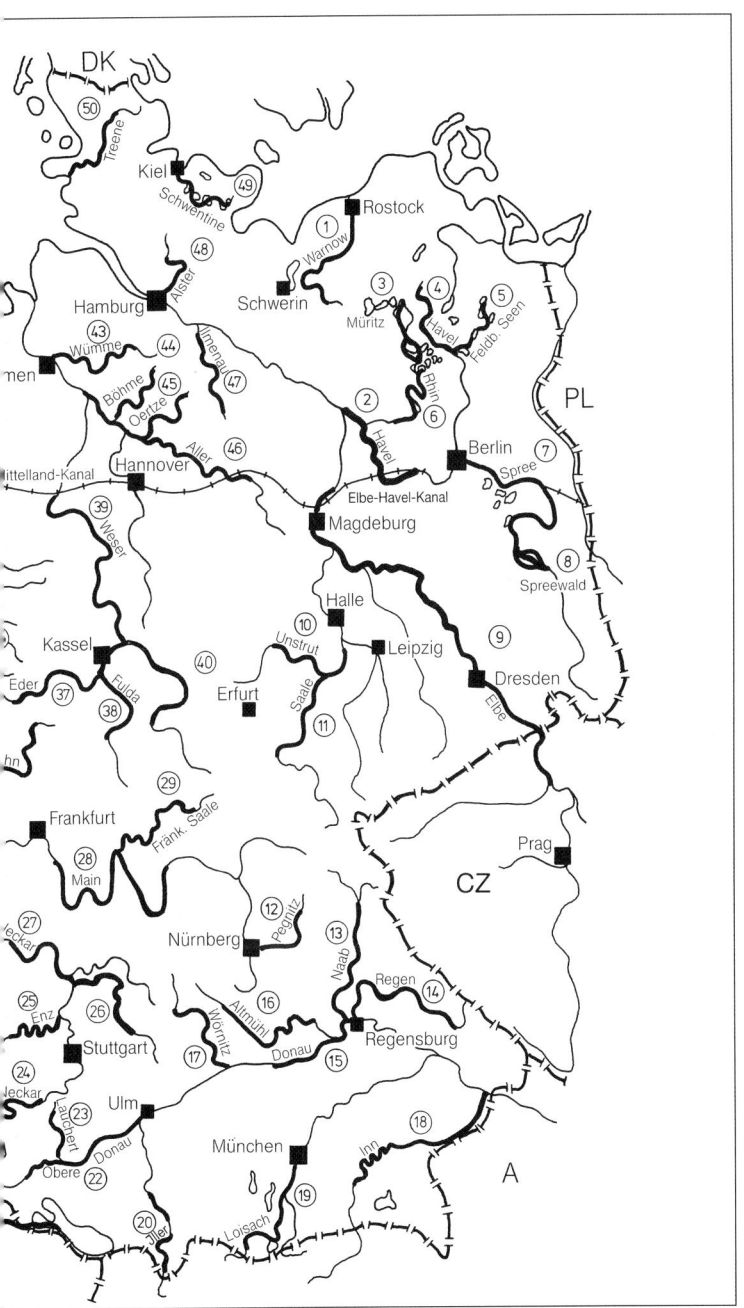

Warnow

Ostseefluß

1

Barniner See – Bützow
75 km
3–4-Tage-Fahrt

Auf der Warnow durch die »Hinterhöfe« von Bützow.

Von ihrem Quellgebiet in den Feuchtwiesen bei Grebbin bis zur Mündung als Unterwarnow in die Ostsee bei Warnemünde legt die Warnow – im Oberlauf als verträumtes, windungsreiches Wiesen- und Waldflüßchen, im Unterlauf als breiter Fluß in einer eiszeitlichen Schmelzwasserrinne fließend – über 140 km zurück. Dabei durchbricht sie zwischen Sternberg und Warnow in einer eindrucksvollen Waldschlucht die fast 100 m hohen Endmoränenhügel, die den nördlichen Mecklenburger Landrücken begrenzen.

Bei sehr gutem Wasserstand ist die Warnow mit Einerbooten schon ab Bülow befahrbar, doch für eine Wanderfahrt setzen wir die Kanus in Barnin ein. Diesen kleinen Ort am gleichnamigen See erreichen wir auf einer guten Straße von Crivitz aus. Auf der einladenden Terrasse von »Krause's Kiosk« am Seebad können wir noch eine Kleinigkeit essen, bevor wir in den See stechen und die nördliche Richtung ansteuern.

Am jenseitigen Ufer liegt im Schilf versteckt der Seeabfluß, und die erste Umtragestelle – ein Schützenwehr – läßt nicht lange auf sich warten. In kleinen Schleifen pendeln wir anschließend durch Wiesen und Weiden und erreichen die Rönkendorfer Mühle, heute ein Bildhaueratelier.

Ab der Straßenbrücke (der Pegel sollte wenigstens 0,85 m anzeigen) wird aus dem regulierten Wiesenfluß schlagartig ein natürlicher Waldfluß, der mit kleinen Biestereien, wie umgestürzten Bäumen, scharfen Haarnadelkurven und seichten Stellen, unsere Kanuwan-

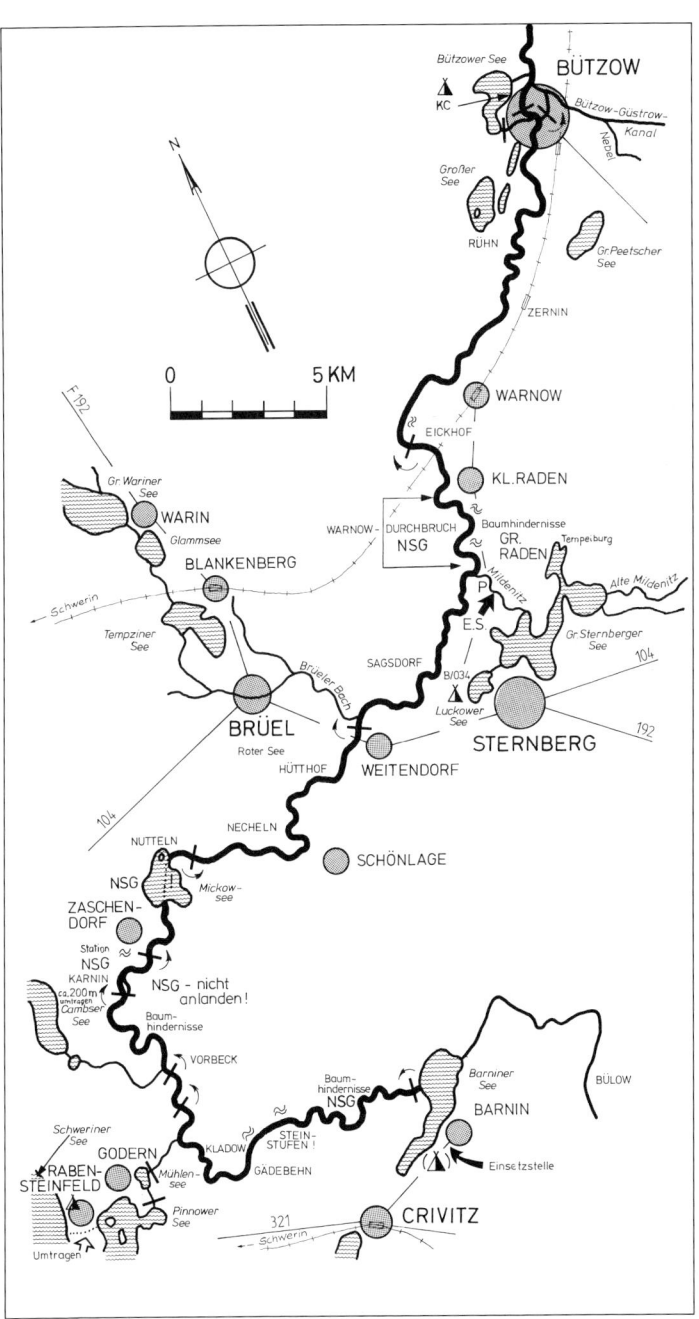

derung würzt. Das Wasser ist fast glasklar, und im sandigen Bett stecken große Flußmuscheln. Hin und wieder schwirren Eisvögel wie blaue Edelsteine von Ast zu Ast, und gelbe Teichrosen bedecken die ruhigen Gumpen. Einige Male müssen wir aussteigen und schieben das Kanu über die im Fluß liegenden Stämme.

Nach diesem ursprünglichen Abschnitt wird es steinig. Kleine Sohlschwellen lassen hier und da das Wasser aufspritzen. Drei Steinwurfstufen zwingen uns dann zum Treideln oder Umtragen. Verstreute Pflastersteine liegen im Flußbett.

Linksufrig mündet der Mühlenfließ, durch den mancher Wanderpaddler vom Schweriner See über den Pinnower See herüberkommt. Am Wehr bei Gneven sowie am Vorbecker Wehr tragen wir kurz rechts um.

Nach der Brücke von Kritzow beginnt das Naturschutzgebiet Karnin und gleichzeitig eine sehr anspruchsvolle Strecke voller schmaler Kehren und umgestürzter Bäume.

Vor dem alten Holzbrückenwehr der Riechenberger Mühle booten wir links aus und tragen unsere Kajaks ungefähr 200 m weit zur Einsetzstelle bei der Naturschutzstation. Nach Anfrage dürfen wir am Stationsgelände übernachten sowie auch an geführten Exkursionen in das Naturschutzgebiet teilnehmen.

Den Weg zum Mickowsee versperrt noch das unbefahrbare Betonsohlenwehr von Zaschendorf. Die vielen Schwäne am See gehören wahrscheinlich zum lebenden Inventar des Nuttelner Schlößchens, dessen Türmchen weithin sichtbar sind. Das Doppelwehr vor Nutteln leitet eine regulierte, etwas eintönige Strecke ein.

Es folgen eine niedrige Holzbrücke und vor Weitendorf das Wehr. Also wieder aus den Booten, links hinübertragen und dasselbe noch einmal kurz danach an der nächsten Brücke (Vorsicht, im linken Brückenjoch Pfähle!). Melioriert windet sich der Fluß weiter, leider fehlen die Uferbäume, man spürt, daß hier reine Technokraten am Werk waren.

Um so kontrastreicher wirkt nach der Mildenitzmündung der Warnow-Durchbruch. Frisch auflebend hüpft hier in herrlichen Schwällen die Warnow über Felsbrocken und Rippen in mehreren Schleifen durch eine einsame Waldschlucht. Mit vorsichtigen Paddelschlägen ziehen wir das Kanu knapp an umgestürzten Bäumen vorbei und lassen die Insel nach dem Holzsteg links liegen. Wundervoll, diese Flußlandschaft!

Vor Eickhof beruhigt sich die Strömung, am Wehr tragen wir um (wenig Platz am Drehkreuz nach der Straße). Über der kurzen Schwallstrecke pendeln die bunten Slalomstangen des Kanuclubs Bützow; an manchen Wochenenden können wir die Jungs beim Training beobachten.

Bei Pustohl überrascht uns noch eine liebliche Waldpassage. Nach der Brücke vor Bützow (die Straße führt zum Bahnhof) teilt sich die Warnow. Wir nehmen den rechten Flußarm (Die Boote am Wehr umtragen), gelangen über den Abfluß in den Bützower See und beenden unsere Warnow-Wanderung am Vereinsgelände des Kanu-Club Bützow.

Bei einer Weiterfahrt bis zur Schleuse Mühlendamm in Rostock erwarten uns 38 einsame Paddelkilometer (Schiffsverbindung mit dem Bützow-Güstrow-Kanal) mit einem schönen Zeltplatz bei Schwaan.

Am Wehr nach dem Barniner See tragen wir links um.

Charakter, Tips

Landschaftlich und wassertechnisch sehr abwechslungsreicher Wanderfluß, fast ganzjährig ab Barnin mit allen Kanutypen (keine Mannschaftskanus) befahrbar. Mehrere sportlich anspruchsvolle Abschnitte verlangen eine gute Paddeltechnik sowie eingespielte Mannschaften in den Zweierbooten. Die teils noch unberührte, einsame Flußlandschaft, gute Strömung und sauberes Wasser machen die Befahrung zu einem unvergeßlichen Erlebnis. Rückfahrt zu den am Barniner See abgestellten Autos mit der Eisenbahn über Schwerin nach Crivitz; von hier ca. 1 Stunde Fußmarsch zum See. Pkw-Kontakt nur an wenigen Brücken möglich. Als Variante einer Warnow-Tour bietet sich eine vorherige Befahrung des Schweriner Sees (oder Elde-Befahrung) an, um nachher bei Raben-Steinfeld ca. 1 km über Land in den Pinower See umzusetzen, dessen Abfluß (Mühlenfließ) bei Godern die Warnow erreicht. Auch der rechte Zufluß der Warnow, die liebliche Mildenitz, bietet uns, besonders für Einerboote geeignet, vom Kanu-Club-Zeltplatz am Goldberger See eine reizende 2-Tage-Tour an. Hier erleichtert uns die Lokalbahn die Rückkehr zu den in Goldberg abgestellten Autos. Im NSG nicht anlanden, Hinweisschilder beachten, nur zwischen 10 und 16 Uhr paddeln! Beide Flüsse nur in kleinen Gruppen befahren. Infos über Wasserstände u. ä.: Wolfgang Klein, Tel. 0171/451 79 58.

Zeltmöglichkeiten

Barnin (nach Erlaubnis am Seebad). NSG-Station Karnin (Anfrage Tel. 03866/7 57), Raben-Steinfeld; Sternberg: Luckower See; Bützow (am See).

Sehenswertes

Bülow: Spätgotische Dorfkirche, barockes Herrenhaus.
Crivitz: Pfarrkirche (Holzgewölbe), KZ-Gedenkstätte.
Gr. Raden: Tempelburg (Freilichtmuseum – slawische Siedlung).
Sternberg: Pfarrkirche (14. Jh.).
Bützow: Pfarrkirche mit herrlicher Ausstattung, Heimatmuseum, Altstadt, Schloß.

Karten, Kanu-Literatur

Generalkarte 1 : 200 000, Blatt 30, 31; Wasserwanderatlas Mecklenburger Gewässer; Wassersportwanderkarte 1 : 450 000, Nr. 6.

Havel
(untere Havel)
Nebenfluß der Elbe

2
Brandenburg – Havelberg
91 km
4–5-Tage-Fahrt

Auf dem Plauer See paddeln wir an Reusennetzen vorbei.

Die Havel ist ein ganz besonderer Fluß, der mit seinen Schönheiten wie kein anderer die Landschaft prägt. Schon kurz nach der Quelle reiht sie wie große kostbare Edelsteine einen See nach dem anderen auf ihr grünblaues Band. Nach langem Hin und Her entscheidet sie sich in ihrer Fließrichtung für den Nordwesten und trifft bei Havelberg auf die Elbe. Wir befahren den sehr ruhigen und einsamen Unterlauf der Havel unterhalb Brandenburg. Mindestens ein bis zwei Tage sollten wir der auf mehreren Inseln liegenden alten Chur- und Bischofsstadt widmen. Viele Baudenkmäler wurden bereits restauriert und zeugen von der bewegten 1000jährigen Stadtgeschichte.

Am Vereinsgelände des BKV »Freie Wasserfahrt« neben der Eisenbahn- und neuen Straßenbrücke können wir nach Absprache zelten und unsere Kajaks einbooten. Bei Tourenbeginn an einem der anderen Bootshäuser erleben wir auf gut beschildertem Wasserweg eine interessante Fahrt durch die Stadt. Die Kähne der Berufsschiffer fahren durch den Silo-Kanal, verlassen nach Überqueren des Plauer Sees das Havelbett und benutzen weiter den Havel-Elbe-Kanal. Wenn nicht gerade Wochenende ist, können wir eine stille und einsame Kanutour genießen.

Am ausgedehnten Stahlwerkskomplex zu unserer Rechten vorbeipaddelnd, lassen wir eine Fähre den Fluß kreuzen und erreichen den Breitlingsee, der sich mit dem Plauer See zu einer großen Wasserfläche zusammenschließt. Mehrere Inseln (Werder) und eine reichgegliederte Uferlinie machen die Befahrung des Sees zu einem einzigartigen Landschaftserlebnis. Die kürzeste Paddelstrecke führt am Buhnenwerder (NSG) vorüber zum nördlichen Seeufer, an dem wir uns bei westlichem Gegenwind nur mühsam vorbeischieben. Am Zeltplatz und der schwimmenden Fischzuchtanlage am Margarethenhof vorüber unterqueren wir die Stahldoppelbogenbrücke bei Plaue. Die Havel schiebt uns mit leichter Strömung in nördlicher Richtung durch ein seeartig sich erweiterndes und wieder schmäler werdendes Flußbett. Kleine Leuchttürme markieren die halsartigen Engen. Viele Ferienhäuser säumen die grünen Flußufer, und bei

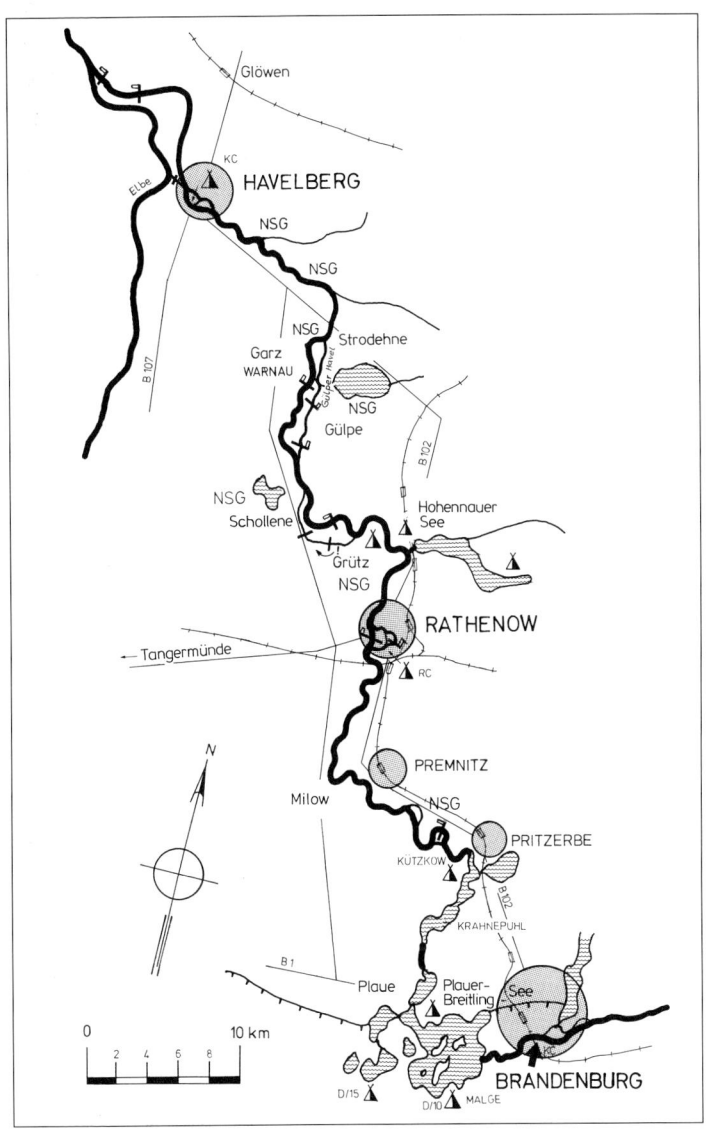

Krahnepuhl legen wir an der Klubgaststätte »Havelidylle« zu einer Erfrischungspause an. Zum Tagesziel Pritzerbe ist es nicht mehr weit. Im Vorort Kützkow bauen wir linksufrig am Campingplatz unser Zelt auf. Eine Fähre bringt uns abends in das stille Städtchen Pritzerbe, das zu den ältesten Siedlungen im Havelland gehört.

Anderntags erwartet uns nach 4 km die erste selbstbedienbare Sportbootschleuse (rechter Flußarm), anschließend strömt die Havel ungehindert durch eine flache, waldlose Niederung Rathenow entgegen. Hier können wir nach Anfrage bei den Rudersportlern zelten.

Die Havel teilt sich in zahlreiche Flußarme und Kanäle; wir halten uns rechts, bewältigen die Stadtschleuse und paddeln bald wieder in der offenen Landschaft. Im Frühjahr erwartet uns hier ein vielstimmiges Konzert, wenn wir an der ausgedehnten Vogelschutzinsel nördlich von Rathenow leise (!) vorbeipaddeln. Der 76 m hohe Eichberg zwingt die Havel mit seinem bewaldeten Hang zu einem Bogen, und von rechts mündet der Abfluß des langgezogenen Hohenauer Sees.

Nach Grütz (letzte offizielle Zeltmöglichkeit vor Havelberg) betätigen wir wieder eine Sportbootschleuse und paddeln nach Garz oder wechseln vis-à-vis von Molkenberg rechts in die idyllische und einsame Gülper Havel (zwei Schleusen) über, die uns bei Strodehne wieder in die Havel zurückbringt. 3 km später drehen wir die Bootsspitzen in westliche Richtung und erspähen rechts die Mündung der Neuen Dosse. Weitere Natur- und Vogelschutzgebiete begleiten den Havellauf; Feuchtwiesen und breite Schilfgürtel bieten den verschiedensten Vogelarten und seltenen Tieren ideale Lebensbedingungen.

In der Ferne zeigt sich nun das rote Dach des Havelberger Doms. Wir nähern uns schnell unserem Ziel und beenden bei Kanufreunden auf der Spülinsel, gegenüber dem Altstadtpanorama, unsere Wanderfahrt auf dem abwechslungsreichen Fluß. Neben der Besichtigung der Dom- und »Pferdestadt« sollten wir noch einen Auto-Abstecher elbeaufwärts ins geschichtsträchtige Tangermünde machen.

Charakter, Tips

Ein Fluß der Niederung, der mit sehr schwacher Strömung viele Seen durchfließt. Mit allen Kanutypen befahrbar. Auch für wenig erfahrene Wanderer geeignet. Doch Vorsicht: Am Plauer See bei Westwind starke Wellenbildung! Landschaftlich sehr abwechslungsreich. Bahnverbindung zwischen Brandenburg und Rathenow, bedingt Havelberg (7 km Station Glöwen).
Im NSG Untere Havel vom 15. 3.–15. 6. Anlegeverbot außerhalb von Orten und Schleusen.

Zeltmöglichkeiten

Brandenburg-Malge; Plaue; Pritzerbe-Kützkow; Milow (an der Stremme); Rathenow RC (nach Anfrage); Grütz; Havelberg (Spülinsel).

Sehenswertes

Brandenburg: Altstadt, Rathaus mit Roland (15. Jh.), Wehrtore, Dom St. Peter u. Paul (12. Jh., Dominsel), Domschatzmuseum, Petri-Kapelle (13. Jh.), Katharinenkirche (14.–16. Jh.), Paulskirche (Ruine), Heimatmuseum, Fritz-Bollmann-Brunnen; Brandenburg-Plaue: Barockschloß (18. Jh.) romanische Backsteinkirche.
Pritzerbe: 1400 Jahre alte Siedlung, Barockkirche (Orgel 18. Jh.).
Rathenow: Stadtkirche St. Marien (15. Jh.), Museum, Kurfürstendenkmal; Schollene: Herrenhaus (18. Jh.).
Havelberg: Dom (12. Jh.), Domherrenhöfe, Domschule, Altstadt mit Bürgerhäusern (17.–18. Jh.), Stiftsgebäude (Prignitzmuseum, 12.–14. Jh.), Laurentiuskirche, Schiffswerft, Salzmarkt (Beguinenhaus), Pferdemarkt (September).

Karten, Kanu-Literatur

Generalkarte 1 : 200 000, Blatt 32, 33; Wassersportwanderkarte 1 : 450 000, Teil 6; Wasserwanderatlas Teil Märkische Gewässer; Wassersportkarte Havelgewässer. – Kanu-Sport 93/3.

Müritz – Mirower Seen

3

Waren – Mirow – Diemitz – Canow – Waren
Rundwanderung – kleine Ferienfahrt, ca. 130 km

Motorisierten Faltbootfahrern begegnen wir in der Schleuse Diemitz.

Inmitten der Mecklenburger Seenplatte liegt die Müritzer Großseenlandschaft, an die sich in südlicher Richtung das reichgegliederte Seen- und Gewässergebiet um Mirow herum anschließt, das uns eine Verbindung von der Müritz in die Havel anbietet. Die leicht wellige Hügellandschaft mit mehreren großen und unzähligen kleinen Seen hält eine Fülle von Kanuwanderwegen bereit, und die ausgedehnten Kiefern- und Buchenwälder locken zu langen Spaziergängen. Am Wasser begegnen wir einer für Mitteleuropa unglaublich reichen Vogelwelt – ca. 250 Arten, einschließlich der so seltenen Kraniche, See- und Fischadler, die hier noch ihre Horste bauen. Am Ostufer der Müritz – nach dem Bodensee zweitgrößter See in Deutschland – breitet sich ein über 6000 ha großes NSG, das Kerngebiet des Müritz-Nationalparks, aus, das zur Erhaltung dieses Artenreichtums dient und selbstverständlich nur auf den ausgewiesenen Wegen betreten werden darf.

Unsere Wanderfahrt beginnt auf der Binnenmüritz in der Stadt Waren, die fast wie auf einer Insel von Seen umschlossen wird. Am Campingplatz C/100 oder bei einem der Vereinsbootshäuser können wir unsere Faltboote aufbauen und sie in das saubere Wasser hinablassen, um anschließend durch den 250 m breiten »Hals« zur Müritz zu gelangen. Links, an der Halbinsel Ecktannen, liegt der weitläufige Zeltplatz C/99, doch wir halten uns entlang dem westlichen Ufer und sind erstaunt über die

Weite der vor uns liegenden Wasserfläche; das jenseitige Südufer ist vom Boot aus nicht zu erkennen. Rechtsufrig wecken das moderne Ferienhotel »Müritz« sowie das reichgegliederte Schloß Klink unsere Aufmerksamkeit. In der Nähe des Schlosses betrachten wir den riesigen Granitfindling (15 m^3) und überqueren nachher den westlichen Seezipfel in Richtung Freibad bei Gotthun. An der Landzunge leuchten die vielen farbigen Zelte der beliebten Campingplätze C/78 und C/71. Wie eine breite Flußmündung mutet der Trichter der Röbelschen Binnenmüritz an, der uns nach Röbel führt.

Röbel, einst eine slawische Wallburg inmitten von Sumpfwiesen, hat uns allerhand an historischen Baudenkmälern zu bieten, und auch die Umgebung lädt zu Wanderungen ein. Um das Naturschutzgebiet Zähner Lank herumpaddelnd erreichen wir am nächsten Tag das schöne Seebad in Ludorf (unweit der C/72) und queren bei gutem Wetter bei Zielow (Strandbad) die Müritz in östlicher Richtung (ca. 2 km, Peilung Rechliner Kirche).

Nach der Werft und einer verschilften Bucht säumen kiesige, mit großen, runden Findlingen übersäte Ufer den See, die uns an die Ostsee erinnern. Eine Schutzmole, die weit in die Müritz hineinragt, zeigt uns die Einmündung zum Bolter-Kanal (Alte Fahrt). Gegenüber liegt der ausgedehnte Campingplatz C/15. Sich leicht schlängelnd, zieht der Kanal an schönen Ferienhäusern vorbei bis zum Gumpen an der Boeker Mühle, wo wir vor dem Steg anlegen und unsere Boote ca. 150 m über eine Straße tragen oder mit dem dort vorhandenen, gummibereiften Bootswagen umkarren.

Wir erreichen die »Kernzone« des Nationalparks und den mit Seerosen bedeckten Caarpsee. Im Kanal zum runden Woterfitzsee verengen einige gefällte Bäume die Fahrrinne. Auf einer kleinen Insel inmitten des Sees nisten Schwäne; wir halten genügend Abstand von ihnen und paddeln weiter bis zum Zeltplatz C/20 am schmalen Leppinsee. Erst hier dürfen wir anlanden. Es folgen die Mössel und die beiden Kotzower Seen. Wie Kulissen schieben sich die bewaldeten, leicht gewellten Ufer an uns vorbei, und die Strecke nach Granzow ähnelt eher einem breiten Fluß als einem See. Linker Hand liegt das quirlige Feriendorf mit Strandbad und Restaurant, und zahlreiche Tretboote sowie Leih-Faltboote beleben die Wasserfläche.

Vor Mirow können wir dann rechts zum paddlerfreundlichen Zeltplatz C/40 (Jugendherberge C/7) abbiegen oder am Mirower See im C/39 bleiben. Das auf einer Insel liegende Barockschloß diente über viele Jahre alten Leuten als Feierabendheim; heute ist es wieder in Privatbesitz. Die Kirche mit der großherzoglichen Gruft ist sehenswert.

Am nächsten Morgen führt uns der Wasserweg südlich an vielen zu Ferienhäusern umgebauten Bootsschuppen vorbei zum Zotzensee (Camping C/42) und über den schmalen Mössensee zum breiten Vilzsee, an dessen Südufer das liebliche Diemitz liegt. Lohnend ist ein Abstecher zum Zethner See, an dessen hohem Ufer zwei schöne Zeltplätze zum Bleiben verlocken. Auch der Ort Schwarz am Schwarzen See bietet gemütliche Gasthäuser zum Pausieren.

Von Diemitz aus paddeln wir in nordöstlicher Richtung zur Fleether Mühle (rechts kurz umtragen), um danach den verträumten Rätzsee zu erreichen. Motorboote sind hier verboten, und so genießen wir das

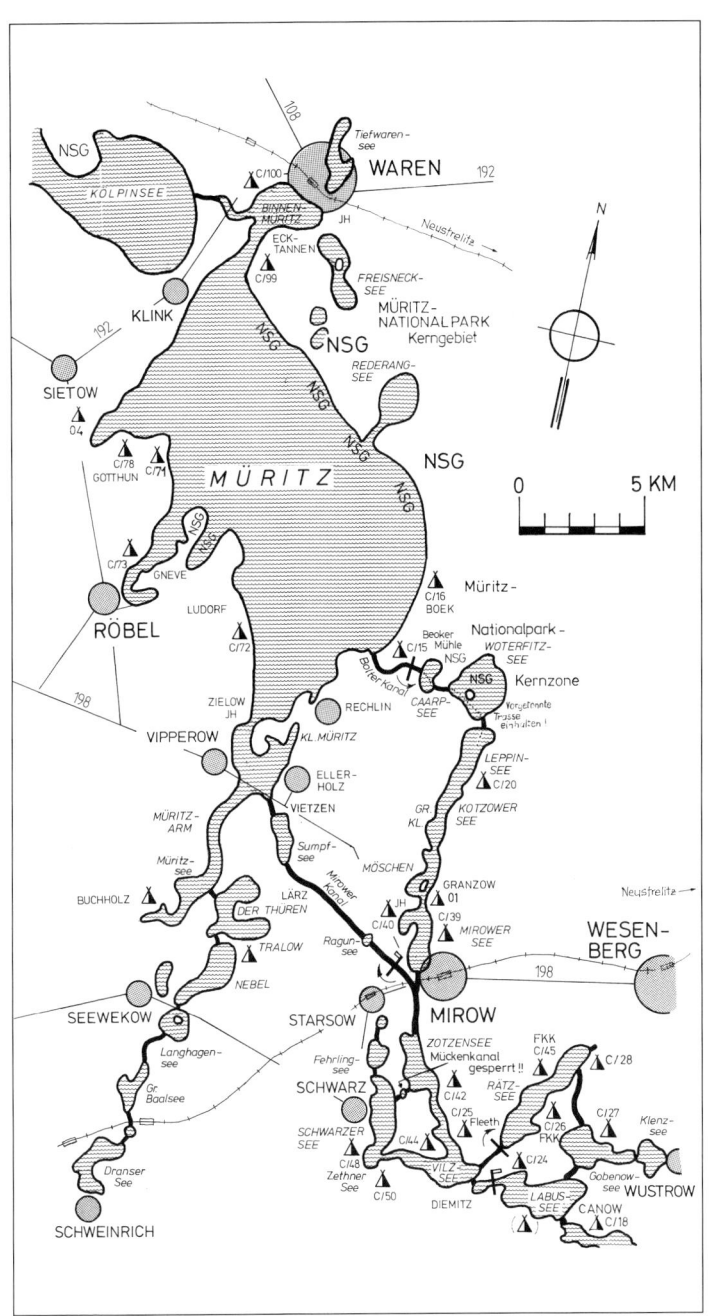

Plätschern der Paddel auf der ruhigen Wasserfläche. Der enge Hals des Drosedower Bek führt uns zum Campingplatz C/27 am Gobenowsee, wo wir übernachten.

Am nächsten Vormittag paddeln wir der Sonne entgegen, überqueren den See in südlicher Richtung und steuern Canow am Labussee an, den Wendepunkt unserer Tour. Von hier aus wäre es möglich, über den Canower See und den Hüttenkanal die Rheinsberger Gewässer zu erreichen oder in östlicher Richtung zur Havel zu gelangen. Doch unsere Tour führt uns westlich über den Labussee hin zur Diemitzer Schleuse. Hier müssen wir etwas warten, und nach der Schleusung nehmen wir, wieder am Vilzsee angelangt, Kurs auf Mirow, an den Seerosenfeldern des schmalen Mössensees vorsichtig vorbeipaddelnd. Vor Mirow teilt sich der Wasserweg, und wir steuern links zur Schleuse (Bootsrampe mit Wagen) in den Mirower Kanal. Dieser führt zum seichten Sumpfsee, unter der Brücke der F 198 hindurch in die Kleine Müritz. Links, an Vipperow vorüber, bietet sich durch den Müritzarm ein schöner Abstecher zum einsamen, sauberen Nebelsee (Camping, Strandbad), den wir nicht versäumen sollten.

Wieder zurück bei Vipperow, geht es am Richtungsfeuer bei Zielow vorbei in die Müritz, die wir am westlichen Ufer entlang durchpaddeln (Ostufer ist Sperrgebiet: Nationalpark; außerdem gefährliche Wellenbildung!), um wieder in Waren, dem Ausgangsort unserer Wanderung, zu landen.

Charakter, Tips

Die Müritz, ein Paradies für Wassersportler, Vogelliebhaber und Angler, ist mit ihren 117 km^2 ein großer, bei schlechten Wetterverhältnissen auch gefährlicher Binnensee, den man nicht unterschätzen sollte. Bei steifem Wind bauen sich sehr schnell steile Wellen auf, die schon manches Boot zum Kentern gebracht haben. Am Ostufer darf man auf einer Länge von ca. 10 km nicht anlanden oder sich dem Ufer nähern (Tonnen, 500 m vom Ufer NP!).

Am See schöne Badestellen; leider ist durch intensive Landwirtschaft am Westufer das Wasser belastet (Algenbildung). Es wird Berufsfischerei ausgeübt; Netze und Reusen bitte immer umfahren! An der »Alten Fahrt« teils durch das Kerngebiet des Nationalparks Müritz – nicht anlegen, kein wildes Zelten!

Zeltmöglichkeiten

Binnenmüritz (Waren): C/100; Müritz: Sietow 04, Gotthun C/78, 71, Röbel C/73, Ludorf C/72, Bolter Kanal C/15, Boek C/16, Ecktannen C/99; Leppinsee, Zietlitz C/20; Mirow C/39; Zethner See C/48, C/50; Vilzsee C/44; Mössensee C/25; Zotzensee C/42; Nebelsee C/37; Gobenowsee C/27, Labussee C/24.

Sehenswertes

Waren: Marienkirche (13. Jh.)., frühgotische Georgenkirche, Müritzmuseum, Weinbergschloß (Bibliothek), Rathaus, Alter und Neuer Markt, Löwenapotheke, Müritz-Nationalpark; Klink: Schloß, Findling, Kirche.
Röbel: Frühgotische Pfarrkirche St. Marien, Hallenkirche St. Nikolai, Fachwerkhäuser, Rathaus, Reste der Stadtmauer; Ludorf: Dorfkirche, barockes Herrenhaus.
Vipperow: Dorfkirche (13. Jh.).
Rechlin: KZ-Gedenkstätte.
Mirow: Ehemalige Residenzstadt, barockes Schloß auf der Schloßinsel, gotische Kirche mit Gruft.

Karten, Kanu-Literatur

Generalkarte 1 : 200 000, Blatt 31, 30; Touristenkarte 1 : 120 000 Mecklenburger Seenplatte (Tourist Verlag); Wassersportwanderkarte 1 : 100 000, Teil 6; Wasserwanderatlas Teil Mecklenburger Seen.
Reisehandbuch Mecklenburger Seen.

4

Havel
(obere Havel)
Nebenfluß der Elbe

Kratzeburg – Fürstenberg
58 km
3–4-Tage-Fahrt

Versteckt im Schilf liegt die Ausfahrt aus dem Käbelicksee.

Die über 340 km lange Havel, deren Quellgebiet in den kleinen Seen südwestlich von Ankershagen liegt, ist schon bald, ab dem Käbelicksee, mit Kanus befahrbar. Auf ihrem Weg, zuerst als kleiner, verschilfter Wiesenbach, dann als breiter Fluß viele Seen verbindend, wechselt sie ständig ihr Aussehen. Dabei durchquert sie, anfangs in südlicher Richtung fließend, die Mecklenburger Seenplatte, eine von eiszeitlichen Gletschern geformte, abwechslungsreiche Landschaft voller Kiefern-, Eichen- und Buchenwälder, Sandhügel und unendlich vielen Seen. Nachdem die Havel vor Zehdenick das Gebiet der Jungmoränenplatten berührt, tritt sie bei Oranienburg schon als gemächlicher Fluß, mit künstlichen Kanälen durchflochten, in das Berliner Urstromtal und durchzieht in einer ausgedehnten Seenkette die mit weiten Kiefernforsten bedeckte oder als Weideland genutzte Talsandniederung. Als schiffbarer Großfluß die nördliche Richtung ansteuernd, mündet die Havel knapp 100 km Luftlinie von ihrer Quelle bei Havelberg in die Elbe.

In Kratzeburg am kleinen Sandstrand am Nordufer des Käbelicksees oder am Campingplatz C 36 können wir unsere Faltboote aufbauen und die Canadier beladen. Die Autos lassen wir am Parkplatz oder am Bahnhof stehen; von unserem Ziel Fürstenberg kommt mehrmals täglich ein Zug an.

Es geht in südlicher Richtung über den runden See, an einer kleinen, bewaldeten Insel vorbei. Vielleicht haben wir Glück und können die

Flugkünste des See- und Fischadlers beobachten, der auf Leitungsmasten im ehemaligen militärischen Übungsgebiet seine Horste baut. Bis jetzt waren hier die streng geschützten Greifvögel gut aufgehoben, doch wie wird es in Zukunft sein?

Die ausfließende Havel finden wir leicht; rechts zwischen Weiden und Schilf läuft sie dem Granziner See entgegen. Dort steuern wir links zum Seeauslauf, unter der Straßenbrücke am roten Haus hindurch.

Eine gute Strömung zieht uns in den kleinen Schulzensee. Nach ca. 300 m, an einer ehemaligen Panzerdurchfahrt in unmittelbarer Nähe der Granziner Mühle, booten wir aus und setzen etwa 750 m mittels Bootstransportwagen über Land zum Pagelsee um, da die Müritz-Nationalpark-Verwaltung für diesen Flußabschnitt, der renaturiert wird, ein Paddelverbot verhängt hat.

Am Pagelsee peilen wir die linke Halbinsel an, unter der Holzbrücke hindurch, über die der Sandweg nach Krienke führt. Über einen kurzen Kanal erreichen wir den Zotzensee. Hier und auf dem Jäthensee (Kernzone des Nationalparks) markieren gelbe Bojen die Fahrrinne, von der wir nicht abweichen dürfen. An der ersten Schleuse, bei Babke, rollen wir die Boote mit dem Gleiswagen über die Rampe.

Nach dem flachen, von Feuchtwiesen umsäumten Jäthensee können wir an der Einfahrt in die Havel rechts abbiegen; ein kleiner Kanal führt uns nach ca. 300 m zum Jamelsee, wo der Zeltplatz C 05 liegt. Doch es ist vormittags, und wir wollen noch im »Tante-Emma-Laden« in Blankenförde etwas einkaufen; hier gibt es für den Wanderfahrer ein gut abgestimmtes Sortiment. Gegenüber der schönen, leider verkommenen Fachwerkkirche sitzen wir auf Holzbänken im Schatten der alten Bäume und trinken unser wohlverdientes Bier.

Anschließend paddeln wir an mehreren Bootsschuppen vorbei zum Görtowsee. Ein besonders schöner Abschnitt der Havel schlängelt sich danach durch ein urwaldähnliches Naturschutzgebiet.

Am Wasser des Useriner Sees begegnen wir vielen Faltbooten, doch für Motorboote ist der See – wie auch alle Seen flußaufwärts – gesperrt.

Gegenüber am Ostufer besuchen wir in Userin die unweit der Badestelle gelegene Vylymhütte, in der wir eine vorbildliche Ausstellung über die Fauna dieses Gebietes

Unser Zeltplatz am Großen Priepertsee.

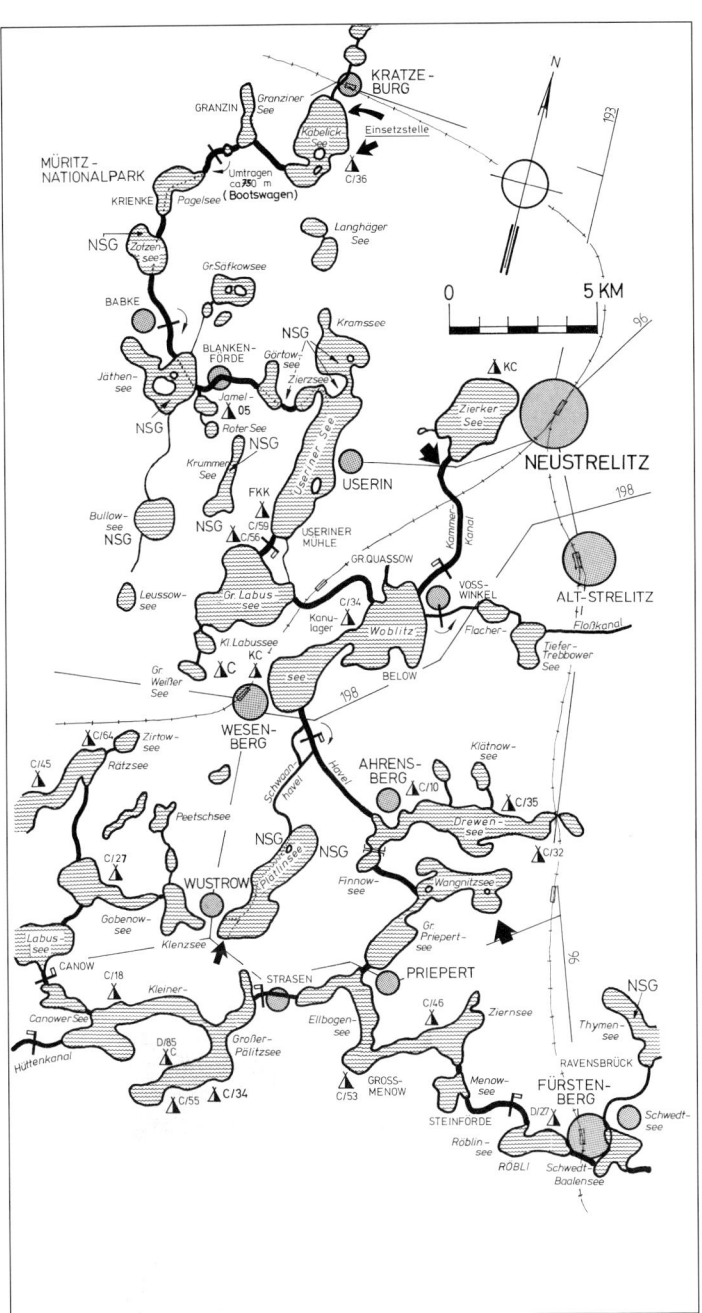

bewundern können. Doch am ganzen weitläufigen See gibt es außer dem FKK Camping C/59 keine Zeltmöglichkeit für Wasserwanderer; die beliebten Campingplätze C/60 und C/61 im nördlichen Seebereich wurden ersatzlos aufgelöst.

Das weit sichtbare Silo der Useriner Mühle ansteuernd erreichen wir durch einen kurzen Kanal die Schleuse (Gleiswagen mit Rampe), anschließend den Großen Labussee. Der Zwenzower Zeltplatz bietet die erste Übernachtungsmöglichkeit (C/56).

In östlicher Richtung paddelnd überqueren wir unweit des Bahnhofs Groß Quassow die schmale Eisenbahnbrücke. An der Mündung zum Woblitzsee liegt auf einem Hügel der große Campingplatz C/34. Er entstand in den sechziger Jahren mit Hilfe vieler begeisterter Kanutouristen als »Kanulager der DDR«, wovon leider nur der Name in Erinnerung geblieben ist. Hier können wir einen Abstecher nach Neustrelitz machen, das wir nach 2 Paddelstunden über den Kammerkanal und den Zierker See erreichen. Bei der Weiterfahrt über den Woblitzsee ist bei starkem Westwind Vorsicht geboten. Sehr schnell bauen sich hier dann kurze, steile Wellen auf. Am Kanu-Bootshaus in Wesenberg können wir anlanden (DKV-Mitglieder auch zelten) und das alte Städtchen besichtigen.

An der Burgruine vorbeifließend unterquert die Havel die B 198. Kurz nach der Wesenberger Schleuse (Bootsschleppe mit Gleiswagen) führt rechts die Schwaanhavel zum kristallklaren Plätlinsee. Mit einer Umtragestelle in Wustrow können wir von diesem See aus u. a. auch die Rheinsberger Seen erreichen.

Die begradigte Havel führt uns nach Ahrensberg. Der von tiefen Wäldern umschlossene, wunderschöne Drewensee bleibt links liegen, wir unterpaddeln die überdachte Holzbrücke, berühren den kleinen, mit Seerosen fast zugewachsenen Finowsee und biegen links in den stillen, bewaldeten Flußabschnitt ein.

Eine weiße Bake kündigt den ruhigen Wangnitzsee an (keine Motorboote!), und wir steuern rechts zur nächsten Bake, die uns die Einfahrt zum Großen Pripertsee anzeigt. Die restaurierte Fachwerkkirche an seinem Südufer sollten wir besichtigen, bevor wir unsere Paddel in den schmalen Ellbogensee eintauchen. Hier trennen sich zwei Wege: Rechts paddelnd erreichen wir über die Schleuse Strasen die Rheinsberger Gewässer und die Müritz, links fließt die Havel nach Fürstenberg. In wunderschöner Lage siedelte sich beim Großmenow der Zeltplatz C/53 an. Trotz regem Bootsverkehr begegnen wir auch hier dem Eisvogel, der auf über das Wasser geneigten Erlenstämmen geduldig auf seine Beute wartet.

Eine Halsenge verbindet den Ellbogensee mit dem Ziernsee, den wir nur kurz rechtsufrig streifen. Vor der Brücke in Steinförde legen wir am einladenden Wirtshaus an, um bei Kaffee und Kuchen am Verkehr am Wasser zu beobachten. An der folgenden Steinschleuse wird in der Sommersaison zu jeder vollen Stunde kostenlos geschleust.

Bald danach erreichen wir die Einfahrt in den Röblinsee und steuern links unser Ziel, Fürstenberg, an. Am Zeltplatz D/27 vor dem Seebad finden wir einen günstigen Abbauplatz. Wir können aber auch in den Schwedtsee hineinpaddeln (Schleuse), wo wir am Bootshaus des Segel-Clubs unsere Havel-Wanderung beenden.

In Einern über den stillen Jäthensee.

Charakter, Tips
Die von der oberen Havel durchflossene Landschaft ist mit ihren Idyllischen, teils einsamen Waldseen und romantischen Flußläufen und Kanälen ein Kanuwanderparadies. Abgesehen von der Umtragestelle nach Granzin weist die Havel keine nennenswerten Schwierigkeiten auf und ist mit allen Kanutypen ganzjährig auch für Anfänger befahrbar. Die vielen Zeltplätze ermöglichen eine variable Aufteilung der Tagesetappen. Reiche Tier- und Pflanzenwelt, Kerngebiet des Müritz-Nationalparks (teils Sperrzone!). Außerhalb der Ferienzeiten erleben wir eine einsame Wanderung. Pkw-Begleitung nicht möglich, nur Kontakt in den Ortschaften. Von Fürstenberg gute Eisenbahnverbindung nach Kratzeburg. Die geringe Strömung erlaubt eine Befahrung auch flußaufwärts. Auf den Seen des Wandergebiets bei ungünstigen Windlagen Gefahr durch Wellenschlag. (Vorsicht mit Anfängern!)

Zeltmöglichkeiten
Kratzeburg: C/36 am Käbelicksee; Blankenbörde: C/05 – Jamelsee; Useriner See C/59 (FKK); Zwenzow: Großer Labussee C/56; Groß Quassow C/34 am Woblitzsee; Drewensee C/10, C/35; Ellbogensee: Großmenow C/53; Ziernsee C/46; Fürstenberg: Röblinsee C/27.

Sehenswertes
Ankershagen: Gedenkstätte für Heinrich Schliemann; Pieversdorf: slawischer Burgwall, Hünengräber.
Neustrelitz: Spätgotische Stadtkirche, Schloßkirche, Luisenturm, Stadtpark, Orangerie, Tierpark, Rathaus, Bürgerhäuser, Palaisbauten, Marktplatz mit Rondell, Friedrich-Wolf-Theater.
Wesenberg: Stadtkirche St. Marien, Marktplatz (Findling), Burgruine.
Priepert: Dorfkirche (Fachwerkbau).
Fürstenberg: Ehemalige Wasserburg (Schule), St.-Hedwigs-Kirche, Stadtkirche, Kriegerdenkmal; Ravensbrück: Mahn- und Gedenkstätte (Frauen-KZ).

Karten, Kanu-Literatur
Generalkarte 1:200 000, Blatt 31, 30; Wasserwanderatlas Teil Mecklenburger Gewässer; Wanderkarte 1:120 000 Mecklenburger Seenplatte (Tourist Verlag); Wassersportwanderkarte 1:100 000, Blatt 6.
Reisehandbuch Mecklenburger Seen.

Feldberger Seen

5
Feldberg – Lychen
26 km
1–2-Tage-Fahrt

Küstrinchener Bach

Eine der spritzigen Floßgassen am »Küstrinchen«.

Dieser Tourenvorschlag führt uns zu einem der schönsten und geographisch interessantesten Gebiete der Mecklenburger Seenplatte, zur Feldberger Seenlandschaft. Hohe Kuppen, ausgedehnte Plateaus, steile, bewaldete Hänge und viele größere und kleinere, sehr saubere Seen sowie quirlige Wasserläufe prägen das Bild dieses typischen Eiszeit-Endmoränen-Landstrichs, dessen Schönheit schon über Jahrzehnte Tausende von Erholungssuchenden anzieht, ohne daß er dabei seinen Zauber verliert. Unter den vielen Wanderfahrten in dieser kontrastreichen Seenlandschaft erfreut sich der Küstrinchener Bach, eine Verbindung zwischen den Feldberger Seen und den in südwestlicher Richtung liegenden Lychener Gewässern, großer Beliebtheit.

Am Breiten Luzin, mit 58 m dem tiefsten der Feldberger Seen, können wir die Kanufahrt beginnen. Geeignete Einsetzstellen finden wir am Zeltplatz C/30 sowie am Erddamm, der den Breiten vom Schmalen Luzin trennt. Auch können wir an der Landstraße, unweit vom Tornowhof, unsere Kanus in den Lütter See hinablassen, um

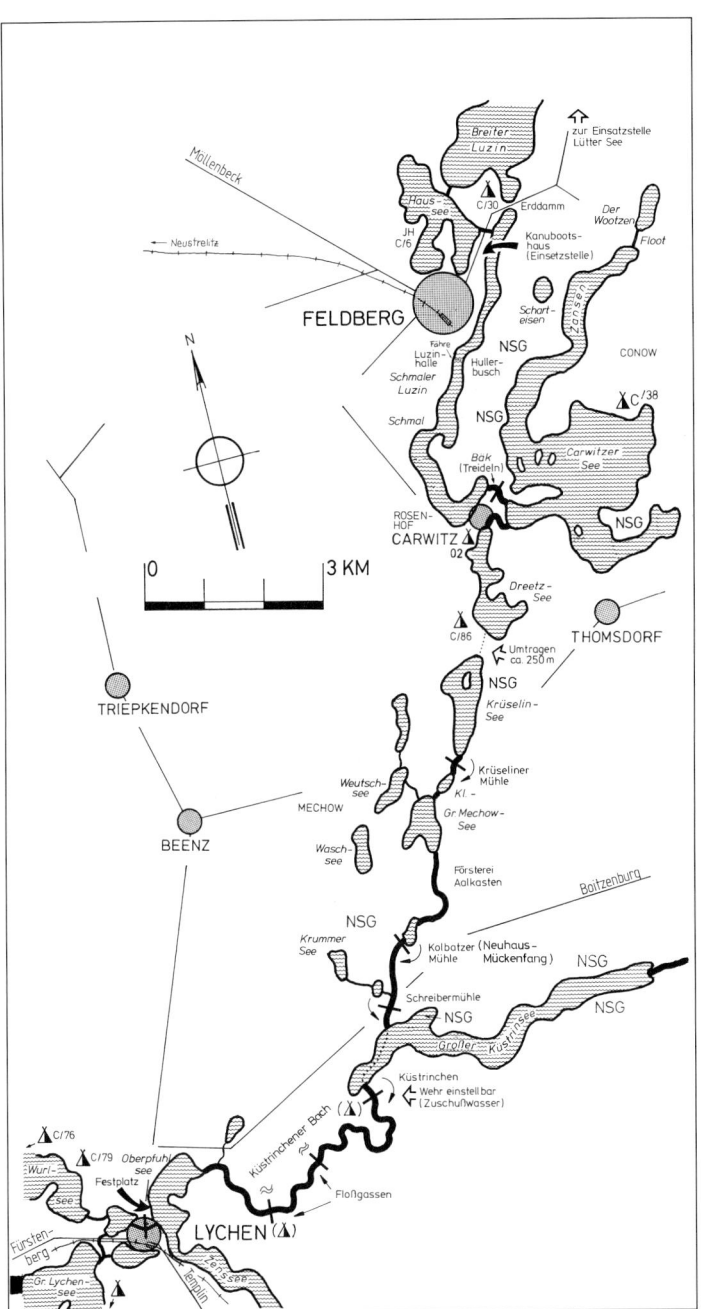

von dort über den Breiten Luzin unter der Erddammbrücke hindurch zum 7 km langen Schmalen Luzin zu gelangen. Hohe Buchenwaldhänge umfassen diesen tiefen, etwas geheimnisvollen See, an dessen Ufer schon die Menschen des Bronzezeitalters und später Slawenstämme ihre Siedlungen hatten. Heute führen etliche Wanderwege zu schönen Aussichtspunkten. Eine handbetriebene Kettenfähre verbindet die beliebten Waldgaststätten »Hullerbusch« mit der Luzinhalle.

Durch einen engen Hals, »Schmal« genannt, erreichen wir den abgeknickten Südzipfel des Sees, und vor uns, hoch am Bergrücken, liegt Carwitz, das auf einer Halbinsel zwischen dem Schmalen Luzin und dem Dreetzsee Platz gefunden hat. Die »Bäk«, ein seichter und steiniger Graben (Faltboote und Zweier treideln!) führt uns zum Carwitzer See, der mit seinen vielen Inseln und stark gegliederter Uferlinie einen lohnenden Aufenthalt verspricht (Zeltplätze in Carwitz und bei Conow). Um Carwitz herum, durch einen »toten Wald« von abgestorbenen Erlen, paddeln wir weiter zum Dreetzsee, dessen Westufer Wochenendhäuser beleben. Wir landen am Südufer beim Strandbad. Vom Dreetzsee zum 10 m tiefer liegenden Krüselinsee versickert das Wasser unterirdisch; wir müssen unsere Boote ca. 250 m am Campingplatz vorbei zur Einsetzstelle durch den Wald tragen.

Als Entschädigung erlaubt uns nachher das klare Wasser des Krüselins tiefe Einblicke in die vielfältige Pflanzenwelt am Grunde. An der kleinen Insel vorbei steuern wir direkt das große Mühlengebäude an (heute Gaststätte) und tragen die Kanus um das Ausgleichsbecken um.

Es folgt ein flacher und enger Bachabschnitt zu den Mechower Seen, die einsam im dichten Wald liegen. Seerosen und die gelbe Mummel bedecken große Flächen des Wasserspiegels und lassen nur eine schmale, gewundene Fahrrinne frei. An der Försterei Aalkasten (Fischsperre) wird rechts kurz umgetragen; weitere Umtragestellen erwarten uns an der Kolbatzer Mühle (Neuhaus-Mückenfang) und an der Schreibermühle. Wir überqueren den Küstrinsee. Bis 1989 befand sich an seinem Ufer ein Staatsjagdgebiet, und der See war in östlicher Richtung gesperrt. Über diese Sperrung für Kanuten wird in jüngster Zeit wieder diskutiert. Doch unsere Tour führt zum südwestlichen Abfluß.

Die nach dem Wehr Küstrinchen folgende Strecke ist bei gutem Wasserstand ein Leckerbissen. Anfangs etwas seicht (Zweier vielleicht treideln), aber mit guter Strömung schlängelt sich der Küstrinchener Bach – liebevoll von hiesigen Kanuten »Küstrinchen« genannt – in unzähligen Haarnadelkurven unter mächtigen Erlen-, Eschen- und Eichenkronen an kleinen Waldlichtungen, Wildschweinsuhlen und Tümpeln vorbei. Kleine Überraschungen wie umgestürzte Bäume würzen die sportliche Fahrt. Mit Genuß rutschen wir an zwei Floßgassen in die nachfolgenden Gumpen, und bei offener Spritzdecke schwappt das Wasser in die Bootsluke.

Vor der Mündung in den Oberpfuhler See beruhigt sich das Flüßchen. Gegenüber liegt Lychen; die mächtige Feldsteinkirche bewacht wie eine riesige Glucke die alte Stadt, die auf einer Seeinsel gegründet wurde. Am Festplatz können wir unsere Wanderung beenden; hier warten die schon vorher abgestellten Autos.

Auf der seichten »Bäk« bei Carwitz.

Charakter, Tips
Die Verbindung zwischen den Feldberger Seen und den reizvollen Lychener Gewässern über den Küstrinchener Bach kann sportlich als Tagesfahrt oder bequem in zwei Tagen bewältigt werden. Der grundverschiedene Charakter der einzelnen Streckenabschnitte, die sportliche Note des »Küstrinchens« und die relativ einsame Landschaft machen aus der Wanderung eine Genußfahrt. Anfänger sollten sich erfahrenen Kanuten anschließen. Wegen mehrerer Umtragestellen sind Kunststoff-Einer hier die idealen Boote, aber auch Faltboot-Zweier kommen bei günstigem Wasserstand, abgesehen von gelegentlichen Treidelstellen, gut durch. Für Gruppenfahrten empfiehlt sich, beim Landesumweltamt Brandenburg, Außenstelle Templin, um Zuschußwasser zu bitten (Tel. 03987/24 77). Von den Lychener Gewässern gibt es über den Großen Lychensee, die Woblitz und den Stolpsee eine befahrbare Wasserstraßenverbindung nach Fürstenberg und damit einen Anschluß an die Havel (Ferienfahrt). Zwischen Feldberg und Lychen besteht keine direkte Bahnverbindung, nur über Fürstenberg, Neustrelitz. Pkw-Begleitung nicht möglich.
Keine Großveranstaltungen!

Zeltmöglichkeiten
Campingplätze Feldberg: Breiter Luzin C/30; Conow: Carwitzer See; Carwitz: Dreetzsee C/86; Lychen: Wurlsee C/76, 79; Großer Lychensee.

Sehenswertes
Feldberg: Drostenhaus (Fachwerk-Amtshaus), Heimatstube, Kirche; Schloßberg: slawische Wallanlage, Schlicht-Hünengräber der Bronzezeit, NSG Hauptmannsberg, NSG Heilige Hallen (Urwald).
Carwitz: Fachwerkkirche, Glockenturm, Gedenkstätte für Hans Fallada (Schriftsteller); Thomsdorf: Dorfkirche.
Lychen: Stadtkirche St. Johannes (13. Jh.), barockes Rathaus, Stadtmauerreste (Stargarder Tor), alter jüdischer Friedhof.

Karten, Kanu-Literatur
Generalkarte 1:200 000, Blatt 31; Wanderkarte Feldberger Landschaft 1:30 000 (Tourist Verlag); Wasserwanderatlas Teil Mecklenburger Gewässer; Wassersportwanderkarte 1:100 000, Blatt 6.
Reisehandbuch Mecklenburger Seen.

Rhin
(Rheinsberger Rhin)
Nebenfluß der Havel

6
Rheinsberg – Neuruppin
36 km
2-Tage-Fahrt

Am Ruppiner See steuern wir unser Wanderziel, die Türme der Klosterkirche in Neuruppin, an.

Auf dem Weg von seiner Quelle unter dem 111 m hohen Blocksberg bei Wallitz bis zu Mündung in die Havel durchquert der 105 km lange Rhin eine hügelige, seen- und waldreiche Landschaft von außerordentlicher Schönheit. Die ausgedehnte Seenkette, die der kleine, saubere Fluß zwischen Zechlin-Dorf und Rheinsberg durchfließt, wird südlich vom Grienericksee von einer breiten Endmoräne begrenzt. Durch dieses sandige und steinige Eiszeitgeschiebe windet sich der Rhin in einer engen Schmelzwasserinne als Seeabfluß südwärts bis nach Zippelsförde und erreicht hier die zum Schiffskanal ausgebaute Wasserstraße nach Lindow. Die runden Sandhügel der Kragener Heide drängen ihn nach Nordwesten ab, doch am Zermützelsee steuert er wieder die südliche Richtung an, umfließt die am langgezogenen Ruppiner See liegende Stadt Neuruppin und schlängelt sich als Alter Rhin durch das von Entwässerungsgräben zerfruchte Rhinluch. Im teils kanalisierten Flußbett eingezwängt, durchströmt er das NSG Gülper See, bevor er bei Strodehne, südöstlich von Havelberg, in die Havel mündet.

Wenn wir nicht schon mit dem Boot von den Mirower Gewässern angepaddelt kommen, beginnen wir am Rheinsberger See beim Warenthiner Bootshaus oder auf dem Zeltplatz D/98 unsere Wanderfahrt. Auch in Rheinsberg finden wir neben dem Bootsverleih eine gute Einsetzstelle. Doch vorher sollten wir noch das »Sanssouci« von Brandenburg, das barocke Schloß, besichtigen. Die im 18. Jahrhundert an der Stelle einer früheren Wasserburg errichtete u-förmige Dreiflügelanlage ist von einem Wassergraben und einem weitläufigen Park umgeben.

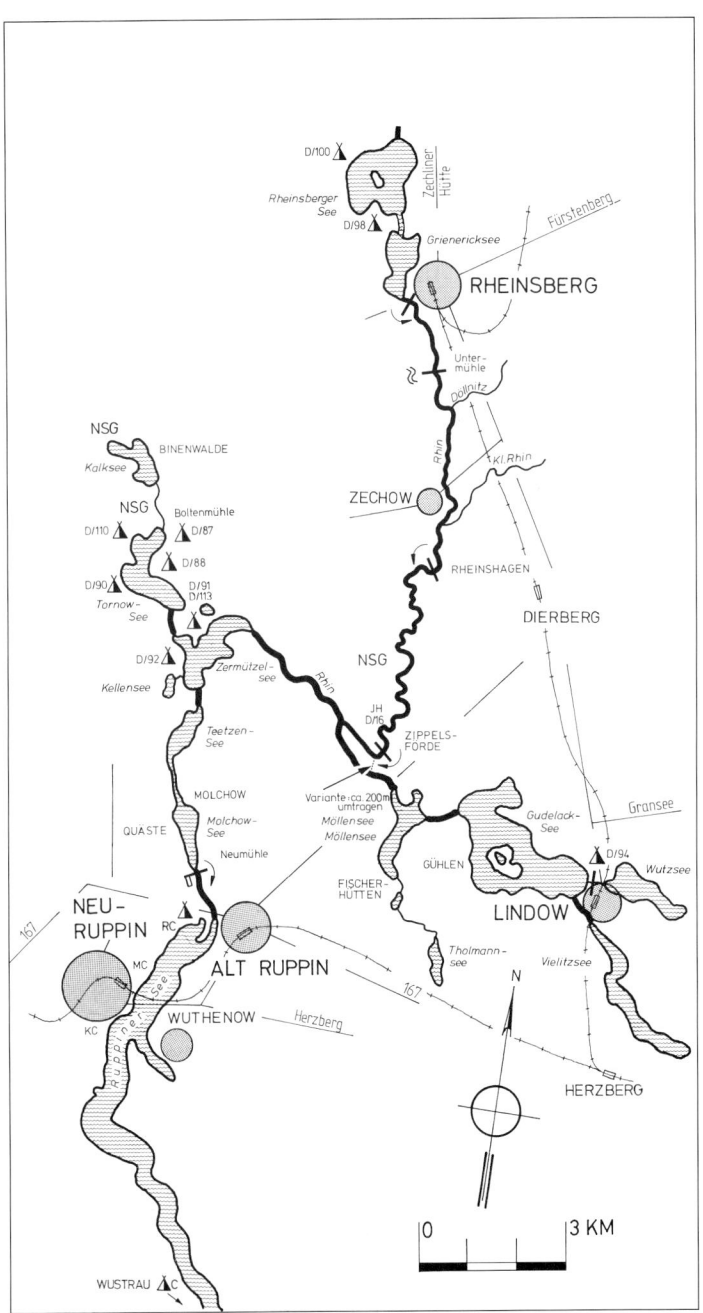

Anschließend verlassen wir an der Billardbrücke den See und werfen noch einen Blick auf die weißleuchtenden Gebäude des Schlosses. Kurz danach steigen wir aus den Booten und tragen diese an der Stadtmühle rechts um. Der Pegel an der Straßenbrücke sollte wenigstens 65 cm anzeigen, damit wir überall durchkommen. Zwei Straßenbrücken, ein Holzsteg (hier auch Einsetzmöglichkeit, Parkplatz am Konsum Hainstraße in Bahnhofsnähe) und bunte Gartenhäuschen begleiten uns im Stadtgebiet. Unter dem niedrigen Brückendurchlaß am Ferienheim Untermühle erwartet uns ein kleiner Schwall mit Stufe (Faltboote bei Niedrigwasser treideln!). Flott zieht der Rhin durch ein einsames Waldgebiet, wo nur ganz wenige Wochenendgrundstücke bis an die Ufer reichen. Eine umgestürzte Kiefer zwingt uns, die Boote umzutragen. Links mündet die klare Döllnitz. Eine alte, mit Feldsteinen gepflasterte Furt deutet darauf hin, daß hier irgendwo ein Bauernhof liegt. Es folgen einige Flußschlingen, und rechts lugt der Kirchturm von Zechow über die Ufer. Unter der Straßenbrücke wird es steinig, kurz danach macht uns eine Informationstafel auf einen Rastplatz aufmerksam. Im Dorf gibt es auch eine nette Gastwirtschaft.

Fast unbemerkt gesellt sich von links der Kleine Rhin zu uns; bei gutem Wasserstand ist er ab dem Köpernitzer See mit Einern gut befahrbar. Mächtige Ulmen und Schwarzerlen zwingen mit ihren ins Wasser ragenden Wurzelballen den Rhin in viele scharfe Spitzkehren. An der Rheinshagener Rohrbrücke verschwindet der Fluß in zwei engen Öffnungen. Wir tragen rechts um. Der Rhin sägt sich hier etwas tiefer in die Hügellandschaft ein. In den steilen Sandufern findet der Eisvogel ideale Nistgelegenheiten. Mehrmals sehen wir ihn gleich einem lebenden Juwel herumschwirren.

Eine Brücke kündigt Zippelsförde an. Bald erreichen wir das Wehr und die Brücke an der Fischaufzuchtstation. Über die Straße tragen wir die Boote ins Unterwasser. Als Alternative kann man die Kanus ca. 200 m über eine Wiese tragen, in den Rhinkanal einsetzen und links über den Gudelacksee (Zeltplatz D/94) nach Lindow paddeln.

Doch wir bleiben am Rhin, der kurz nach dem Wehr scharf nach rechts knickt und nach 1 km in der zum Rhinkanal ausgebauten Wasserstraße mündet. Wir paddeln nun durch das eindrucksvolle Auwaldgebiet »In der Plagge«. Lange Schwimmbalken, als Wellenbrecher an Pfählen verankert, schützen das empfindliche Pflanzen- und Vogelrefugium gegen die

Fast glasklar windet sich der Rhin als Wald- und Wiesenflüßchen.

Motorbootfahrer, die hier manchmal zu schnell vorbeipreschen.
Am Zermützelsee befinden sich zwei schöne Zeltplätze, und rechts führt ein Abstecher durch den Rottstielfließ zur »Boltenmühle«, einer beliebten Ausflugsgaststätte am Nordende des klaren Tornowsees. Etliche Campingplätze bieten Übernachtungsmöglichkeiten. Wir sollten auch einen Spaziergang zum geologisch interessanten Naturschutzgebiet Kalksee einplanen. Wieder am Zermützelsee zurück, besuchen wir noch kurz das Waldmuseum bei Stendenitz.
Über den schmalen Teetzen- und Molchowsee, deren Ufer von vielen Bungalows zersiedelt sind, erreichen wir die Schleuse Neumühle, wo jede Stunde geschleust wird. Auch eine Bootsschleppe mit Gleiswagen steht zur Verfügung.
Nach den Straßenbrücken von Altruppin öffnet sich der Blick über den Ruppiner See. Von weitem grüßt uns die doppeltürmige Silhouette der gotischen Klosterkirche von Neuruppin. Einen guten Anlegeplatz finden wir am Steg des MC Neuruppin oder nach der Eisenbahn- und Straßenbrücke an den Bootshäusern des Kanuvereins. Von hier ist es nicht weit in die Stadt, die schon immer das Kulturzentrum dieser Gegend war.

Charakter, Tips
Brandenburgs schönster Kleinfluß. Im Abschnitt Rheinsberg–Zippelsförde munteres Wald- und Wiesenflüßchen mit leichtem Wildwassercharakter. (Hier nicht aufwärts paddeln – Gegenverkehrsbehinderung und Naturschutzgründe!) Ideal für Kunststoffboote; bei Faltbooten Gefahr bei Grundberührungen. Nachher Seen und seenartiger Fluß mit vielen Badestellen und schönen Zeltplätzen. Touren-Varianten: Von Zippelsförde über den Gudelacksee nach Lindow bzw. vom Zermützelsee über den Rottstielfließ zum Tornowsee (Boltenmühle, Ruppiner Schweiz). Nach Norden besteht eine Gewässerverbindung über den Jagow- und Hüttenkanal zur Müritz-Havel-Wasserstraße (Ferienfahrt). Nur in kleinen Gruppen paddeln, nicht wild zelten und sich naturschutzgemäß verhalten. Jede unbedachte Handlung kann eine Sperrung bewirken!

Zeltmöglichkeiten
Rheinsberger See: D/98–D/100; Zermützelsee: D/91, D/113, D/92; Tornowsee: D/87–90, D/110; Ruppiner See–Wustrau; Lindow; Gudelacksee D/94.

Sehenswertes:
Rheinsberg: Barockschloß, Schloßpark, Schloßtheater, Pfarrkirche (Feldsteinbau), Reste der Stadtmauer, Postmeilensäule.
Lindow: Klosteranlage mit Park (Altersheim), barocke Pfarrkirche.
Neuruppin: Zweitürmige Klosterkirche, Siechenkapelle, Hospital, St.-Georgs-Hospitalkapelle, Tempelgarten, Löwenapotheke (Geburtshaus Theodor Fontanes), Pfarrkirche, Wallanlagen, Bürgerhäuser mit frühklassizistischen Fassaden (Zopfstilornamentik), Heimatmuseum, Geburtsort von: K. F. Schinkel; Altruppin: frühgotische Pfarrkirche; Molchow: Glockenturm; Wustrau: barockes Herrenhaus; Stendenitz: Waldmuseum u. a.

Karten, Kanu-Literatur
Generalkarte 1:200 000, Blatt 31, 33; Wasserwanderatlas Teil Märkische Gewässer; Wanderkarte Rheinsberger Landschaft 1:50 000; Touristenkarte Mecklenburger Seenplatte 1:120 000; Wassersportwanderkarte 1:450 000, Teil 6.
Tourist-Wanderatlas Rheinsberg-Neuruppin.

Spree

Zufluß der Havel

7

Lübben – Köpenick (Berlin)
151 km
Ferienfahrt

An der Drahendorfer Schleuse überwinden wir ein altes Nadelwehr.

An den Westhängen des 583 m hohen Kottmar bei Ebersbach entspringend, eilt die junge Spree entlang der böhmischen Grenze durch das Oberlausitzer Bergland, die sagenumwobenen Aussichtsberge wie Czorneboh und Bieleboh hinter sich lassend. Bei Bautzen, der »heimlichen Hauptstadt« der Lausitz, wagt sie sich in die Niederung und durchquert das mit vielen Teichen übersäte Oberlausitzer Heideland. Mehrmals zu großen Speicherbecken aufgestaut, mogelt sich der Fluß an der Mondlandschaft des größten europäischen Braunkohlereviers vorbei und erreicht die alte Handelsstadt Cottbus. Im Spreewald, einer einmaligen Flußbeckenlandschaft, verästelt sich die Spree in unzählige Arme und Kanäle. Hier, im dichten Netz von Wasserstraßen, liegen die nur schwer zugänglichen Siedlungen der Sorben, eines slawischen Stammes, der diese Flußaue schon über Jahrhunderte bewohnt und bewirtschaftet. Am Neuendorfer See erreicht die Spree, den Osten ansteuernd, die leicht wellige Grundmoränen- und Sandhügellandschaft der Beeskower Platte. Die Begradigung durch den Spree-Oder-Kanal ist nur ein kurzes Intermezzo, denn nicht weit von Fürstenwalde mäandert der Fluß schon wieder kräftig, diesmal als Müggelspree, durch das Berliner Urstromtal, bevor er über den Großen Müggelsee als vielbefahrenes Stadtgewässer nach einer fast 400 km langen Reise in Berlin-Spandau in die Havel mündet.

Dieser Wandervorschlag führt uns trotz Großstadtnähe auf einen noch recht ursprünglich gebliebe-

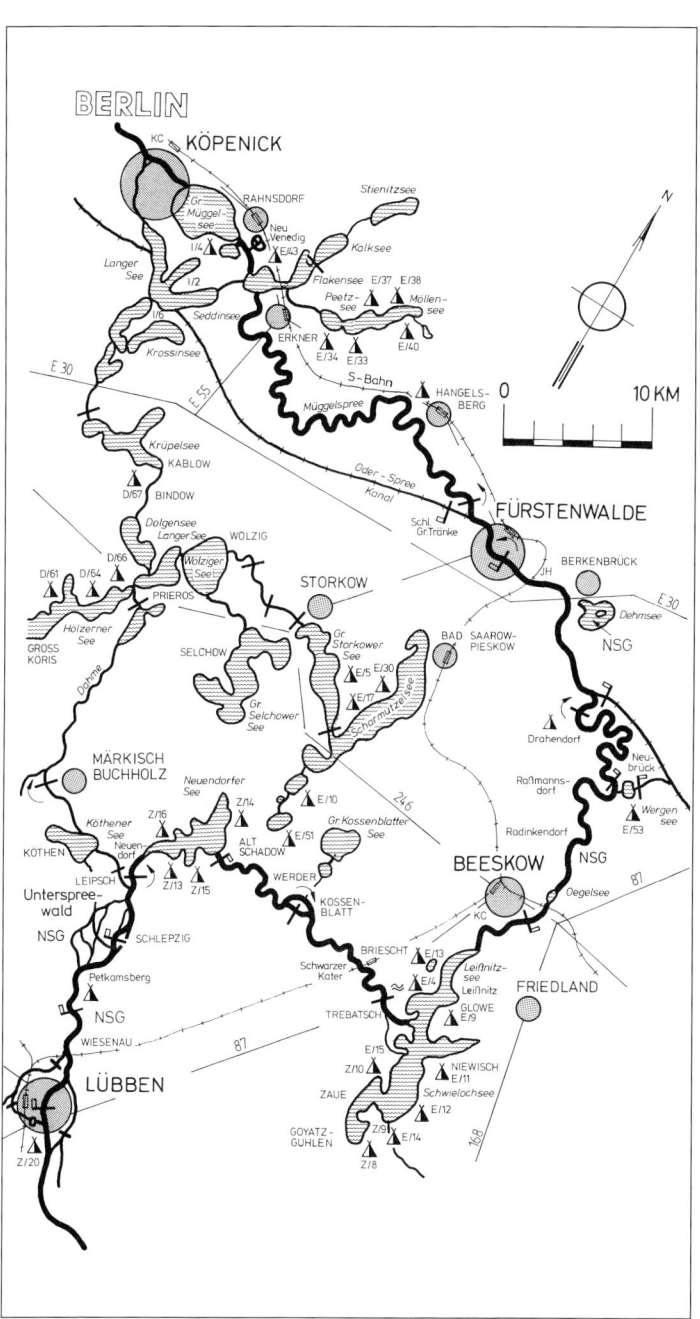

nen Flußabschnitt; um so kontrastreicher wirkt die Einfahrt in die Berliner Gewässer. In Lübben, einer kleinen ehemaligen Residenzstadt, beginnt die Tour. Wenn wir nicht schon per Kanu nach Lübben angepaddelt kommen (Aufenthalt im Spreewald), finden wir unweit des Kahnfährhafens am Bassin des Stadtgrabens (nur wenige Schritte vom Campingplatz Z/20) eine gute Einsetzstelle. Unter der Spreebrücke liegt die schmale Kanuschleuse; für einen kleinen Obolus wird hier geschleust. Rechtsufrig nach der Brücke können wir auch einsetzen, eine Treppenanlage führt im Park zum Fluß (Parkplatznähe).

Türme und Reste der Wehrmauer begleiten uns bis zum Stadtrand. Links mündet die Berste, die wir mit Kanus auch befahren können (zwei Schleusen). Eine Holzbrücke, über die der Wanderweg zum Aussichtshügel Pfaffenberg führt, überspannt den Fluß, die Eisenbahnbrücke folgt.

Wir durchpaddeln eine einsame, mit einzelnen Bäumen aufgelockerte Wiesenlandschaft. Ab der Hartmannsdorfer Schleuse ändert sich die Umgebung; dichte Waldbestände – der Untere Spreewald – säumen bald beide Flußufer. Bei Petkamsberg, einer idyllisch liegenden Gastwirtschaft können Wasserwanderer auf der Wiese zelten (bitte anmelden!). Die kurz danach links abzweigende Wasserburger Spree ist aus Naturschutzgründen bis zum Krausnitzer Kanal auch für den Kanufahrer gesperrt. Wir dürfen den Puhlstrom benutzen, um in den Unteren Spreewald zu gelangen (Naturschutzgebiet mit sehr schönen Auwaldbeständen).

Auf der Hauptspree bleibend erreichen wir das verträumte Dorf Schlepzig. Die alte Schleuse unter der Brücke ist nicht mehr in Betrieb; also paddeln wir links, am kleinen Kahnhafen vorbei, in die Quaasspree hinein. Die neue Schleuse liegt flußaufwärts der Verbindungsstraße zwischen Schlepzig und Krausnick (Selbstbedienung).

An der nächsten Gabelung kehren wir rechts über den Zerniasfließ in die Große Spree zurück. Vorsicht bei der nächsten, veralteten Schleuse, deren Tore nicht ganz schließen und deren Bedienung viel Kraft verlangt! Nach der Leipscher Brücke wurde die Bootsrampe am alten Nadelwehr durch eine funktionierende Doppelschleuse ersetzt. Links zweigt der Umflutkanal zum stark verwachsenen Köthener See und von dort in die Dahme ab, doch wir schleusen rechts, um in der Spree zu bleiben. Vor der Mündung in den Neuendorfer See läßt die Strömung nach, und wir müssen auf die hochschnellenden Seile eines Sandbaggers achten. Wir paddeln über den See und landen am Nordufer am schönen Zeltplatz bei Alt-Schadow.

Am nächsten Tag wartet ein vielgewundener, einsamer Flußabschnitt auf uns, der an den Sandhügeln der Blocksberge vorbeiführt. In Alt-Schadow wird ab 9 Uhr alle 2 Stunden geschleust, und an der halbzerfallenen Schleuse vor Kossenblatt müssen wir in den Kanal steuern und hier rechts umtragen. Nachher können wir uns beim »Schwarzen Kater« in Briescht mit einem Bier erfrischen. Die Schleuse von Trebatsch ist ständig offen, und nach der B 87-Brücke zweigt rechts der Sawaller Altarm zum Schwielochsee ab. Geradeaus paddelnd landen wir an der See-Enge »Hals«; links geht es weiter zum seichten, stark verkrau-

Wir paddeln durch »Neu-Venedig« an der Müggelspree.

teten Glower See. Über den Leißnitzsee, an gelben, ausgedehnten Sandstränden und Kiefernwäldern vorbei, fließt die Spree seenartig erweitert in Richtung Beeskow, dessen Kirchturm weit sichtbar ist. Am Bootshaus des Kanuvereins lassen wir die Boote liegen und besichtigen die teils noch mit Wehrmauern umsäumte, im Krieg stark beschädigte Stadt. Im rechten Flußarm geht es durch die nächste Schleuse. Mit vielen Windungen, überraschend gut strömend, trägt uns die Spree in nördlicher Richtung an winzigen, von der Welt scheinbar vergessenen Siedlungen vorbei.

Vor dem Wergensee steuern wir links zur Schleuse in die Drahendorfer Spree hinein. Diese pendelt noch völlig unverbaut durch ein fast geschlossenes Auwaldgebiet nach Drahendorf (Bootsschleuse) und mündet beim Spreeforsthaus in den Oder-Spree-Kanal, der das Berliner Urstromtal ansteuert. Unter der Autobahnbrücke hindurch (Jugendherberge) erreichen wir Fürstenwalde.

Die Bootsschleppe liegt mittig in der Doppelschleuse. Das spätgotische Rathaus und die Marienkirche (im Aufbau) lohnen einen Besuch, bevor wir die Müggelspree vor der Schleuse »Große Tränke« anpad-

deln. Hier heißt es nochmals die Boote mit dem Wagen hinüberrollen. In Hangelsberg liegt unweit vom Fluß ein netter Zeltplatz (Anlegesteg).
Eine ansprechende Parklandschaft begleitet uns in Richtung Berlin. Am Horizont zeichnen sich die Krengelsberge ab, und nach der lärmenden Autobahnbrücke säumen immer mehr Wochenendkolonien die Ufer.
Am Dämeritzsee begegnen wir den großen Fahrgastschiffen der Weißen Flotte, und links zeigen uns Baken die Richtung an. Von den Ufern des Hessenwinkels leuchten weiße Villen, umgeben von Gärten voller Rhododendronbüsche, zum See hinab. Wir steuern die Spree an, auf der ein starker Motorbootverkehr herrscht.
Ein Abstecher in die verwinkelten Kanäle der Bungalow- und Feriensiedlung »Neu-Venedig« ist sehr lohnend. Am Kleinen Müggelsee liegt der Zeltplatz I/4, doch bei gutem Wetter paddeln wir über den großen Müggelsee, an vielen Strandbädern vorbei, bis nach Köpenick.
Unweit der Baumgarteninsel, am Bootshaus des Kanu-Clubs, können wir die Fahrt beenden; von hier sind es zum Bahnhof nur wenige Minuten.

Charakter, Tips
Durch Wald- und Wiesengebiete langsam fließender Flachlandfluß, der teils kanalisiert, teils völlig natürlich erhalten auch Anfängern ganzjährig eine schöne Wanderung erlaubt. Wasser relativ sauber, nur wenig Schiffsverkehr (Ausnahme in Berlin). Am Neuendorfer sowie Schwieloch- und Leißnitzsee schöne Badestrände. Viele Zeltplätze an den Ufern ermöglichen variable Etappenaufteilung. Eine Ferienfahrt können wir mit einem mehrtägigen Aufenthalt im Spreewald beginnen. Der Spree-Dahme-Kanal (Umflutkanal) ermöglicht uns einen Abstecher in das vielbesuchte Teupitz-Köriser Seengebiet bzw. zum Scharmützelsee.
Fast alle Schleusen auf der Spree sind noch in Betrieb und werden überwiegend von Personal betreut. Teils Selbstbedienung bzw. Bootsrampen mit Gleiswagen. Zwischen Lübben, Beeskow, Fürstenwalde und Köpenick besteht eine gute Eisenbahnverbindung. Direkte Pkw-Begleitung ist kaum möglich, manche Flußabschnitte sind sehr einsam und über Straßen nicht erreichbar.

Zeltmöglichkeiten
Lübben: Am Burglehn; Petkamsberg; Neuendorfer See: Z/13–16; Glower See: E/4, E/9; Schwielochsee: E/11–12, 14–15, Z/8–11; Beeskow (Anmeldung am Bootshaus); Neuhaus; Wergensee; Hangelsberg; Müggelheim: Kleiner Müggelsee I/4.

Sehenswertes
Lübben: Stadtbefestigung mit Türmen, Wiekhaus, Schloß, barockes Ständehaus (Archiv), Paul-Gerhardt-Kirche, Postmeilensäule, Weinbauerdenkmal; Lübben-Steinkirchen: Dorfkirche, Herrenhaus.
Beeskow: Schloß (biologisches Heimatmuseum), Stadtmauer mit Wiekhäusern und Türmen, mittelalterliche Häuser, Marktplatz, gotische Pfarrkirche St. Marien (teils Ruine), Kietz (ehemalige Fischersiedlung).
Rahnsdorf: »Neu-Venedig« (idyllische Siedlung an Kanälen).
Köpenick: Barockschloß (Kunstgewerbemuseum), Schloßpark, Rathaus (Hauptmann von Köpenick), Pionierpark Wuhlheide, Müggelturm u. a.

Karten, Kanu-Literatur
Generalkarte 1:200 000, Blatt 35, 33; Wassersportwanderkarte 1:550 000, Teil 6, 7; Wasserwanderatlas Teil Märkische Gewässer, Touristen-Karte Berlin-Süd 1:100 000; Wanderkarte Spreewald 1:50 000.

Spreewald — 8

Flußlandschaft an der Spree

Lübbenau
17–28 km
3 Tages-Rundtouren

Ein sonniger Sonntagmorgen im Spreewald.

Etwa 100 km südöstlich von Berlin liegt in der langgestreckten Niederung das Baruther Urstromtal der Spreewald. Hier, in der flachen Senke, bildete die Spree zusammen mit der Malxe in Jahrtausenden auf einer Länge von ca. 75 km ein fast 15 km breites, dicht verästeltes Netz von Bächen und Wasserläufen (Fließen). Die dort lebende sorbische Bevölkerung ergänzte das Gewirr von Flußarmen mit künstlich angelegten Gräben (Groblje), Kanälen und kleinen Häfen, und so entstand diese einzigartige, seltsame Kulturflußlandschaft, die in Europa ihresgleichen sucht. Bei Lübben, wo sich die leicht gewellten Ränder der Flußniederung bis auf 1 km nähern, befindet sich die Grenze zwischen dem touristisch erschlossenen Oberspreewald und dem nördlicher liegenden, kleineren Unterspreewald, der ursprünglicher geblieben und als Naturschutzgebiet nur einem engeren Kreis von Besuchern bekannt ist.

Von Lübbenau aus unternehmen jährlich Hunderttausende von Touristen auf flachen Holzkähnen kürzere oder längere Fahrten durch den Oberspreewald, besuchen das Freilichtmuseum im 600 Jahre alten Dorf Lehde, das Lübbenauer Schloß und die idyllisch liegende Waldgaststätte »Wotschofska«. An Sonn- und Ferientagen sind dann die Kanäle voller Kähne und es hallen Musik, Gelächter und Stimmengewirr durch die Baumalleen. Doch ein wirklich unvergeßliches Erlebnis ist eine Fahrt im eigenen kleinen Boot, sei es ein Faltboot oder Canadier, mit dem wir an ruhigen Tagen oder zeitig am Morgen, wenn noch die Nebelschwaden über den Gewässern stehen, die Wasserfließe durchpaddeln. Da ruhen noch die touristenbringenden Holzkähne im Lübbenauer Hafen. In solchen Stunden hören wir nur das regelmäßige Zischen der eintauchenden Paddelblätter und das Trommeln der Wassertropfen an der gespannten Haut unserer Faltboote. Leise schieben sich die Baumreihen an uns vorbei. Vielleicht beäugt uns neugierig ein Reh vom Ufer aus oder schwimmt eine Bisamratte eilig zu ihrem Versteck.

Von den unzähligen Wandermöglichkeiten, die uns der Spreewald bietet, sollen hier drei Rundfahrten vorgestellt werden, die von den Cottbuser Kanusportlern ausgeschildert worden sind und uns in verschiedene Stromgebiete des Spreewaldes führen. Wir starten dabei immer in Lübbenau, wo man sich ein Kajak ganztägig auch leihen kann. Wegen des regen Verkehrs ist der Kahnfährhafen für Sportboote gesperrt, doch viele vom Bahnhof kommende Faltbootfahrer setzen an seinem Nordostende ein. Gute Einsetzmöglichkeiten finden wir am Campingplatz »Am Schloß« (Infotafel über die Rundtouren) oder als Gäste beim Bootshaus TSG Lübbenau.

Kleine Leiper-Tour

Die erste Erkundungsfahrt, markiert durch einen schwarzen Kreis auf gelbem Untergrund (17 km), führt uns von Lübbenau hinaus und in nordöstlicher Richtung an schönen alten Blockhäusern und am Café »Venedig« vorbei nach Lehde. Dort gibt uns der Besuch im sehenswerten Freilandmuseum einen Einblick in das harte Leben der sorbischen Bewohner in dieser amphibischen Landschaft, die erst 1929 mit einer Straße teilweise erschlossen wurde.

Nach der Besichtigung paddeln wir weiter auf dem Lehder Graben bis zur Kreuzung mit dem Bürgerfließ, geradeaus in den Wehrkanal und landen dann im kleinen Hafen von »Wotschofska«, einer beliebten Waldgaststätte. Hier finden wir unter alten Bäumen auf den rustikalen Holzbänken Platz, holen an der Theke unser Bier und warten geduldig auf das Essen.

Gesättigt setzen wir auf dem Burg-Lübbenauer-Kanal unsere Fahrt in östlicher Richtung fort. Nach der ersten Schleuse (ca. 2 km) biegen wir rechts in den engen Jankens-

Warten vor der Kaupener Schleuse bei Lübbenau.

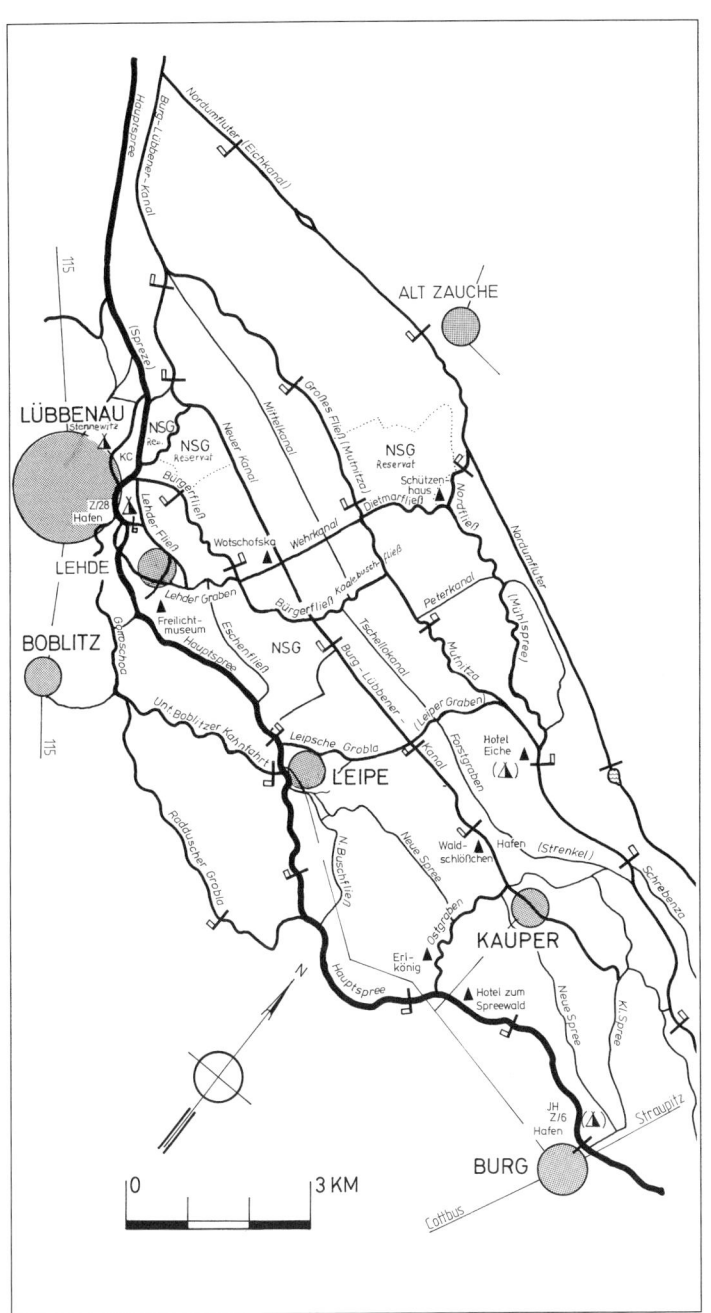

kanal ein, um von dort nach ungefähr 1 km nochmals rechts den Schlapigkfließ anzusteuern. Dieser endet auf der Hauptspree, unmittelbar an der Schleuse in Leipe, wo wir zu einer Kaffeepause in der Dorfgaststätte einkehren.

Zurück nach Lübbenau paddeln wir in südwestlicher Richtung auf der Unteren Boblitzer Kahnfahrt zum südlichsten Fließ des Spreewaldes, dem Leineweberfließ (Gorroschoa), um hier bei guter Strömung die letzten 4 km zum Ausgangspunkt zurückzulegen.

Große Leiper-Tour

Bei dieser ca. 20 km langen Tagestour, die mit einem weißen Viereck auf rotem Untergrund markiert ist, paddeln wir zunächst wie bei der Kleinen Leiper-Tour von Lübbenau aus in Nordostrichtung nach Lehde. Der Lehder Graben führt uns dann bis zur Kreuzung mit dem Bürgerfließ. Auf diesem stark gewundenen Gewässer geht es weiter zum Burg-Lübbener-Kanal, den wir überqueren und so in den Hulebusch- oder Koalebusch gelangen. Im Frühsommer liegt hier ein betörender Duft von blühenden Holunderbüschen über dem Wasser, in dem sich mächtige alte Erlen- und Eichenstämme spiegeln. Dieser wunderbare Wasserweg endet am Großen Fließ (Mutnitza), an dem wir ostwärts, gegen die schwache Strömung paddeln, die Polenzschenke erreichen. Unsere Bootsspitzen wenden sich rechts in den Leiper Graben, der uns stromabwärts nach Leipe trägt.

Nach einer Vesperpause paddeln wir weiter auf der Hauptspree in Richtung Lübbenau (Schleuse) und biegen nach etwa 3 km links in einen Wiesenfließ ab, der uns bald zum Leineweberfließ (Gorroschoa) bringt. Ab hier geht es gemütlich zurück zum Startplatz.

Hochwald-Tour

Mit ihren 28 km Länge verlangt diese Tagestour (Markierung blaues Dreieck auf weißem Grund) vom Kanufahrer schon eine gewisse Portion Ausdauer. Doch sie ist sehr lohnend und führt uns zu dem wohl schönsten und etwas ruhigeren Abschnitt des Spreewaldes, dem Hochwald. Bis nach »Wotschofska« ist die Strecke identisch mit der kleinen Leiper-Tour. Wir starten wieder in nordöstlicher Richtung nach Lehde, um dann auf dem Lehder Graben die uns schon bekannte Waldgaststätte anzulaufen.

Nach einer Erfrischung steuern wir unsere Boote auf die lange Gerade des Wehrkanals zu, der am Großen Fließ (Mutnitza) endet. Wir erreichen somit die südliche Begrenzung des Hochwaldes, eine sehr ursprüngliche Spreewaldlandschaft. Links vom Dittmarfließ, der unsere Kajaks aufnimmt, liegt das für Touristen generell gesperrte Naturreservat.

Am Forst- und Schützenhaus vorbei biegen wir rechts in die Mühlspree (Nordfließ) ein. Diese schlängelt sich in vielen Windungen durch den wunderschönen Hochwald und trifft nach 4 km unmittelbar am »Hotel Eiche« auf den Leiper Graben. Leider gibt es den bei den Kanuten früher sehr beliebten Zeltplatz nicht mehr, und das bürgerliche Gasthaus wurde zu einem teuren Luxushotel umgebaut.

So paddeln wir den Leiper Graben weiter stromabwärts bis nach Leipe, wo uns eine einladende Gaststätte erwartet. Die restlichen 5 km legen wir auf der gut strömenden Hauptspree zurück und landen abends etwas müde, aber mit vielen schönen Erinnerungen an eine einzigartige Landschaft am Zeltplatz in Lübbenau.

Begegnung auf der Mutnitza.

Charakter, Tips
In einer seltenen Wald-, Wiesen- und Flußlandschaft langsam strömendes Labyrinth von ca. 300 Kanälen und Fließen, ganzjährig ohne nennenswerte Schwierigkeiten mit allen Kanutypen befahrbar. Eine gute Wanderkarte (1:50 000) erleichtert die sonst schwierige Orientierung. Drei markierte Kanuwanderwege helfen bei ersten Erkundungsfahrten. Schleusen werden größtenteils vom Personal oder von Einheimischen gegen einen kleinen Obolus bedient; manche Wehre sind auch befahrbar. Der rege öffentliche Kahnverkehr verlangt von Kajakfahrern rücksichtsvolles Verhalten. Der Spreewald wurde zum Naturschutzgebiet erklärt, manche Reservate dürfen nicht betreten sowie Fließe nicht befahren werden (Sperrschilder an den Zufahrten). Die wenigen Zeltplätze sind in der Saison voll belegt (Vorbestellung). Im Sommer zeitweise starke Mückenplage. Anfang Oktober »Internationale Spreewaldfahrt« (DKV). Der kaum bekannte Unterspreewald (NSG) ist nur auf wenigen Fließen für Kanufahrer erschlossen. Bootsverleih: Lübbenau.

Zeltmöglichkeiten
Lübbenau: Am Schloß (Schließung geplant); Lübbenau-Steunewitz: Privatzeltplatz (Fr. Hirte, Tel. 03542/36 37); Unterspreewald, Lübben: Am Burglehn (Tel. 03546/70 53); bedingt Petkamsberg; Neuendorfer See (Tel. 035473/7 08); Cottbus: Vereinsgelände ESV Lok RAW (nur DKV Mitglieder, Tel. 0355/79 62 30, auch gute Infos). Wildes Zelten nicht gestattet – wird kontrolliert!

Sehenswertes
Burg (Borkowy): Schöne Holzhäuser, Kirche, Aussichtsturm; Burg-Kauper: Waldschlößchen; Burg-Dorf: alte Kähne.
Straupitz: Doppeltürmige Kirche.
Leipe (Lipje): Hotel »Spreewald«.
Lübbenau (Lubnjow): Schloßbezirk mit Spreewaldmuseum, Orangerie, barocke Pfarrkirche; Lübbenau-Kaupen: Kahnbauerei, Gaststätte »Wotschofska« (Holzbau).
Lehde (Ledy): Freilandmuseum, Blockhäuser.
Lübben (Lubin): Siehe Tour 7.
Schlepzig (Slopišća): Fachwerkbauten, Kirche, Agrarhistorisches Museum.
Krausnick (Kšuświca): Fachwerkkirche mit Holzturm, Krausnicker Wehlaberg (Aussicht).

Karten, Kanu-Literatur
Generalkarte 1:200 000, Blatt 35; KOMPASS-Wanderkarte 1:50 000, Blatt 1018; Wasserwanderatlas Teil Märkische Gewässer. Wassersportwanderkarte 1:450 000, Teil 7. Infoblätter des Sportvereines ESV Lok RAW Cottbus (H. R. Sturtz, Tel. 0355/79 62 30).

Elbe

Nordseestrom

9
Schmilka – Tangermünde
385 km
Ferienfahrt

Rast unterhalb der Bastei bei Rathen.

Auf ihrem Weg von der Quelle am felsigen Kamm des Riesengebirges bis zur deutschen Grenze bei Schmilka hat die Elbe, zuerst als famoser Wildbach, später als ruhiger Wanderfluß, bereits 365 km durch die Tschechische Republik zurückgelegt. In Děčín, wenige Kilometer vor der Grenze, erreicht sie mit dem Eintritt in das Böhmisch-Sächsische Sandsteingebirge, das sie in einem eindrucksvollen Canyon in mehreren Schleifen durchsägt, ihren landschaftlichen Höhepunkt. Bei Pirna verläßt sie die hohen Tafelberge und bizarren Felsbastionen und erreicht die Dresdner Elbtalniederung. Nur von wenigen Brücken überspannt durchfließt sie das barocke Dresden, umspült die mächtige Albrechtsburg in Meißen und steuert durch ein relativ einsames Urstromtal zur Nordsee, um hier in einem breiten Mündungstrichter ihre fast 1200 km lange Reise durch Europa zu beenden.

Wir beginnen unsere Elbefahrt an der Grenze in Schmilka, doch seit der Liberalisierung des Grenzverkehrs mit der ČR lohnt es sich, mit einer Tagesetappe schon in Děčín anzufangen. Gegenüber dem weiß leuchtenden Děčíner Schloß, unter dem Zoo, können wir unsere Boote in die schnell fließende Elbe setzen. Die vor uns liegende, mit Felswänden und -türmen gesäumte Strecke ist sehr eindrucksvoll. Am Grenzübergang gibt es keine Schwierigkeiten; wir legen rechts an der Zollabfertigungsstelle für

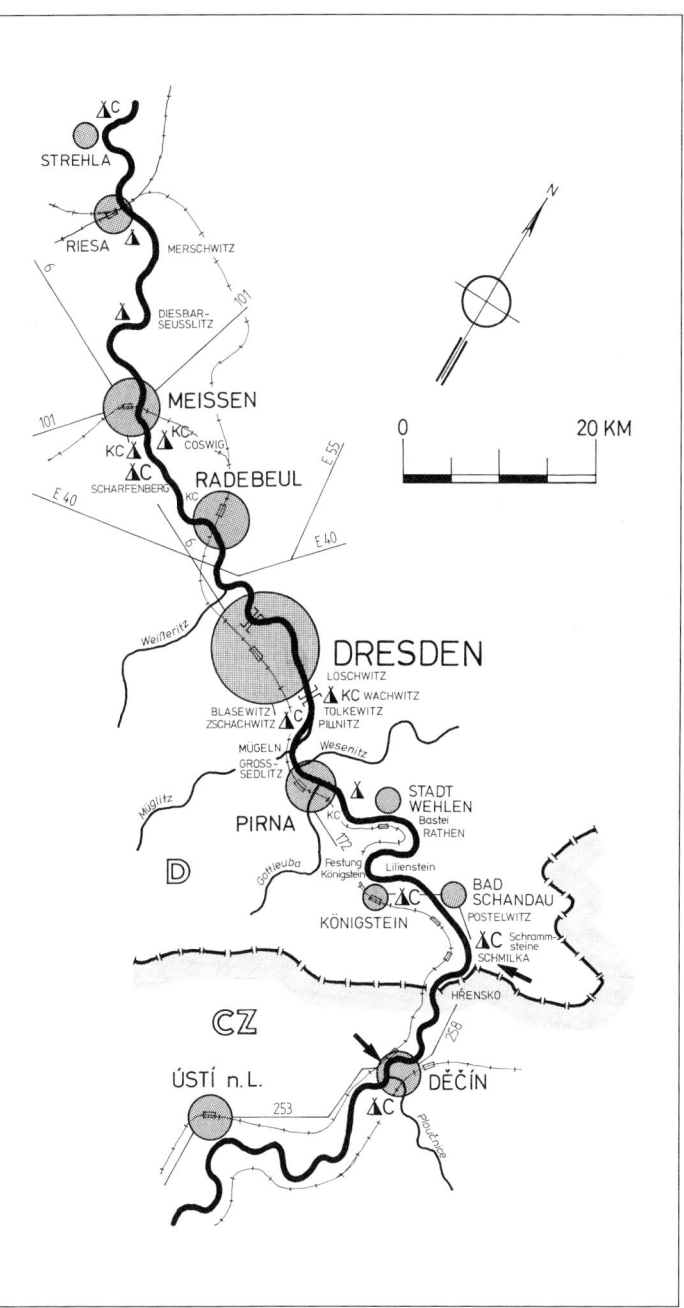

Sportboote an und können nach wenigen Minuten weiterpaddeln, um bald danach in Schmilka anzulegen.

Nach dieser Tagesfahrt packen wir am nächsten Morgen unsere Zelte, laden die Boote voll, und schon schaukelt uns die Elbe am etwas mondänen Bad Schandau vorbei; vor uns beherrscht der mächtige Lilienstein, ein typischer Tafelberg, den Horizont. Nach dem nächsten Flußbogen gesellt sich der Königstein dazu. Noch lange nach der engen Flußschleife überwacht die uneinnehmbare, am Berg thronende Festung unsere Paddelschläge, um uns nachher in das Herrschaftsgebiet der Bastei zu entlassen. Diese fantastisch geformte Felsengruppe begleitet wie eine breite Kulisse unsere Kanus bis zur Stadt Wehlen. Hier werden die Waldhänge niedriger und die Felsen rarer; wir nähern uns Pirna, der »anmutigen Stadt an der Elbe«, wie schon Goethe schrieb. Der zierlich gegliederte Turm des Rathauses, der Dom und der Marktplatz mit den alten Patrizierhäusern stehen in Kontrast zu den großen Baukomplexen der vielen Fabriken und den modernen Siedlungen, die die Altstadt umringen. Vom Bootshaus des Kanuvereins sind es nur ein paar Schritte in die sehenswerte Altstadt.

Wieder in den Booten sitzend erreichen wir den ersten Elb-Auwald, die Pillnitzer Insel, die schon lange als strenges Naturschutzgebiet ausgewiesen ist. Wir paddeln rechts vorbei, und schon schweift unser Blick zu der langen Front des ostasiatisch anmutenden Pillnitzer Schlosses. In Hosterwitz blickt die kleine Schifferkirche Maria am Wasser auf uns herab. Langsam rücken die Villensiedlungen der Loschwitzer Höhen heran. Vor dem »Blauen Wunder«, der Stahlhängebrücke, die schon über ein Jahrhundert die Elbe überspannt, liegen linksufrig mehrere Vereinsbootshäuser, an denen wir nach Anfrage auch zelten können. In Dresden, das früher die schönste Barockstadt nördlich der Alpen war, gibt es auch heute viel zu bewundern. Die vielen Profanbauten, Kirchen, Museen und Galerien verlangen einen längeren Aufenthalt.

Dresden wieder verlassend sehen wir noch links die seltsame »Moschee« der ehemaligen Tabakfabrik Yenitze, und rechts oben zeigen sich die aufsteigenden Weinberge von Radebeul. Wie eine offene, gelbe Wunde kündigt ein großer Steinbruch das Spaargebirge vor Meißen an, und wir steuern zum Steg des Campings Scharfenberg. Von hier sind es knapp 3 km zur Meissener Altstadt. Einen der schönsten Blicke auf die mächtige Albrechtsburg und den Dom haben wir vom Fluß aus, wenn sich beide, beleuchtet von der niedrig stehenden Morgensonne, im ruhigen Wasser der Elbe spiegeln.

Nach Meißen wird die Landschaft zwar flacher, keineswegs aber langweilig. Immer wieder treten sehenswerte Städte und Orte an den gut fließenden Strom heran. Fast in jeder Stadt gibt es bei Wassersport- und Kanuvereinen schöne Zeltplätze (Anfrage) und so brauchen wir unsere Tagesetappen nicht zu weit in die Länge ziehen; dafür bleibt mehr Zeit für Besichtigungen und kleine Wanderungen zu Naturschutzgebieten. Zum Baden ist die Elbe noch nicht zu empfehlen, doch mit der Zeit wird sich auch dieser Nachteil ändern, die ersten Kläranlagen sind schon in Betrieb.

Nach der geschäftigen Industriestadt Riesa lugt das Schloß in Strehla über die Baumgipfel zum Fluß hinüber, und bald lockt das

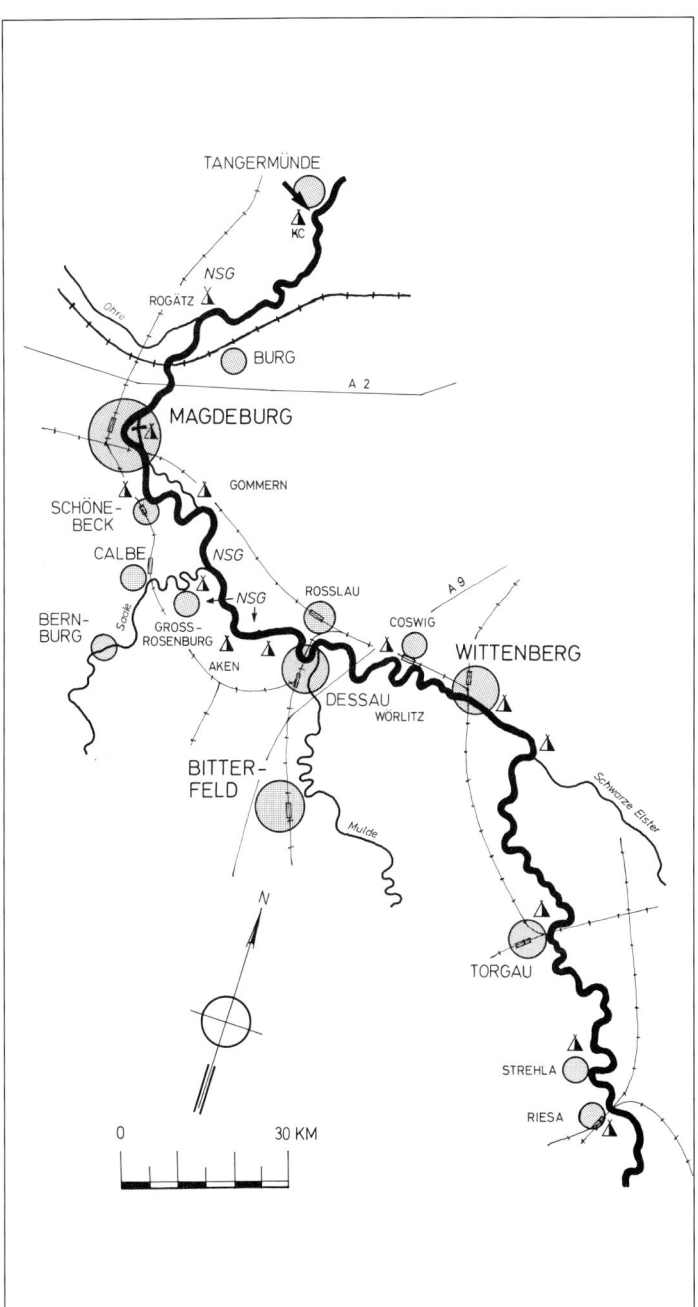

Belgerner Rathaus mit seinem Roland zum Anlegen. Doch den städtebaulichen Höhepunkt dieses Elbeabschnitts bietet die Renaissancestadt Torgau mit gut erhaltener Altstadt, dem Schloß Hartenfels, der mächtigen Marienkirche und dem historischen Rathaus.

Bei den nächsten Flußkilometern zwingen uns bei Niedrigwasser die vielen Buhnen und Seilfähren zu erhöhter Aufmerksamkeit beim Paddeln. Von rechts mündet die sehr verschmutzte Schwarze Elster in die Elbe, und bald dürfen wir die besondere Atmosphäre der Stadt Wittenberg schnuppern. Im Krieg nur wenig beschädigt, lädt die Stadt Luthers, Lucas-Cranachs und Melanthons mit ihren alten Häuserzeilen und weiten Grünanlagen zu ausgedehnten Spaziergängen ein. Nachher genießen wir, wieder in den Booten sitzend, die Ruhe am Fluß, machen bei Coswig einen Abstecher zum einmaligen Landschaftspark in Wörlitz und vergessen nicht, in Dessau das berühmte Bauhaus anzuschauen. Zwischen Aken und Barby breitet sich im Mündungsbereich der Saale beidufrig das UNESCO Biosphären Reservat »Mittlere Elbe« aus; erhaltene, vergessene Altarme, Moorgebiete und kleine, verwachsene Fließe bieten einer artenreichen Vogel- und Kleintierwelt sicheren Lebensraum. Das Anlegen ist hier nur an bezeichneten Rastplätzen erlaubt, und in Breitenhagen bei Groß Rosenburg soll ein neuer Campingplatz auch Wasserwanderer zum Aufenthalt locken.

Der Meißner Dom mit der Albrechtsburg spiegelt sich in der Elbe.

Die nächste Etappe führt uns nach Magdeburg, wo wir auf der Elbinsel bei manchem Wassersportverein nach Anfrage zelten dürfen. In der Stadt gibt es viel zu sehen, sogar einen zoologischen Garten können wir besuchen. Manche beenden schon hier ihre Fahrt, doch es ist auf jeden Fall lohnend, wieder in die Kanus zu steigen und über Rogätz (mehrere NSG) bis zu der alten Hansestadt Tangermünde zu paddeln und erst am Zeltplatz des WSV die Boote trockenzulegen.

Charakter, Tips
Zügig strömender, bei gutem Wasserstand fast 100 m breiter Wanderfluß. Mit allen Bootstypen ganzjährig befahrbar, auch für Anfänger geeignet. Wasser mäßig verschmutzt (Besserung ist angesagt, Kläranlagen im Bau), Baden ist nicht zu empfehlen. Ab Ústí n. L.

(ČR) kein einziges Wehr! Im Jahresablauf stark schwankender Wasserstand läßt in den Sommermonaten viele Kies- und Sandbänke hervortreten. Bei solchen Verhältnissen findet fast keine Berufsschiffahrt statt, nur die Personenschiffe der Weißen Flotte verkehren weiter. Binnenschiffahrtsstraße – Kennzeichenpflicht unserer Boote! Vorsicht an Seilfähren, die im beschriebenen Abschnitt noch immer ihren Dienst tun! Lohnend sind Wanderungen im Bereich des Elbsandsteingebirges. Gute Zugverbindungen, auch in die ČR (Děčín), erleichtern das Abholen der Autos. Pkw-Begleitung möglich. An manchen Bootshäusern können wir nach Anfrage auch zelten.

Zeltmöglichkeiten
Camping Děčín (ČR); Schmilka; Königstein; Zschachwitz; Scharfenberg (bei Meißen); am Fluß liegen mehrere Bootshäuser und Zeltplätze verschiedener Kanuvereine in: Wehlen, Pirna, Laubegast, Tolkewitz, Loschwitz, Radebeul, Coswig, Meißen, Riesa, Strehle, Torgau, Elster, Wittenberg, Coswig, Dessau, Aken, Breitenhagen, Barby, Gommern, Schönebeck, Magdeburg, Rogätz, Tangermünde.

Sehenswertes
Ústí n. L. (ČR): Gotische Kirche (14. Jh.), Museum, Galerie, Burgruine Střekov.
Děčín (ČR): Renaissanceschloß, Barockkirche St. Václav, Santinikirche, Museum, Zoo.
Bad Schandau: Johanniskirche, Marktplatz, Brauhaus mit schönem Portal, Heimatmuseum, Fachwerk- und Umgebindehäuser in Postelwitz;
Schmilka: Schrammsteine; Königstein: Festung Königstein, Kirche.
Pirna: Marktplatz, Patrizierhäuser, Rathaus, Kirche St. Marien, Dominikanerkloster (Heimatmuseum), Festung Sonnenstein; Großsedlitz: Barockgarten; Rathen: Bastei, Burg; Zaschendorf: Schloß.
Pillnitz: Schloßanlage, Wasser- und Bergpalais (Museum), Orangerie, Weinbergkirche; Hosterwitz: Schifferkirche.
Dresden: Zwinger, Theaterplatz, Semperoper, Hofkirche, Residenzschloß, Sandsteinbrücke (Brücke der Einheit), Ruine der Frauenkirche, Kreuzkirche u. a. Kirchen, Neues Rathaus; Neustadt: Goldener Reiter, Straße der Befreiung (Promenade), Loschwitzer Schlösser, Brücke Blaues Wunder; Radebeul: Karl-May-Museum u. v. a.
Meißen: Albrechtsburg, Dom, Kirche St. Afra, Marktplatz, Frauenkirche, Fürstenschule, Rathaus, Weinlokal Richter, Porzellanmanufaktur; Scharfenberg: Schloß; Siebeneichen: Schloß u. v. a.
Riesa: Kloster.
Belgern: Renaissance-Rathaus, Roland, Pfarrkirche.
Torgau: Schloß Hartenfels, Wendeltreppenturm, St.-Marien-Kirche, historische Altstadt, Mohrenapotheke, Nikolaikirche u. a.
Wittenberg: Schloß mit Kirche, Stadtkirche St. Marien, Markt, Altstadt, Rathaus, Lutherhaus, Cranachhaus, Augusteum.
Coswig: Renaissanceschloß.
Wörlitz: Schloß, Landschaftspark.
Dessau: Bauhaus, Museum, Kirche St. Peter u. Paul, Georgengarten, Schloß Georgium, Schloß Mosigkau.
Schönebeck: Frühgotische Basilika, Sole-Gradierwerk, Elbe-Schiffahrts-Museum.
Magdeburg: Dom, Domplatz, Kloster (Museum), Alter Markt, Rathaus (Magdeburger Reiter), zoologischer Garten u. a.
Tangermünde: Mittelalterliche Stadt mit Wehrmauern und Türmen, Burganlage, gotisches Rathaus, Pfarrkirchen, Kapelle St. Elisabeth.

Karten, Kanu-Literatur
Generalkarte 1:200 000, Blatt 10; 12 (Großraumausgabe); Touristische Karte 1:50 000 Böhmisch-Sächsische Schweiz (VEB Tourist Verlag, GKP Prag); Touristenkarte 1:100 000, Dresden und Umgebung; Wassersport-Wanderatlas 1:100 000, Elbe E 1, Jübermann Verlag 1993.
Kanu-Sport 7–9/95

Unstrut

10

Nebenfluß der Saale

Artern – Naumburg
61 km
2–3-Tage-Fahrt

Am Wehr unter der Burganlage Wendelstein bei Memleben.

Von ihrem Quellgebiet bei Dingelstädt im südlichen Eichsfeld zieht die Unstrut als schmales Flüßchen im weiten Bogen durch das flache Thüringer Becken. Gesäumt von den Sachsenburgen und dem Schloß von Heldrungen, überwindet sie in der Thüringer Pforte die Höhenzüge von Hainleite und Schmücke und nimmt bei Artern die von Nordwesten kommende Helme auf. Weitgehend begradigt, durchfließt sie nun eine sanfte Talmulde, an deren hochgeschwungenem nördlichen Rand die halbverfallene Burgruine von Wendelstein über dem sagenumwobenen Kloster Memleben liegt. Bei Nebra dringt die Unstrut in die nordostthüringischen Buntsandstein- und Muschelkalkplatten ein. Hier, auf den windgeschützten, südexponierten Talhängen um Freyburg herum, liegt das nördlichste deutsche Weinbaugebiet. Bei Großjena, vor den Toren Naumburgs, vereint sich die Unstrut nach einer 192 km langen Reise mit der Saale.

In den früheren Jahren waren Wanderfahrten auf der Unstrut, deren Schiffbarkeit bis nach Heldrungen reichte, sehr beliebt. Zwar ist ein großer Teil des Flusses in ein begradigtes, kanalähnliches Bett mit hohen Ufern hineingezwängt worden, doch wegen der abwechslungsreichen Landschaft und der vielen Sehenswürdigkeiten ist eine Flußwanderung auf der Unstrut noch immer lohnend. Jährlich findet im September die Weinlesefahrt auf der Unstrut statt.

Im hübschen Städtchen Artern, am Zeltplatz des Kanu- und Wandervereins, beginnt unsere Tour. Kaum in den Booten sitzend überrascht uns die spritzige Durchfahrt am verfallenen Wehr von Ritteburg (hier Zeltmöglichkeit und Gaststätte), kurz vor der Helme-Mündung der erste Brückenschwall, in Schönewerda rauscht ein zweiter. Doch nachher beruhigt sich die Unstrut und es folgt ein etwas eintöniger Flußabschnitt. Nach Bottendorf (gute Einsetzstelle) und Roßleben zeigt sich links oben die auf einem Muschelkalkplateau liegende Burgruine Wendelstein. An dem nach der Brücke folgenden Schrägwehr tragen wir rechts kurz über die Schleuseninsel um (oder können schleusen lassen). Zwischen hohen Ufern paddelnd sehen wir vom Boot aus nur wenig

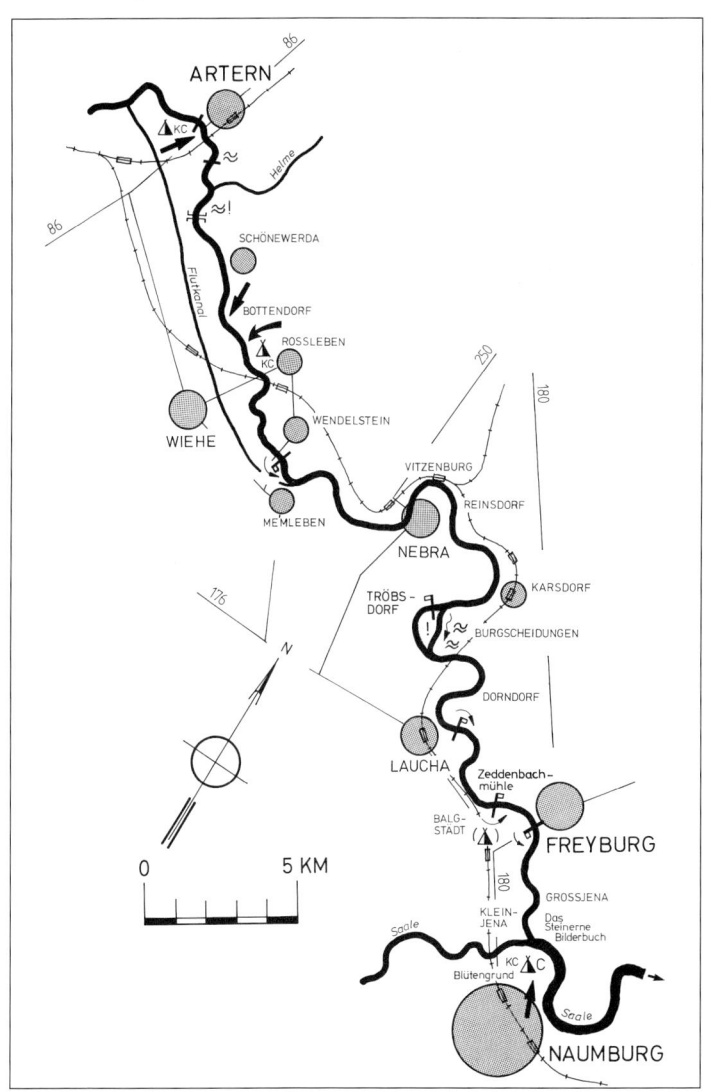

Das »Steinerne Bilderbuch«, ein 200 m langes Felsrelief über die Historie des Weinbaus an der Unstrut, finden wir in Großjena.

von der altehrwürdigen Klosteranlage Memleben, die sich noch an die ersten deutschen Kaiser erinnert.

Berg- und Felshänge treten bald näher an den Fluß, und in einer Linksschleife grüßt uns mit seiner Löwenbrücke Nebra, ein kleines, an einer alten Furt entstandenes Städtchen, wo wir außer einem Schloß und der romanischen Kirche noch schmucke steinerne Portale an mehreren Bürgerhäusern entdecken.

Nach dem Landgang wieder in den Booten sitzend nähern wir uns dem weithin sichtbaren Renaissanceschloß Vitzenburg. In Reinsdorf lugt der goldene Helm der spätromanischen Kirche über die Baumkronen; vom ehemaligen Benediktinerkloster blieben nur ein paar Grundmauern übrig. Karsdorf sagt sich an mit einem Zementwerk, dessen graue Staubablagerungen noch Hunderte von Metern weit die Vegetation bedecken.

Danach werden die Ufer wieder natürlicher, Weiden und Silberpappeln säumen den schon in früheren Zeiten behutsam regulierten Fluß. Die schöne Zwiebelturmkirche von Wennungen bleibt rechts liegen, und vor uns, umgeben von Gartenterrassen, schimmert rötlich über der Unstrut die barocke Sandsteinfassade des Schlosses Burgscheidungen.

An der Schleuse steuern wir in den linken Flußarm hinein (Mühlenkanal), am Wehr vorbei. Hier erwarten uns drei spritzige, aber harmlose Schwallstufen (Vorsicht, links Pfähle!). Unter der Brücke der alten Mühle kehren wir in das Hauptflußbett zurück. Eine lange Eisenbahnbrücke überspannt anschließend das Tal, und vor Laucha prägen rote Felswände und steile Weinberge das Landschaftsbild. Eine Besichtigung der »Glockengießerstadt« ist zu empfehlen.

An der renovierten Schleuse können wir wieder schleusen oder tragen unsere Boote links über die Straße um. Bei höherem Wasserstand und Regen ist der unbefestigte Steg sicher verschlammt.

Nach Weischütz, einem verträumten Unstrutdörfchen, folgt bald die

Zeddenbachschleuse. Wir tragen links um; vielleicht wird hier einmal wieder geschleust werden (1998 Renovierungsarbeiten beendet).

Kurz nach dem mit Sonnenenergie beheizten Freyburger Schwimmbad wurde das als Wehr dienende, mit Steinen gefüllte und in den Fluß versenkte Schiff entfernt und dafür ein neues Wehr mit Schleusenanlagen fertiggestellt. Die Schleuse ist betriebsbereit, rechtsufrig können wir auch umtragen.

Weinberge begleiten uns bis in die Stadt, die von der mächtigen Burganlage Neuenburg beherrscht wird. Der Blick von der Feste in das enge Unstruttal hinunter ist unvergeßlich. Auch sonst gibt es in Freyburg manches zu besichtigen, und auf eine Weinprobe sollte man nicht verzichten.

Zur Mündung der Unstrut in die Saale ist es nachher nicht mehr weit. Beinahe unmerklich vereinigen sich beide Flüsse unter den alten Weinbergterrassen von Großjena, wo die Reste des fast 200 m langen »Steinernen Bilderbuches«, einem einmaligen Sandsteinrelief zur Geschichte des Weinbaus im Unstruttal, ihrem Verfall preisgegeben sind.

Am Gelände des gastfreundlichen Kanuvereins von Naumburg endet unsere Unstrut-Wanderung. Nur wenige Schritte entfernt liegt der Campingplatz Blütengrund. Eine Buslinie führt von hier in die sehenswerte Altstadt.

Charakter, Tips
Klassischer mitteldeutscher Wanderfluß, der leider durch rücksichtslose Begradigung und wasserbauliche Maßnahmen viel von seinem Reiz verloren hat. Doch die landschaftlichen Schönheiten und die Fülle der historischen Sehenswürdigkeiten des vielgewundenen Tales wiegen den entstandenen Nachteil auf. Das teils zügig fließende Gewässer können wir mit allen Kanutypen ganzjährig befahren. Manche der alten Unstrutschleusen wurden schon renoviert und sind wieder in Betrieb, an wenigen wird noch gebaut. Schleusenzeiten: 27. 3.–6. 10., 9–18 Uhr, Dienstag/Mittwoch Ruhetage. Leider gibt es am Fluß nur wenige Anlegestellen, hohe Steilufer erschweren das Anlegen und Aussteigen. Eine vielbefahrene Eisenbahnstrecke führt durch das Unstruttal; auch Pkw-Begleitung ist möglich.

Zeltmöglichkeiten
Roßleben (am Bootshaus); Laucha (Kanuvereinsgelände); Balgstädt (Sportplatz nach Anfrage); Naumburg: Kanugelände, Camping am Blütengrund.

Sehenswertes
Memleben: Rest einer Kaiserpfalz (Sterbeort Kaiser Ottos I.), ehemaliges Benediktinerkloster, Burg Wendelstein mit Schloßkapelle.
Nebra: Kirche St. Georg, schöne Portale an Bürgerhäusern, Schloß, Burgruine; Vitzenburg, Renaissanceschloß.
Reinsdorf: Spätromanische Kirche (ehemaliges Benediktinerkloster).
Burgscheidungen: Vierflügelige barocke Schloßanlage, Schloßgarten, Dorfkirche.
Laucha: Pfarrkirche St. Martin, Glockengießerei-Museum, Obertor, Renaissance-Rathaus.
Freyburg a. d. U.: Schloß Neuenburg mit Museum, Turnvater-Jahn-Museum, Marienkirche, Rathaus; Zscheiplitz: Kirche, solarbeheiztes Schwimmbad, Stadtmauer.
Großjena: Weinberge, »Steinernes Bilderbuch« (Relief zur Weinanbaugeschichte).
Naumburg: Siehe Tour 11.

Karten, Kanu-Literatur
Generalkarte 1 : 200 000, Blatt 11 (Großraumausgabe), Wassersport-Wanderkarte 1 : 100 000, Teil 7.

Saale

11

Nebenfluß der Elbe

Rudolstadt – Weißenfels
118 km
kleine Ferienfahrt

Am Camburger Wehr wird links umgetragen.

Als Sächsische oder Thüringische Saale am Großen Waldstein im Fichtelgebirge entspringend, eilt sie als quirliges Flüßchen durch das Vogtland bei Hof, durchsägt im vielgewundenen, tiefen Tal den Frankenwald und, in Talsperren aufgestaut, das Thüringer Schiefergebirge. Ab Saalfeld überwindet die Saale, nur wenig reguliert, die Buntsandstein- und Muschelkalkschichten des Vorlandes und fließt weiter in nördlicher Richtung durch die Leipziger Tieflandbucht, um als schiffbarer Fluß nach 430 km langer Reise bei Barby in die Elbe zu münden.

Für unsere Wanderung wählten wir den Mittellauf der Saale, der, als Tal der Burgen und Schlösser bekannt, von Kanuten seit eh und je befahren wird. Eine gute Einsetzstelle samt Übernachtungsmöglichkeiten finden wir im Rudolstadter Stadtteil Volkstedt am Bootshaus der Slalomkanuten, unweit des Wehres. Auch am großen Festplatz in der Nähe des Thürin-

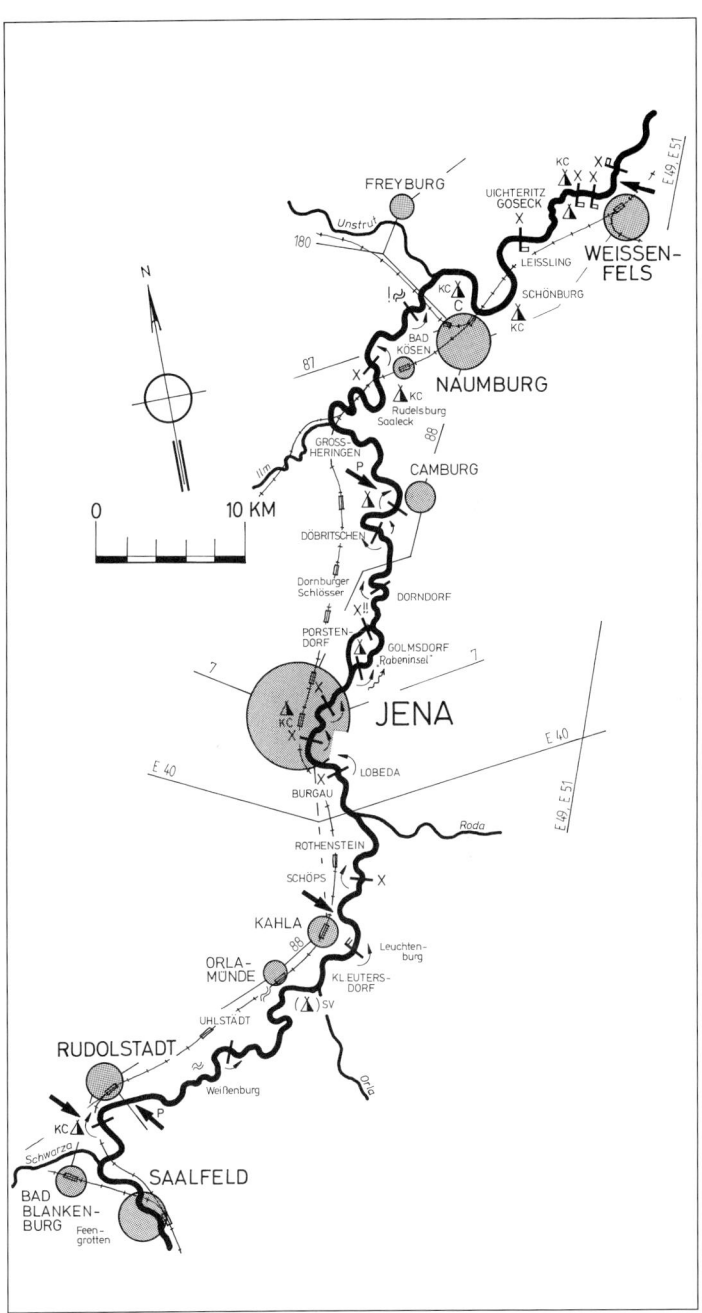

ger Bauernhausmuseums können wir in die Boote steigen (Bahnhof 10 Minuten; Parkplatz).

Wenn wir frühzeitig die Stadt verlassen, leuchtet hoch über den Häuserdächern in der Morgensonne das prunkvolle Barockschloß Heidecksburg. Von einer Seite des Tales zur anderen stetig pendelnd trägt uns die im Sommer sehr seichte Saale an kleinen Ortschaften vorüber. Rechts auf einem bewaldeten Steilhang liegt das Schloß Weißenburg. Kleine Schwallstrecken zwischen hervortretenden Kiesbänken sorgen für stetige Abwechslung.

Am schrägen Wehr von Uhlstädt tragen wir die Boote rechts um; in der Sportgaststätte können wir uns mit einem kühlen Getränk erfrischen. Der Flußbogen vor Zeutsch wurde neu reguliert. Eine Stromzunge zieht uns unter die Straßenbrücke. Kurz danach fahren wir am durchgebrochenen Wehr in den linken Flußarm; die rechts abzweigende »Alte Saale« ist ausgetrocknet.

An die Orlamünder Brücke tasten wir uns vorsichtig heran; die im Fluß verstreuten Eichenpfähle der alten Brücke haben schon manches Faltboot aufgeschlitzt. Nach der Eisenbahnbrücke mündet von rechts die Orla, ein im Frühjahr befahrbarer Wildbach. Die kleine Flußinsel bei Kleineutersdorf umfahren wir links; eine Stromschnelle zeigt, wo.

Am Wehr von Kahla tragen wir rechts um, weil links die Floßgasse gesperrt ist. Neben der alten Saalebrücke lassen wir unsere Boote liegen und besichtigen die mit mächtigen Wehrmauern umringte Stadt, die im Jahr 1990 ihren 1111ten Geburtstag feiern konnte. Dem Berg gegenüber lockt die weit sichtbare Leuchtenburg.

Später paddeln wir durch das linke Joch der nachfolgenden Brücke (steinig, nachher flach!), und am Schöpser Wehr wird links umgetragen. Eine Felswand kündigt Rothenstein an. In der folgenden Linkskehre steuern wir den spritzigen Schwall an und schießen knapp an den großen Steinblöcken vorbei.

Bald nach der lärmenden Autobahnbrücke erreichen wir Jena. Hier strapazieren drei unbefahrbare Wehre unsere Muskeln. Die längste Umtragestelle ist am Steilwehr vor der Paradiesbrücke. Von hier ist die Altstadt am besten erreichbar, auch der Bahnhof liegt in der Nähe. Zelten können wir bei den Bootshäusern der Jenaer Kanuten am Mühlenwehr, gegenüber dem Fußballstadion (nur 20 Minuten ins Stadtzentrum). Flußabwärts von Jena wurde nach dem Porstendorfer Wehr das Freizeitzentrum »Rabeninsel« ausgebaut; ein schönes Seebad, Campingplatz und Restaurant locken viele Besucher an.

Wir bleiben im rechten Flußarm (bei NW Treidelstellen). Links liegt vor der Mühle ein lebensgefährliches Schützenwehr. Kurz nach dem Zusammenfluß beider Arme beschreibt die Saale eine große Schleife. Wir genießen den Blick zu den auf Muschelkalkfelsen hoch über dem Fluß thronenden drei Dornburger Schlössern, zu deren Besichtigung wir an der Brücke anlegen können. Der steile Weg hinauf wird durch eine herrliche Aussicht über das Saaletal belohnt.

Am Dornburger Wehr schließen wir die Spritzdecken und rutschen in Einern über die Wehrkrone hinunter, den Canadier schleppen wir links herum. Es folgt ein urwaldähnlicher Abschnitt, alte Buhnen ragen in die Strömung, später schiebt sich ein Zementwerk vorbei. Nach schönen Felsformationen, Stromschnellen und dem neuen Wehr in Döbritschen (schwierige Umtragestelle!) fließt die beruhigte, aufgestaute Saale nach Camburg.

Am schönen Freibad (Zeltmöglichkeit) vorbei erreichen wir das Wehr. Hier wird kurz links umgetragen. An den Eisenbahnbrücken bei Großheringen gesellt sich die von Weimar kommende Ilm zu uns, und eine hell leuchtende Felswand zwingt den Fluß scharf rechts in östliche Richtung (seicht, Büsche!). In einer engen Schleife kämpft er sich wieder zurück. Zwischen schluchtartig abfallenden Kalksteinwänden zeigen sich Burg Saaleck und die südlich anmutende Rudelsburg. Vielleicht schrieb hier Heinrich Heine seine Verse: »Es steht eine Burg überm Tale und schaut in den Strom hinein …«

Der Stau des Kösener Wehres ermöglicht bis dorthin eine regelmäßige Personenschiffahrt; viele Besucher wandern von der Anlegestelle zur Burg hinauf. Auch wir befestigen unsere Boote an dem Anlegeponton und erklimmen beide Burgruinen (Gaststätte in der Rudelsburg), um den reizvollen Blick in das zerklüftete Saaletal zu genießen. In Bad Kösen erleichtern breite Treppen das Aus- und Einsetzen der Boote am unbefahrbaren, lebensgefährlichen Wehr (linksufrig im rechts abzweigenden Floßgraben anlegen). Ein nettes Eis-Café lädt zur Pause ein, die wir auch zu einem Spaziergang zum Gradierwerk mit dem interessanten Pumpwerk zur Förderung der Salzsole nutzen.

Dem Fluß, der mit gutem Gefälle gegen Naumburg zieht, nähern sich von Norden steile Weinberge. Wir sollten eine kurze Paddelpause im kleinen Wirtshaus »Fischhaus« einlegen, um auf der Terrasse unter alten Linden einen hiesigen Wein zu probieren. Auch können wir eine kurze Wanderung zum altehrwürdigen ehemaligen Zisterzienserkloster St. Maria de Porta unternehmen, das 1544–1935 als Sächsische Schulanstalt bekannt war und auch heute wieder eine Schule beherbergt. Zwei Steinwurfstufen sind nachher noch zu bewältigen: An der ersten tragen wir rechts um (bei gutem Wasserstand fahrbar); die zweite Stufe bereitet keine Schwierigkeiten.

Eine kleine Personenfähre kündigt die Unstrutmündung an. Rechts am Bootssteg des schönen Klubhauses der Naumburger Kanuten

Drei Dornburger Schlösser bewachen die Saaleschleife.

legen wir an und finden freundliche Aufnahme. Gleich daneben liegt der Campingplatz Blütengrund mit Freibad. Von hier können wir mit dem Bus in die sehenswerte Stadt fahren.

Am Flußabschnitt unterhalb von Naumburg strömt die Saale anfangs noch recht zügig, doch bald nach dem »Alten Felsenkeller« zeigt sich schon der Stau von Schönburg, wo wir manchmal vor der Schleuse dem Personenschiff »Weißenfels« begegnen, das täglich bis nach Naumburg fährt. Ruderer kommen uns in ihren schlanken Booten entgegen. Wir lassen uns noch zweimal durchschleusen und beenden in der ehemaligen Residenzstadt Weißenfels gegenüber dem Bahnhof bei der Bootsausleihstation oder am Gelände eines Kanuvereins unsere Saale-Wanderung.

Charakter, Tips
Die gute Strömung, der stetige Wechsel von ruhigen Strecken und spritzigen Passagen, die verhältnismäßig wenigen Wehre, viele Zeltplätze und eine Menge kultureller sowie landschaftlicher Höhepunkte machen aus der Saale einen klassischen Wanderfluß. Alljährlich findet am zweiten Juli-Wochenende am Flußabschnitt Rudolstadt – Naumburg die gernbesuchte »Internationale Saalefahrt« statt. Gute Einsetzstellen finden wir in Rudolstadt-Volkstedt, Kahla, Jena, Camburg, Naumburg. Ab Rudolstadt ganzjährig befahrbar, doch wie bei allen Mittelgebirgsflüssen im Sommer Niedrigwasser, dann seichte, steinige Stellen – Vorsicht mit Faltbooten! Wasser mäßig, ab Jena stark belastet.
Pkw-Begleitung möglich. Durch das Saaletal führt eine vielbefahrene Eisenbahnstrecke; auch gute Busverbindungen: Pegel Rudolstadt-Brücke 0,65 = gut befahrbar.

Zeltmöglichkeiten
Rudolstadt: Volkstedt (am Bootshaus); Orlamünde: am Sportplatz nach Anfrage; Jena: Bootshäuser der Jenaer Kanuten; Porstendorf: Camping Auensee; Camburg; Naumburg: Kanuclub, Camping Blütengrund; Schönburg: Zeltwiese, Bootshaus des Kanuvereins; Weißenfels: Bootshäuser, Kanuvereine.

Sehenswertes
Rudolstadt: Residenzstadt, Schloß Heidecksburg (Galerie, Waffenmuseum), Schloß Ludwigsburg, Stadtkirche, Rathaus mit Erkerturm, Bürgerhäuser, Freilichtmuseum »Thüringer Bauernhäuser«, Schillerhöhe; Großkochberg: Schloß.
Kahla: Stadtmauer, Marktplatz, Rathaus, Kirche, Leuchtenburg; Orlamünde: Burg.
Jena: Stadtkirche St. Michael, Rathaus, Marktplatz, Hahnfrieddenkmal, Collegium Jennense, alte Bürgerhäuser, Pulverturm, Johannistor, Uni-Hochhaus, Botanischer Garten, Zeiss-Planetarium u. a.
Dornburg: Dornburger Schlösser, Rosengärten, Obere Stadt.
Bad Kösen: Kurort, Gradierwerk, Romanisches Haus (12. Jh.), Rudelsburg, Ruine Saaleck, Klosteranlage »Schulpforta« (12. Jh.).
Naumburg: Dom St. Peter u. Paul (Uta u. Ekkehart), Rathaus, Marktplatz, Marientor, Bürgerhäuser, Moritzkirche, Stadtkirche St. Wenzel, Museum u. a.
Weißenfels: Ehemalige Residenzstadt, Schloß Neu-Augustusburg (Schuhmuseum), barockes Rathaus, Geleitshaus, Novalishaus; Goseck: Schloß, Klosterkirche, Dorfkirche, Ruine Weißenfels.

Karten, Kanu-Literatur
Generalkarte 1:200 000, Blatt 11 (Großraumausgabe);
Wassersport-Wanderkarte 1:100 000, Teil 7.

Pegnitz — 12

Quellfluß der Regnitz

Neuhaus – Hersbruck
36 km
2 Tagesetappen

Bei gutem Wasserstand auf der Pegnitz.

Obwohl die Pegnitz ein wunderschönes Tal am Rande der Fränkischen Schweiz durchfließt, ist es hier noch relativ ruhig. Der große Touristenrummel findet im benachbarte Wiesenttal statt, und so können wir auf der lieblichen Pegnitz eine ruhige Kleinflußwanderfahrt durch ein grünes, von nur wenigen Orten gesäumtes Tal erleben.

Im Frühling setzen erfahrene Wildwasserfahrer ihre wendigen Einerboote schon bei Michelfeld ein. Es folgt eine anstrengende, windungsreiche Strecke. Mancher umgestürzte Baum zwingt zum Aussteigen und Umtragen der

Boote. Wanderfahrer dagegen schieben ihre Faltboote und Canadier am Parkplatz der Raiffeisenbank in Neuhaus ins Wasser. Hier, unter der 1000jährigen Burg Veldenstein, beginnt ein Flußabschnitt, der uns durch ein von Felsen und steilen Waldhängen eingeengtes Tal führt.

Bis zum Städtchen Velden unterbrechen vier Wehre den Flußlauf, doch es sind relativ kurze Umtragestellen, die wir auf diesem Flüßchen meistern müssen. Unterhalb von Velden lockt ein Rastplatz zum Verweilen, und hier liegt auch die ideale Einsetzstelle für Tagesfahrten nach Hohenstadt (Parkplatz).

Nach Lungsdorf sorgen mehrere harmlose Schwälle für angenehme Abwechslung. Direkt aus dem Wasser ragt vor uns die Rothenfelswand, und Eisenbahnbrücken überqueren das Flüßchen. Am Rupprechtstegener Wehr sieht es der Mühlenbesitzer nicht gern, wenn Kajakfahrer sein Grundstück betreten, und das Enzendofer Wehr liegt oft trocken, dann müssen wir die Boote fast 100 m weit schleppen. Bei Vorra wird das Tal breiter und grüne Wiesen säumen die niedrigen Ufer. Aus den fernen Waldkuppen leuchten schlanke Felsnadeln – die Hersbrucker Schweiz läßt grüßen.

Ab Alfalter hat die Pegnitz genug Platz zum Mäandern. Viele enge Flußwindungen, schnelle Strömung und überhängende Uferbüsche verlangen in diesem Abschnitt vom Kanufahrer eine gute Bootsbeherrschung. Ein Campingplatz signalisiert die Nähe von Hohenstadt. Von links mündet der muntere Hirschbach, und vor der Hohenstadter Straßenbrücke finden wir eine gute Anlandemöglichkeit.

Bei einer Weiterfahrt bewältigen wir noch zwei Wehre, die uns bei Hersbruck-Strudelbad den Weg versperren. Von hier sind es nur ein paar Paddelschläge zur großen Kunstmühle in Hersbruck, wo wir die Fahrt beenden. Wenn wir unsere Autos mit der Bahn abholen möchten, erreichen wir den Nordbahnhof in knapp 10 Minuten.

Charakter, Tips
Durch ein enges Juratal ruhig fließendes, sauberes Kleinflüßchen, im südlichen Abschnitt windungsreiche, sportliche Strecke. Ab Neuhaus fast ganzjährig mit Kunststoffbooten, ab Lungsdorf mit Faltbooten möglich. Die niedrigen Wehre sind mit Einern überwiegend befahrbar oder leicht umzutragen. Einsetzen in Neuhaus an der Raiffeisenbank oder am Parkplatz nach Velden. Pkw-Begleitung durchgehend möglich. Eisenbahnverkehr im Tal.

Zeltmöglichkeiten
Camping Neuhaus; Campingplatz in Hohenstadt.

Sehenswertes
Neuhaus: Burg Veldenstein, Maximiliansgrotte.
Velden: Pflegschloß.
Artelshofen: Wasserschloß.
Vorra: Marienkirche.
Hohenstadt: Wenzelauskirche, Felsengruppen (Klettergarten).
Hersbruck: Stadtringmauer mit Türmen, Bürgerhäuser, Hirtenmuseum, Spitaltor, Schloß, Stadtpfarrkirche.

Karten, Kanu-Literatur
Generalkarte 1 : 200 000, Blatt 17; Deutsche Idealkarte 1 : 100 000, Blatt 26; Wassersport-Wanderkarte 1 : 450 000, Teil 4.
Kanuwanderführer für Bayern; Deutsches Flußwanderbuch.

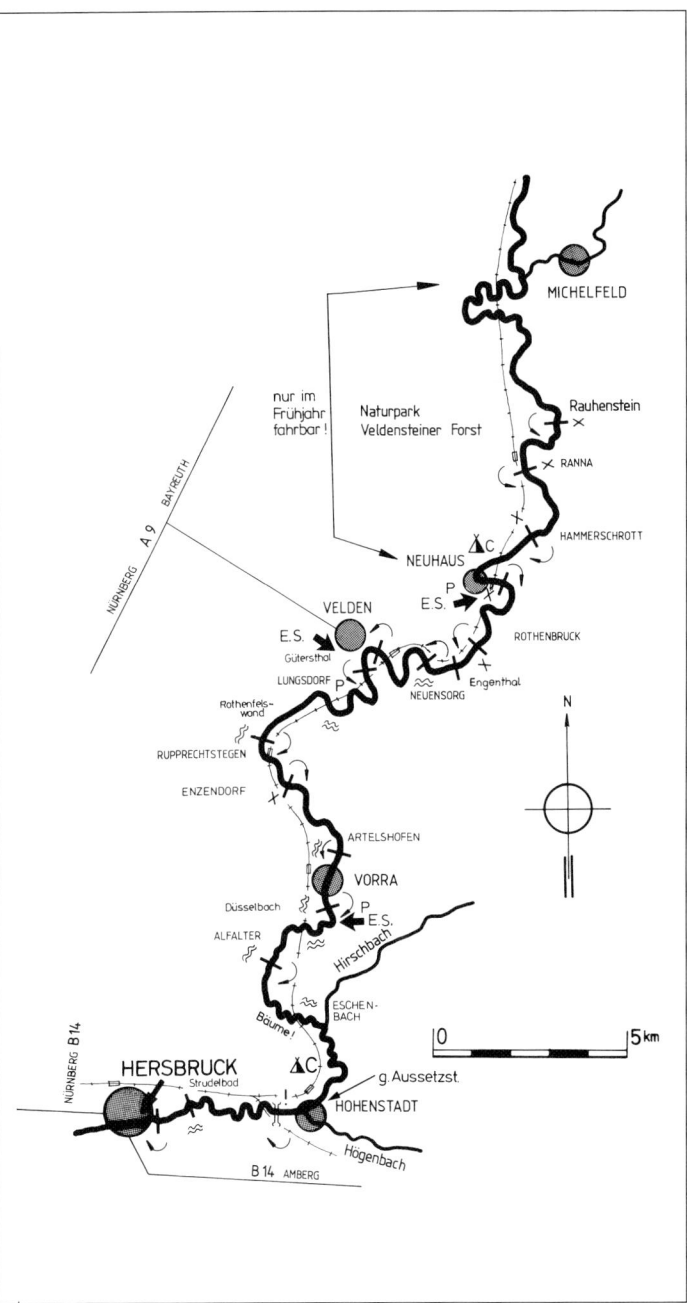

Naab

Nebenfluß der Donau

**Oberwildenau – Regensburg
103 km
kleine Ferienfahrt**

Beim Umkarren des Bootes.

Die drei Quellflüsse der Naab, die Wald-, Heide- und Fichtelnaab, bieten im Frühling ein gut befahrbares, mittelschweres Wildwasser. Doch als richtiger Wanderfluß ist die Naab erst ab Oberwildenau einzuordnen. Am Zusammenfluß der Heidenaab und Waldnaab finden wir unter der neuen Brücke eine gute Einsetzstelle für unsere Wanderstrecke, die uns nach ca. 100 km ruhiger Kanufahrt bei Regensburg in die Donau führt.

In weiten Schleifen und Flußwindungen schaukeln unsere Boote durch die Oberpfälzer Ebene, an kleinen Städtchen, Burgruinen und Schlößchen vorbei. Die Flußlandschaft ist noch weitgehend erhalten; ausgedehnte Teichanlagen und Reste von Feuchtwiesen locken die sonst so raren Störche und Kiebitze an. Die Autobahn A 93 zerschneidet zwar diese Idylle, doch vom Fluß aus wirkt sie nicht störend.

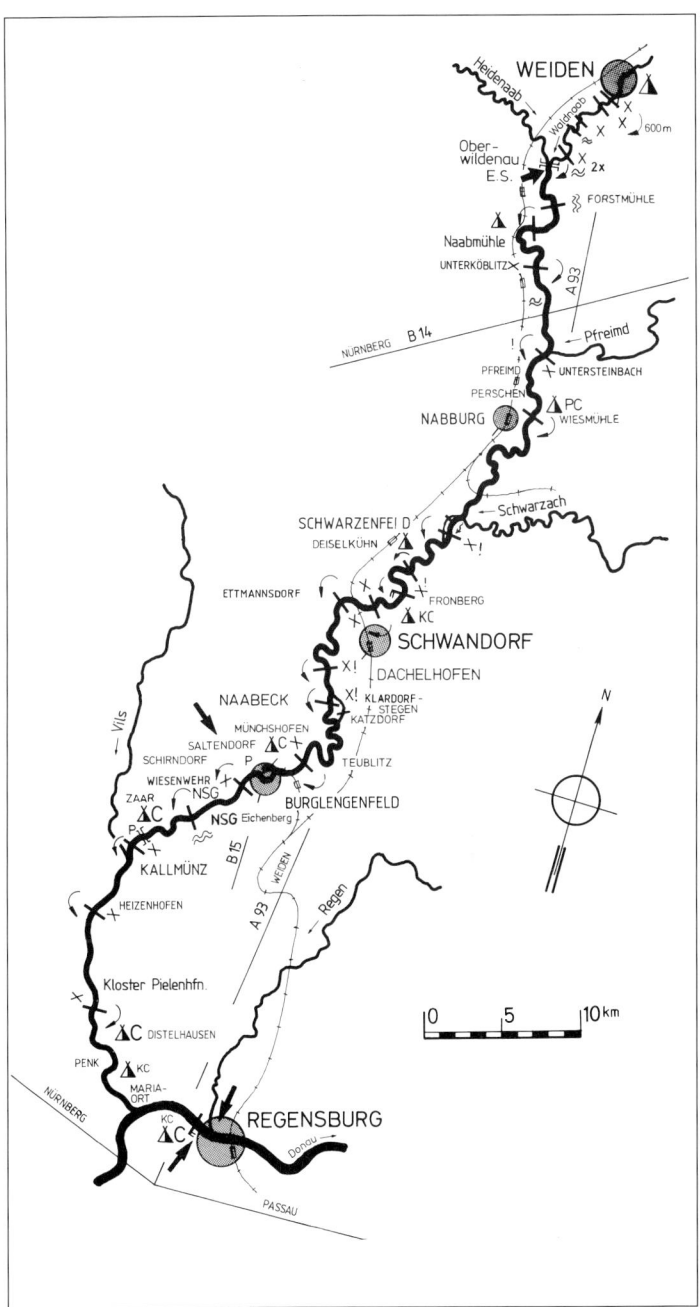

Früher war die Naab bis Weiden schiffbar; die vielen Wehre mit Floßgassen sind als stumme Zeitzeugen übriggeblieben und können meist ohne Schwierigkeiten überwunden werden. Vorsicht an den Wehren in Untersteinbach und Schwarzenfeld, hier droht bei hohem Wasserstand wegen des Rücksogs Lebensgefahr! Bei Schwandorf passieren wir das monumentale Dampfkraftwerk Dachelhofen, das die Landschaft weithin beherrscht.

Nach unzähligen Kehren erreichen wir den alten Marktort Burglengenfeld. Ab hier durchbricht die Naab auf ihrem weiteren Weg das Juragebirge, und aus der flachen Senke wird ein romantisches Flußtal. Rechts zieht der lange Rücken des Kallmünzer Schloßbergs mit seinen Felsgruppen und Wacholdersäulen vorbei.

Nach dem Wehr in Kallmünz steigen wir aus den Booten und laufen die Serpentinen des Pfades zur Burgruine hinauf, wo uns ein herrlicher Ausblick ins Naab- und Vilstal erwartet. Wenige Kilometer flußabwärts leuchtet die Gebäudefront des Klosters Pielenhofen über dem Fluß. Nicht weit von hier liegt der Campingplatz von Distelhausen, ein ausgezeichneter Ausgangspunkt für Kanufahrten auf Naab, Vils, Lauterach und Regen. In Penk, einem vielbesuchten Ausflugsort, besitzen die Regensburger Kanuten eine Zeltwiese. Ab Etterzhausen macht sich der Rückstau des Donaukraftwerks bemerkbar; wir paddeln in einem Stausee bis zur Mündung. Nach 4 km Fahrt auf der Donau landen wir schließlich rechtsufrig vor dem Stauwehr am Bootshaus des Regensburger Kanu-Clubs.

Charakter, Tips
Ruhiger, ganzjährig befahrbarer Wanderfluß mit ziemlich sauberem Wasser, empfehlenswert auch für weniger erfahrene Kanuten und für alle Bootstypen geeignet. Im oberen Teil bis Nabburg teils sehr gute Strömung, schöne Badeplätze. Ab Burglengenfeld landschaftlich reizvoller Durchbruch durch das Juragebirge. Wehre mit Einern teilweise befahrbar. An manchen Wehren Vorsicht! (Sog, Rücklauf). Pkw-Begleitung ab Kallmünz durchgehend möglich, oberhalb Kontakt an Brücken, Bahnverbindung im Flußtal.

Zeltmöglichkeiten
Zeltplatz Naabmühle; Oberköblitz; Nabburg; Schwarzenfeld; Schwandorf: TSV-Zeltwiese; Ettmannsdorf; Burglengenfeld; Camping Kallmünz; Camping Pielenhofen (Distelhausen); Penk: Zeltwiese; Regensburg (auch KC).

Sehenswertes
Weiden: Alter Straßenmarkt, Renaissancehäuser.
Perschen: Bauernhausmuseum.
Nabburg: Altstadt mit Wehrmauern und Toren, Pfarrkirche, Rathaus.
Schwandorf: Marktplatz, Bürgerspital, Blästurm, Stadtmauerreste, Wallfahrtskirche am Kreuzberg, Fronbergschloß.
Ettmannsdorf: Romanische Kirche, Altes und Neues Schloß.
Münchshofen: Renaissanceschloß, Premberg-Filialkirche (Lucas-Cranach-Gemälde).
Burglengenfeld: Altstadt, Burgruine, Schloß, Rathaus.
Kallmünz: Burgruine, Bergfried, Kirche, Silbermann-Schlößchen, Rathaus, Münzstätte in der Vilsmühle, Steinerne Brücke (16. Jh.).
Pielenhofen: Klosteranlage.
Regensburg: Siehe Tour 14.

Karten, Kanu-Literatur
Generalkarte 1:200 000, Blatt 17, 20; Deutsche Idealkarte 1:100 000, Blatt 26; Wassersport-Wanderkarte 1:100 000 Teil 4.
Kanuwanderführer für Bayern; Deutsches Flußwanderbuch.

Regen

Nebenfluß der Donau

14

Regen – Regensburg
156 km
Ferienfahrt

Mächtige Granitköpfe im Flußbett bei Nittenau.

Sein relativ sauberes Wasser mit guter Strömung, die abwechslungsreiche Landschaft, die vielen Sehenswürdigkeiten – und nicht zuletzt das gute Bier der anliegenden Gasthöfe – lassen den Regen zu einem »fast idealen« Ferienfluß werden.

Am schönsten ist es hier im Frühsommer; ein guter Wasserstand ist uns dann sicher. Der erfahrene Kanute setzt bereits am Stadtrand von Regen, am Jugendferienheim, das Boot ins Wasser, um die Fahrt durch das noch ursprüngliche Tal des Schwarzen Regen auszukosten.

Am Wehr unter dem Reiterhof tragen wir rechts um, und bald windet sich der Fluß zwischen duftenden Fichten- und Tannenwäldern hindurch, um mit schäumenden Wellen die Felsen des Bärenlochs zu überwinden. Mehr als 30 km sind es bis nach Viechtach; außer der Papierfabrik in Teisnach und Gumpenried treten keine Siedlungen an den Fluß.

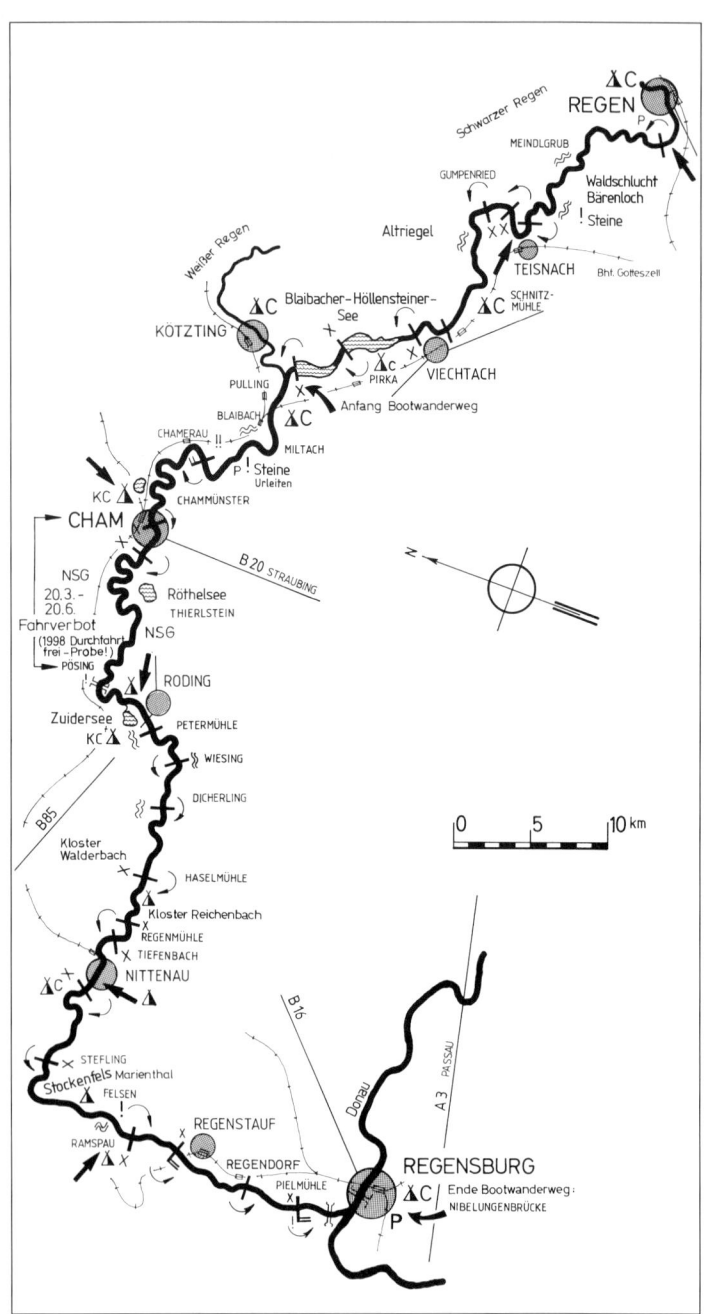

Fahrtpause am Schwarzen Regen.

Doch diese zwei Stellen haben es in sich; an beiden Wehren müssen wir die schwerbeladenen Kanus ca. 400 m weit umtragen! Ein mitgeführter Bootswagen erspart da viel Mühe.

Ab Viechtach (zwei Wehre) beruhigt sich der bis hierher sehr schnell strömende Fluß und wird zum Höllensteiner und anschließend Blaibacher See aufgestaut. Vor uns liegen eine 8 km lange Paddelstrecke im stehenden Wasser und zwei Umtragestellen, an denen uns der Bootswagen wieder gute Dienste leistet.

Bei Pulling vereinigt sich der Schwarze Regen mit dem von Kötzting ankommenden Weißen Regen. Dem Anfänger wird empfohlen, neben dem Parkplatz an der Blaibacher Staumauer, wo auch der Regen-Bootswanderweg beginnt, das Kanu ins Wasser zu setzen.

Durch ein freundliches, lichtdurchflutetes Tal paddeln wir an Blaibach und Miltach vorbei. Es folgen ein Felslabyrinth (Urleiten) und mehrere leichte Schwälle. Ein ruhiger Abschnitt sagt Chamerau an. Die früher leicht befahrbare Floßgasse bleibt nur guten Wildwasserexperten vorbehalten (Walze, Eisenhocker!), für den Wanderfahrer ist es ratsam, das Kanu links über den trockenen Teil der Wehrkrone herüberzuziehen oder ca. 200 m bis unter die Brücke umzutragen.

Anschließend verläßt der Fluß das enge Tal und mäandert langsam durch die flache Further Senke Cham entgegen. Am Zeltplatz des Kanuvereines können wir übernachten und abends durch die Altstadt schlendern.

Bei der Stadtausfahrt bewältigen wir noch ein Wehr, und an den Rötelseeweihern (nicht anlanden, NSG!) vorbei erreichen wir nach einer gemütlichen Tagesfahrt den Markt Roding. Links liegt die Zeltwiese. Das zerfallene Stadtwehr sowie die Wehre in Wiesing und Dicherling sind nach Besichtigung mit Vorsicht befahrbar; man kann auch umtragen. Die bewaldeten Hänge rücken wieder näher, und der Fluß trägt unsere Kanus an den weit sichtbaren Klöstern Walderbach und Reichenbach vorbei (zwei Wehre).

Es folgt Nittenau; das Wehr umgehen wir hier links durch den Mühl-

kanal und zelten auf dem schönen Campingplatz am Schwimmbad. Unterhalb der Stadt wird die Strömung wieder schneller, die Landschaft romantischer. Riesige Findlinge liegen im Fluß, und vorbei an Hof kommen wir nach Stefling mit dem hoch am Felsen gebauten Schloß.
Nach dem Wehr (rechts umtragen) zwängt sich der Fluß in ein immer enger werdendes Tal. Dort, wo das Gebirge am härtesten ist, knickt der Regen nach Süden. Hier liegt am Regenknie hoch am Berg die Burgruine Stockenfels, in der angeblich die Geister unehrlicher Brauer und Wirte spuken.
Nach einigen Kilometern verschwinden die vielen Felsblöcke im Flußbett, die Berge treten zurück und der Regen verlangsamt seinen Lauf. Am viertürmigen Barockschlößchen in Ramspau tragen wir die Boote um das hohe Wehr herum. Manche beenden hier ihre Fahrt, doch wir erreichen bald Regenstauf, wo sich vom Schloßberg eine weite Aussicht ins Land bietet.
Nach einem Wehr erwarten uns noch zwei »feuchte« Floßgassen. Man kann die Boote aber auch umtragen. Vor Regensburg wird der Fluß in ein begradigtes Bett gezwungen, und an der Nibelungenbrücke, unweit der Steinernen Brücke, endet die Wanderfahrt.

Charakter, Tips
Wunderschöner Wanderfluß mit relativ sauberem Wasser, durch eine sehr abwechslungsreiche Landschaft fließend. Unterhalb Regen einsames Waldtal. Hier flotte Strömung mit Felsen im Flußbett, im Bärenloch sowie Gumpenrieder Schwall Wildwassercharakter. Von Viechtach bis Pulling Stauseen mit langen Umtragestellen. Ab Parkplatz Blaibacher See als Bootswanderweg ausgebaut (5 Tagesetappen, Rast- und Zeltplätze). Bei mittlerem Wasserstand (Pegel Regen 70 cm, Chamerau 220 cm) mit allen Booten gut befahrbar. Vorsicht an felsigen Abschnitten mit Faltbooten! Oberhalb Pulling Bootswagen empfehlenswert. Am Bootswanderweg entlang Pkw-Begleitung durchgehend möglich. Busverbindung im Tal; zwischen Cham und Pösing NSG – hier Befahrensregelung (nicht anlanden!)

Zeltmöglichkeiten
Camping Regen; Viechtach; Pirka; Schnitzmühle, Kötzting; Blaibach; KC Graf Luckner Cham; Roding; Nittenau; Marienthal; Regensburg; Zweltwiese in Ramspau u. a. kleine Plätze am Fluß.

Sehenswertes
Regen: Stadtplatz, Bürgerhäuser, Burgruine Weißenstein.
Viechtach: Rokokokirche, Kaufmannshäuser, Naturdenkmal »Großer Pfahl«.
Cham: Stadtkern, St.-Jakobus-Kirche, Rathaus, Biertor, Graf-Luckner-Haus u. a.
Thierlstein: Schloß.
Roding: Teile der Stadtbefestigung, Renaissance-Rathaus, Kloster Walderbach, Kloster Reichenbach.
Stefling: Burgkapelle mit Rokokoaltar, Stockenfels-Burgruine.
Ramspau: Barockes Schloß mit Zwiebeltürmen.
Regenstauf: Schloßberg mit Aussichtsturm.
Regensburg: Dom St. Peter, Steinerne Brücke, Wurstkuchl, Rathaus, Altstadt, Schloß Thurn u. Taxis, Geschlechtertürme, viele Kirchen, Klöster, Walhalla u. v. a.

Karten, Kanu-Literatur
Generalkarte 1:200 000, Blatt 20; Deutsche Idealkarte 1:100 000, Blatt 26; KOMPASS-Wanderkarte 1:50 000, Blatt 194, 195; Wassersport-Wanderkarte 1:100 000, Teil 4.
Kanuwanderführer für Bayern; Deutsches Flußwanderbuch; Prospekt Bootswandern im Naturpark Oberer Bayerischer Wald (Herausgeber Landkreis Cham u. a.).

Donau

15

Schwarzmeerstrom

Vohburg – Regensburg
63 km
2–3-Tage-Fahrt

Hoch überragt die weiße Felswand den kleinen Canadier.

Im urbayerischen Vohburg, das auf römischen Fundamenten erbaut wurde, wollen wir unsere Wanderung auf einem der schönsten Donauabschnitte beginnen. Bevor wir die Faltboote oder Canadier in das grüne Wasser schieben, besichtigen wir die von Mauern und Toren beschirmte Altstadt, in der sich auch schon Napoleon aufhielt.

Nach dem Einsetzen trägt uns eine flotte Strömung durch den geschichtsträchtigen Landstrich. Auf Schritt und Tritt begegnen wir hier Spuren der römischen Besiedlung aus der Zeit, in der man die Grenzen des Imperiums nördlich der

Donau verschob. Links bleibt das Wackersteiner Schloß liegen, und von dem ins Nibelungenlied eingegangenen Pförring ahnen wir nur die mächtige romanische Kirche. Auch Neustadt an der Donau liegt nicht direkt am Fluß, doch eine Wanderung in die Stadt mit dem originellen Rathaus ist zu empfehlen.

In jedem Falle sollten wir am Fährengelände in Eining anlegen, um die gut erhaltenen Ausgrabungen des römischen Grenzkastells Abusina, das am rechten Hochufer der Donau erbaut wurde, zu besichtigen. Am anderen Ufer zieht sich in der Ferne der Limes hin, ein Grenzwall, der das römische Reich vor den »Barbaren« schützen sollte. Ein paar Kilometer von hier entfernt liegt der bekannte Kanuzeltplatz Haderfleck, Ziel unserer Tagesetappe.

Bei Stausacker nähern sich die ersten Felsen dem Fluß. Rechts vor uns erhebt sich auf einer schmalen Halbinsel zwischen steilen Felswänden das berühmte Kloster Weltenburg. Wir legen am weißen Kiesstrand an, um dieses vermutlich älteste Kloster Bayerns zu besuchen und die herrliche Barockkirche der Gebrüder Asam zu bewundern. Anschließend laben wir uns am wohlschmeckenden Weltenburger Klosterbier.

Vielleicht erscheint nachher manchen Kanuten der Donaudurchbruch wirklich sehr eng, wenn die kleinen Boote an den senkrecht ins Wasser fallenden, fast 100 m hohen Dolomitfelsen vorbeigleiten. Zügig schiebt sich der Fluß, große Tellerwirbel und Pilze bildend, durch die Enge. Manche Felsgebilde haben einen Namen, wie »Frommer Bischof«, »Steinerne Kanzel« oder »Napoleon«, und es ist manche Legende mit diesem Durchbruch verknüpft.

Nach 6 km öffnet sich das Tal, wir verlassen das Felslabyrinth. Links, hoch am Michaelsberg, steht landschaftsbeherrschend der Monumentalbau der Befreiungshalle. An ihre Treppen schmiegt sich Kelheim, eine ehemalige Grenzfeste, heute das Tor zum Main-Donau-Kanal. Die herrliche Lage am Zusammenfluß von Altmühl und Donau und die vielen Sehenswürdigkeiten machen einen Stadtbesuch zum Erlebnis. In Kelheim beginnt die Bundeswasserstraße, doch es gibt nur wenig Großschiffsverkehr.

Nach Saal nimmt die bisher gute Strömung schnell ab, das Wasser der Abbacher Staustufe ist in Sicht. Am Wehr können wir rechts umtragen, aber auch eine Bootsgasse ist vorhanden, über die wir ins Unterwasser rutschen. Felswände begleiten das rechte Flußufer, an das sich die Schnellstraße schmiegt. Über dem bekannten Schwefelbad Bad Abbach ragt der wuchtige Turm der Heinrichsburg. Auf der Insel zwischen der Schleuse und dem alten Flußbett entstand ein großzügiger Sport- und Freizeitpark, und eine neue Fußgängerbrücke führt über die Donau.

Unter gelben Felswänden duckt sich die langgezogene Ortschaft Oberndorf, deren sehenswerte Kirche nur mit der roten Turmspitze über den Hochwasserschutzdamm ragt. In der Lohstädter Schleife säumen nochmals eindrucksvolle Felstürme das linke Donauufer, eine Fähre überquert den Fluß, und in der Ferne überspannt die Autobahnbrücke das Tal. Hier müssen wir auf vorbeiflitzende Wasserskisportler achten, die insbesondere an Wochenenden ihrem Hobby nachgehen. Rechts erblicken wir das am Waldrand versteckte kleine Wirtshaus »Schwalbennest«. Seine

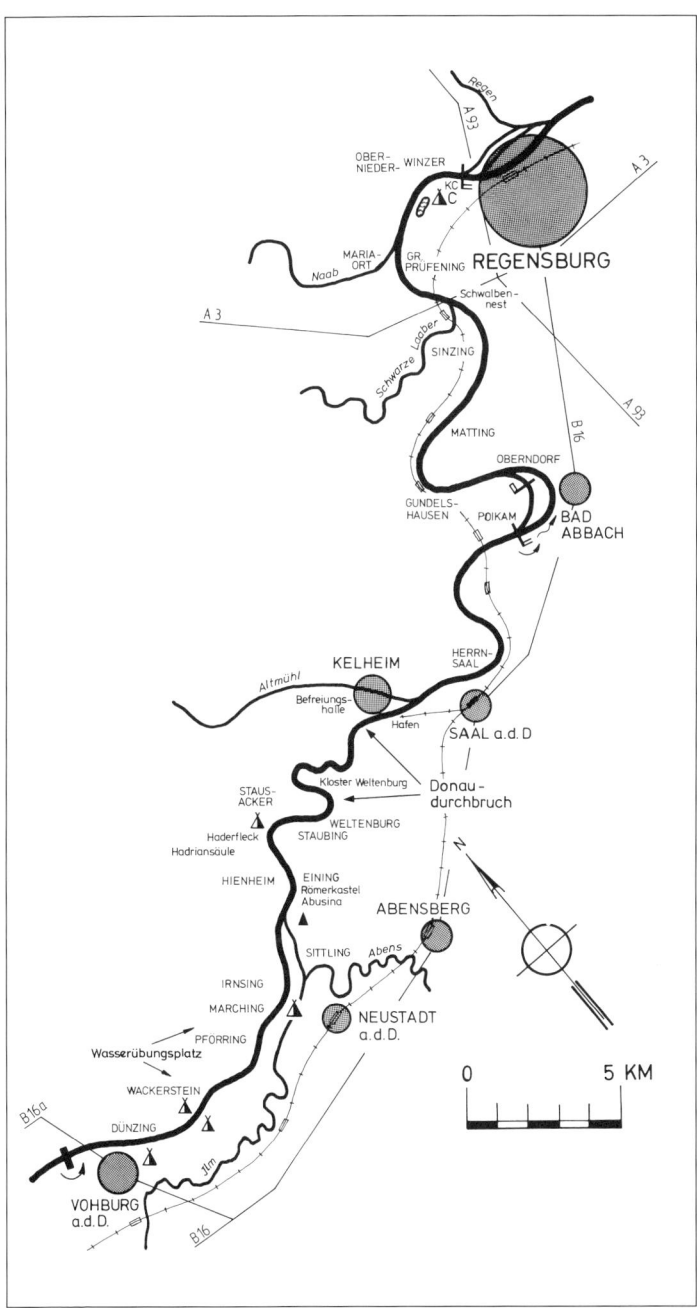

schattige Terrasse und das gute Bier locken an heißen Sommertagen zum Verweilen.

Nach der zweiten Eisenbahnbrücke mündet von links die Naab in die Donau, und kurz danach erreicht der Strom bei Niederwinzer seinen nördlichsten Punkt, um anschließend die südöstliche Richtung einzuschlagen. Rechtsufrig liegt neben dem Bootshaus der Regensburger Rudervereine der Städtische Campingplatz und kurz danach das schöne Gelände des Kanu-Clubs. Hier können wir unsere Tour beenden.

Auf Kanufahrer, die Regensburg vom Wasser aus erleben möchten, wartet am Stauwehr noch eine flotte Fahrt durch die Bootsgasse, die vom Boot aus mit einem Seilzugschalter zu bedienen ist. Am eindrucksvollen städtischen Panorama vorbeipaddelnd steuern wir vorsichtig in die Stromzunge des zweiten Brückenjochs von rechts unter der alten Steinernen Brücke hindurch und huschen an der historischen »Wurstkuchl« vorbei. Die hohen Kaimauern erschweren das Anlegen; deshalb paddeln wir links in den Nebenarm zur Regenmündung und finden nahe der Nibelungenbrücke eine gute Anlegestelle. Von hier aus sind es nur wenige Minuten in die Altstadt, die uns mit ihrer 2000jährigen Geschichte in ihren Bann zieht.

Charakter, Tips
Im beschriebenen Flußabschnitt ist die Donau ein gut strömender, ca. 80 m breiter, noch relativ sauberer Wanderfluß. Nur durch die Abbacher Staustufe unterbrochen, bietet sie eine sehr lohnende Wanderfahrt, die auch für wenig erfahrene Kanuten geeignet ist (Schwimmweste zu empfehlen). An Feiertagen und Wochenenden teils reger Motorbootverkehr oberhalb Regensburg, hier auch Wasserskilauf. Vorsicht auf Personenschiffe in der Enge von Weltenburg; am Kloster wird gewendet!

Die schönste Zeit für eine Donau-Wanderung ist der Hochsommer, wenn im Fluß oberhalb Kelheim gebadet werden kann und bei Niedrigwasser die vielen Kiesbänke hervortreten. An der Einsetzstelle neben der Vohburger Brücke Zeltmöglichkeit (Wasser und WC). Rückholen der abgestellten Autos mit der Eisenbahn möglich. Unterhalb Kelheim ist die Donau Bundeswasserstraße; hier für Sportboote Kennzeichnungspflicht!

Zeltmöglichkeiten
Vohburg; Wackerstein; Zeltplatz Haderfleck (im Wirtshaus anmelden); Saal (Marine); Regensburg: Camping, Kanu-Club, Turn- und Sportverein Regensburg.

Sehenswertes
Vohburg: Altstadt, Burgreste, Schloß Wackerstein.
Eining: Römisches Kastel Abusina; Hienheim: Limes, Hadriansäule.
Weltenburg: Benediktinerkloster Weltenburg (Barockkirche); Donaudurchbruch.
Kelheim: Befreiungshalle am Michaelsberg, alter Ludwigkanal, Main-Donau-Kanal, Schleusen, Torbauten, Türme, Reste der Stadtbefestigung, Pfarrkirche, Sühnekapelle, Schloß, Heimatmuseum, Kloster u. a.
Bad Abbach: Schwefelbad, Burg.
Regensburg: Siehe Tour 14.

Karten, Kanu-Literatur
Generalkarte 1:200 000, Blatt 20; Deutsche Idealkarte 1:100 000, Blatt 26, 30; Wassersport-Wanderkarte 1:450 000, Teil 4.
Deutsches Flußwanderbuch;
Kanu-Wanderführer für Bayern.

Altmühl

Nebenfluß der Donau

16

Gunzenhausen – Griesstetten
120 km
Ferienfahrt

In Pappenheim erleichtert eine Treppenanlage das Einsetzen der Boote.

Die Altmühl ist ein gemächlicher Wanderfluß. Man sagt ihr sogar nach, der langsamste aller bayerischen Flüsse zu sein. Doch die vielen landschaftlichen Schönheiten ihres Tales haben sie so bekannt und beliebt gemacht, daß sie schon seit langer Zeit als »Pilgerfluß« der deutschen Kanufahrer angesehen wird. Von ihrer Quelle am Nordrand der Frankenhöhe durchfließt sie zuerst in vielen Schlingen eine flache Feld- und Wiesenlandschaft, um zwischen Ornbau und Gunzenhausen das neue Fränkische Seenland mit Wasser zu versorgen. Es sind über 2000 ha Wasserfläche, die durch Aufstauen und Umleitung der Altmühl im Rahmen der Baumaßnahmen am Rhein-Main-Donau-Kanal neu entstanden sind. Trotz teilweiser Regulierung hat jedoch die Altmühl auch in diesem Abschnitt ihren verträumten Charakter behalten.

Wer viel Zeit hat – und die sollte man bei einer Altmühl-Wanderung einplanen – bringt im Frühjahr schon am Herrieder Sportplatz sein Boot ins Wasser. Die offizielle Bootswanderstrecke beginnt jedoch erst in Gunzenhausen, wo nahe der Stadthalle eingesetzt wird. Im Sommer und an Feiertagen beleben zahlreiche Canadier, Kajaks, Falt- und Gummiboote den Fluß, doch man erwischt auch ruhige Zeiten.

Von der mauerbewehrten Stadt paddeln wir im schilfumsäumten Fluß durch die weite Niederung an Windsfeld, Gundelsheim und bei Bubenheim an der Fossa Carolina – dem Überbleibsel des gescheiterten Karlsgrabens, der schon vor 1200 Jahren die Donau mit den Main verbinden sollte – vorbei. Bei Treuchtlingen ändert sich das Landschaftsbild und steile Berghänge treten bis an die Ufer.

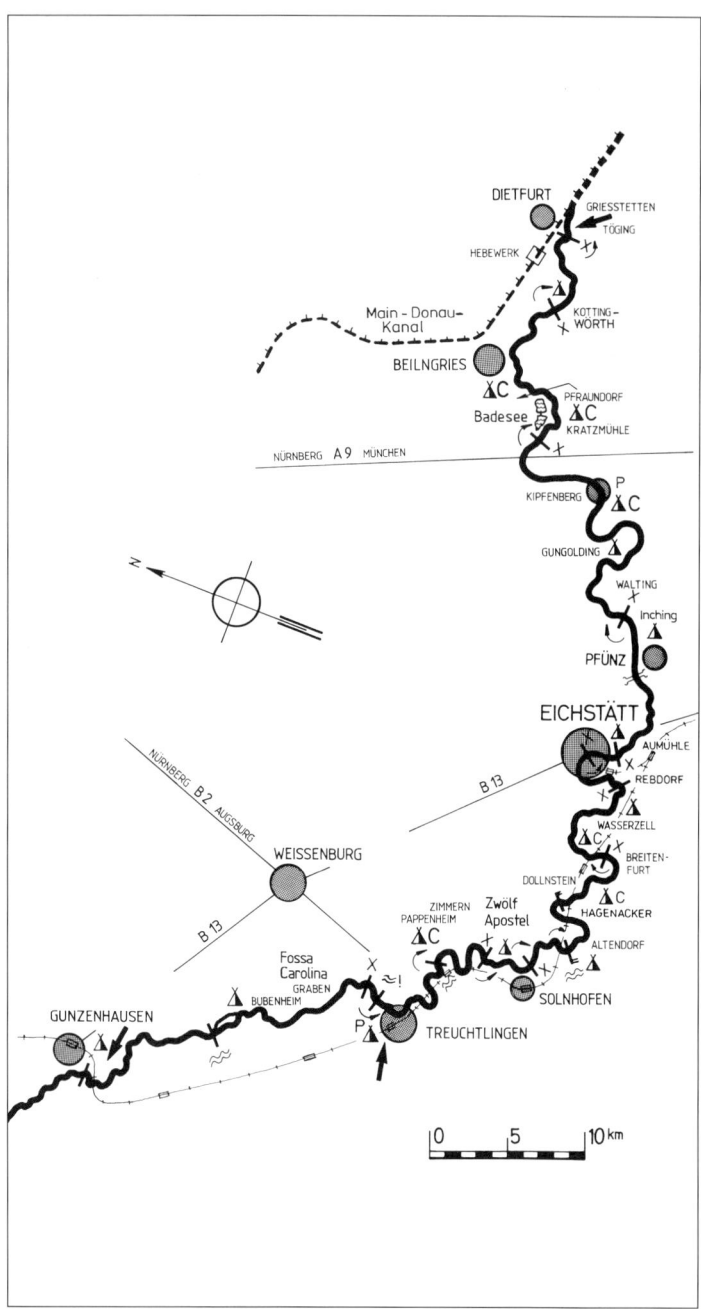

An der Römerbrücke bei Pfünz.

Es folgt ein Tal voller Sehenswürdigkeiten, die wie eine Perlenkette den Fluß zieren: das Burgstädtchen Pappenheim, Solnhofen mit seinen berühmten Steinbrüchen und dem Fossilienmuseum, die großartige Felsenformation der »Zwölf Apostel« bei Eßlingen sowie die Hölzerne Klinge vor dem südlich anmutenden Dollnstein. Dazwischen bewältigen wir durch Umtragen oder über Durchfahrtsrinnen mehrere Wehre, die zur sportlichen Belebung der sonst ruhigen Strecke beitragen.

Am schönen Kirchlein von Wasserzell und der prachtvollen Klosteranlage Rebdorf vorbei sagt sich mit der stolzen Willibaldsburg der kulturelle Mittelpunkt des Altmühltales an – die Bischofs- und Universitätsstadt Eichstätt. Auch hier, wie an vielen Orten vorher, können wir bleiben (Zeltmöglichkeiten am zweiten Wehr), um wenigstens einen Tag den vielen Sehenswürdigkeiten zu widmen.

Doch auch weiter flußabwärts reißt die Kette der seltenen Landschaftsbilder nicht ab: Die alte Pfünzer Steinbrücke wetteifert mit den Wacholderheiden des Gungoldinger Naturschutzgebietes, und die weißen Dolomitfelsen von Arnsberg messen sich an der hochragenden Silhouette von Burg Kipfenberg, wo der römische Limes mit seinen wieder aufgebauten Türmen und

Kastellen das Altmühltal kreuzt. Bald unterqueren wir die lärmende Autobahnbrücke der A 9 und besuchen nach dem Kratzmühlenwehr (Camping) das neuentstandene Erholungszentrum, um im 15 ha großen See zu baden und auf seinen Sandstränden zu faulenzen.
Vor Beilngries, dessen enge Altstadtgassen zum Besuch verlocken, grüßt uns das weit sichtbare Schloß Hirschberg. In Kottingwörth überwinden wir unser letztes Wehr, und an der Siebentälerstadt Dietfurt vorbeipaddeld beenden wir schließlich am Wallfahrtskirchlein in Griesstetten unsere Altmühlfahrt.
Der nun folgende Unterlauf wurde weitgehenend verbaut, wodurch ein breites und eintöniges, wenn auch begrüntes Kanalbett, unterbrochen von riesigen Betonbauten der Schleusenanlagen, das bisher so liebliche Bild der dahinfließenden Altmühl abgelöst hat.

Charakter, Tips
Trotzt Kanalisierung der unteren 34 km bleibt die Altmühl ein idealer Fluß für beschauliche Wanderfahrten. Langsam fließendes Zahmwasser erlaubt auch Anfängern das ganzjährige Befahren mit allen Bootstypen. Das Wasser ist leidlich sauber.
Ab Gunzenhausen wurde die Altmühl als erster süddeutscher Bootswanderweg ausgebaut; von Gemeinden wurden an den Wehren Bootsumsetzstellen mit Treppchen errichtet und mehrere Rastplätze mit Zeltmöglichkeiten angelegt. Hiermit bitten wir die Wanderfahrer, durch vorbildliches Verhalten diese Bemühungen zu würdigen und zum guten Ruf des Kanuwandersports beizutragen!
Lohnendster Flußabschnitt: Pappenheim–Kratzmühle. Pkw-Begleitung durchgehend möglich; Bahn- und Busverbindung im Tal.

Zeltmöglichkeiten
Im Naturpark Altmühltal ist Zelten nur auf dafür ausgewiesenen Plätzen erlaubt. Es gibt viele Rastplätze mit Zeltmöglichkeiten (siehe Flußkarte). Gepflegte Campingplätze in Pappenheim, Dollnstein, Breitenfurt, Kipfenberg, an der Kratzmühle und in Beilngries runden das Angebot ab.

Bootsverleih
Gunzenhausen, Treuchtlingen, Pappenheim, Dollnstein, Eichstätt, Kipfenberg, Kinding, Beilngries, Dietfurt.

Sehenswertes
Gunzenhausen: Stadtkirche, Blasturm, Färberturm, Schloß, Marktplatz.
Treuchtlingen: Stadtschloß, Ruine Obere Veste, Fossa Carolina (Karlsgraben), Heldenfriedhof am Nagelberg.
Pappenheim: Burgruine, Schloß, Augustinerkloster, Galluskirche.
Solnhofen: Fossilienmuseum, Sola-Basilika, Zwölf-Apostel-Felsen bei Eßlingen.
Dollnstein: Schloßfelsen, Ringmauer, Pfarrkirche.
Eichstätt: Residenz, Universität, Willibaldsburg, Juramuseum, Dom, Kloster mit Kreuzgang, barocke Häuser, Abtei Wallburg, u. v. a.
Pfünz: Alte Steinbrücke, Römerkastell; Walting: Wehrkirche.
Kipfenberg: Burg, Limes, Michelsberg.
Kinding: Wehrkirche.
Beilngries: Benediktinerkloster Plankstetten, Rokokoschloß Hirschberg, Stadtmauer mit Türmen, Altstadthäuser.
Dietfurt: Ringmauer, Kloster, barocke Kirche, Hebewerk am Main-Donau-Kanal.

Karten, Kanu-Literatur
Generalkarte 1:200 000, Blatt 19, 20; Deutsche Idealkarte 1:100 000, Blatt 25, 26, 29, 30; KOMPASS-Wanderkarte 1:50 000, Nr. 177, 178; Wassersport-Wanderkarte 1:100 000 Teil 4. Kanuwanderführer für Bayern; Deutsches Flußwanderbuch; Bootswanderprospekt Naturpark Altmühltal des Landkreises Eichstätt.

Wörnitz

Nebenfluß der Donau

17

Dinkelsbühl – Donauwörth
93 km
kleine Ferienfahrt

Behäbig fließt die Wörnitz an der Wechinger Kirche vorbei.

In unzähligen Kehren und Schleifen fließt die Wörnitz von ihrer Quelle am Eichelberg im Naturpark Frankenhöhe durch ein flaches, weit geöffnetes Tal zwischen der Schwäbischen Alb und dem Fränkischen Jura und entwässert das gigantische Ries, einen vermutlich meteoritischen Rundkrater. Als ruhiges Wanderflüßchen berührt sie nur wenige Städte, Burgen und Schlösser, um sich nach über 120 km Länge in Donauwörth mit der Donau zu vereinigen.

Eine gute Einsetzstelle für unsere Wanderfahrt finden wir am Bootshaus des Kanu-Clubs in Dinkelsbühl, wo der Wasserstand überwiegend noch weit in den Frühsommer hinein für Einerboote ausreicht. Bald trägt uns eine schwache Strömung in östlicher Richtung nach Wittelshofen zur Mündung der Sulzach. Bis hierher müssen wir unsere Boote an fünf Wehren umtragen. Am Wehr in Gerolfingen können wir eine längere Pause einlegen. Bei gutem Wetter lohnt es sich, auf den Hesselberg hinaufzuwandern, um dort den schönen Rundblick, der im Herbst manchmal bis zu den Alpen reicht, zu genießen.

Über zwei weitere Wehre geht die Fahrt anschließend nach Wassertrüdingen. Ab hier ist die Wörnitz ganzjährig befahrbar; abgesehen von trockenen Sommermonaten, dann setzen wir in Oettingen ein. Nach einem Südknick trägt der Fluß unsere Kajaks an der dreischiffigen romanischen Basilika des Benediktinerklosters Auhausen vorbei. Über unzählige Mäander erreichen wir die Fürstenresidenzstadt Oettingen, deren Bild von barocken Stuckputzbauten und schmucken Fachwerkhäusern des großen Marktplatzes geprägt wird. Lohnend ist ein Aufstieg zum Hainsfarther Kirchenberg, dem Aussichtsbalkon der südlichen Frankenalb.

Die Fahrt geht weiter durch den Riesboden, rechts wird die Wörnitz von niedrigen Waldkuppen gesäumt. Bei Fessenheim teilt sich der Fluß, wir bleiben im rechten

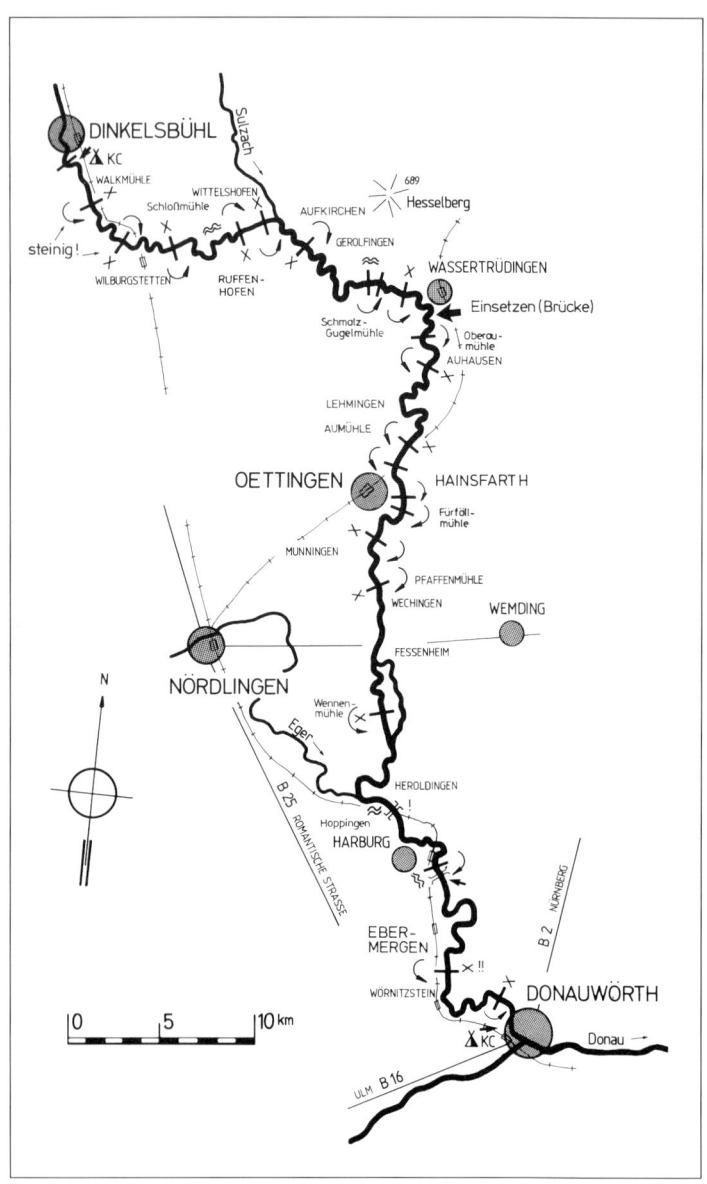

Arm. Hinter der Wennenmühle, die wir mit den Booten links umgehen, wird es manchmal seicht, so daß wir treideln müssen. In der weiten Heroldinger Schleife nimmt die Wörnitz Anlauf, um in flotter Strömung den südlichen Rand des Rieskraters durchzusägen. Felskuppen treten näher an den Fluß, das Tal wird enger. Überraschend und majestätisch sitzt oben rechts am Fels der stolze Horst der Fürsten von Oettingen-Wallerstein, die Burg Harburg. Nach einer ausholenden Rechtsschleife landen wir an der siebenbogigen Steinbrücke im gleichnamigen Städtchen. Das Wehr der alten Bruckmühle umgehen wir links und setzen nach der Brücke wieder ein. Bevor wir weiterpaddeln, besichtigen wir die Burg mit Museum und Bibliothek. Wieder in den Booten, ziehen wir an der Schloßruine Wörnitzstein vorbei. Bald zeigen sich im Süden die hochragenden Türme der Pfarr- und Heilig-Kreuz-Kirche als Wahrzeichen der alten Reichsstadt Donauwörth. Nach dem letzten Wehr, an dem wir nochmal umtragen, sehen wir die Wiese am Kanu-Club-Bootshaus vor uns. Wir legen an und beenden mit einer Stadtbesichtigung unsere Wörnitz-Reise.

Auf der Wörnitz bei Weiltingen.

Charakter, Tips
Langsam fließender Wanderfluß; trotz der vielen unbefahrbaren, aber leicht umtragbaren Wehre auch für Anfänger und alle Bootstypen geeignet.
Ab Dinkelsbühl im Frühjahr, ab Wassertrüdingen (hier an der Brücke einsetzen) praktisch ganzjährig befahrbar. Bei Hochwasser Vorsicht, niedrige Brücken! Wasser mäßig sauber.
Im Riesdurchbruch nach Heroldingen landschaftlich sehr ansprechend.
Pkw-Begleitung möglich.

Zeltmöglichkeiten
Camping Dinkelsbühl; Kanu-Club Donauwörth, beschränkte Zeltmöglichkeiten neben kleinen Sportplätzen: Heroldingen, Harburg (Insel), Munningen u. a. (Anfrage).

Sehenswertes
Dinkelsbühl: Altstadt, Deutsches Haus, Spitalkirche, Rathaus, Ringmauer mit Toren, Freilichtspiele u. a.
Wassertrüdingen: Marktgrafenschloß.
Auhausen: Basilika des Benediktinerklosters.
Oettingen: Residenz, Schloßpark und Orangerie, Marktplatz, Bürgerhäuser, Pfarr- und Stadtkirche.
Harburg: Burganlage, Museum, Bibliothek, alte Steinbrücke.
Donauwörth: Pfarrkirche Zu Unserer Lieben Frau, barocke Kirche Hl. Kreuz, Fuggerhaus, Häuser an der Reichsstraße, Riedertor, Färbertor, Rathaus u. a.

Karten, Kanu-Literatur
Generalkarte 1:200 000, Blatt 19; Deutsche Idealkarte 1:100 000, Blatt 25, 29; Wassersport-Wanderkarte 1:550 000, Teil 4.
Kanuführer für Südwestdeutschland; Kanuwanderführer für Bayern.

Inn

Nebenfluß der Donau

18

**Wasserburg – Passau
160 km
Ferienfahrt**

Auf einer schmalen Halbinsel liegt die Altstadt von Wasserburg.

Über Jahrhunderte diente der bis in die fünfziger Jahre noch völlig unverbaute Inn als wichtige Wasserhandelsstraße zwischen Tirol, Bayern und Wien. Nach seiner 300 km langen Alpenstrecke fließt er, in Bayern ankommend, zuerst vor Rosenheim durch ein breites, vermoortes Gletscherbecken und durchsägt weiter nördlich zwischen Wasserburg und Mühldorf in weiten, regelmäßigen Schleifen die mächtige Schotterterrasse der eiszeitlichen Gletschermoräne. Bei Marktl, wo die Landschaft flacher wird, nimmt er von rechts die wasserreiche Salzach auf und fließt, mehrmals aufgestaut, nach Passau, wo er seine Gewässer mit denen der Donau vermischt.

Für unsere Kanuwanderung wählen wir den landschaftlich abwechslungsreichsten und einsamen Flußabschnitt zwischen Wasserburg und Passau, wo wir alle Facetten der bayerischen Innlandschaft kennenlernen. Steile, bewaldete Schotterhänge wechseln hier mit niedrigen Wiesenufern, und die engen Passagen der Umlaufschleifen bei Wasserburg und Kraiburg bilden einen krassen Gegensatz zu der offenen Flußlandschaft am Zusammenfluß mit der Salzach.

Unsere Kanutour beginnt in Wasserburg, wo wir unterhalb des Wehrs im Angesicht der loggiengeschmückten Häuserreihen die Boote ins Wasser setzen. Wie ein leuchtend grünes Band schmiegt

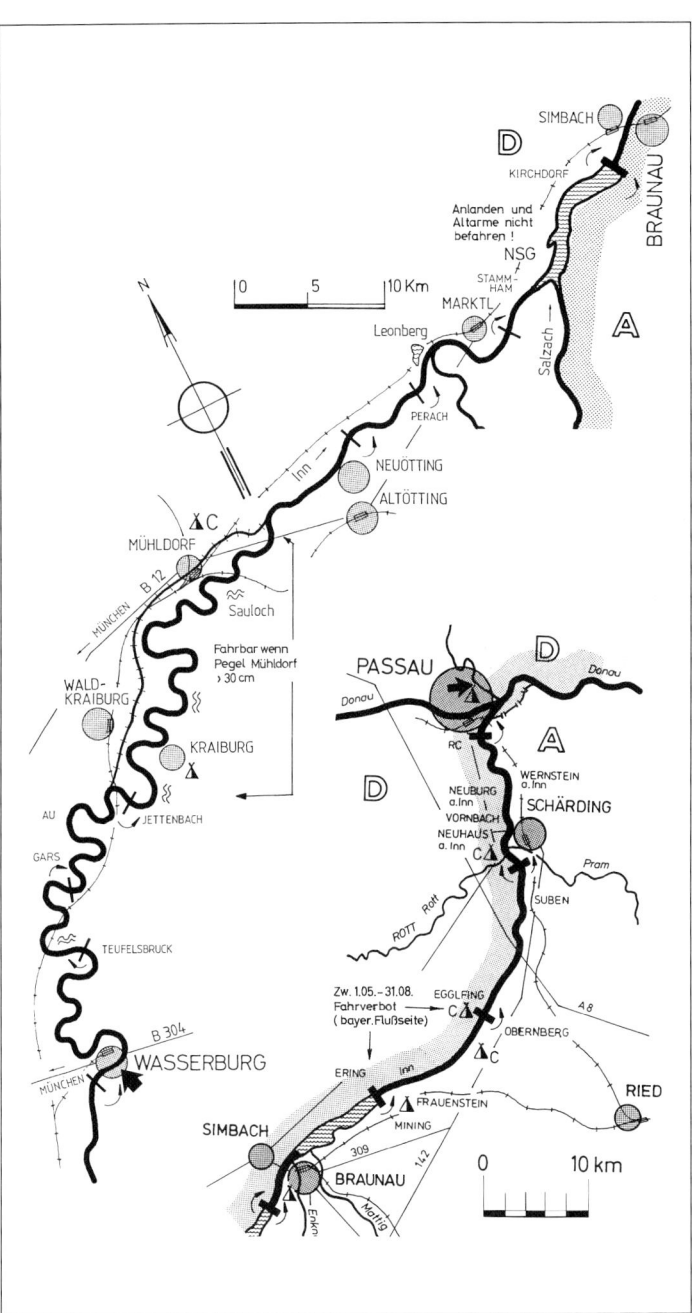

sich der Inn an die malerische Stadtkulisse, die uns immer neue Anblicke bietet, bevor wir schließlich im Grün des einsamen Flußtales verschwinden.

Nach 12 km ruhiger Fahrt sehen wir am Teufelsbrucker Stauwehr zum ersten Mal das blaue Schild mit weißem Pfeil, das uns eine Umtragestelle anzeigt. Bis nach Simbach folgen ihm noch weitere fünf. Nach dem Wehr verlangt ein langgezogener Schwall etwas Aufmerksamkeit. Bei Gars leuchtet durch die Baumkronen die sehenswerte Klosterkirche St. Maria zum Fluß herunter, und in Au begleitet uns der langgezogene Bau des herrlichen Augustinerklosters. Nach dem Stauwehr in Jettenbach folgt die stille Stadt Kraiburg, deren alte Bürgerhäuser sich dicht unter den Burghügel ducken. Eine kleine Wiese am Flußpegel bietet Platz für einige Zelte, und so können wir abends durch die Laubengänge am Marktplatz spazieren.

Am nächsten Tag liegt eine naturnahe und abwechslungsreiche Strecke mit guter Strömung vor uns. In Mühldorf, einer alten Salzhandelsstadt, erwartet uns eine kitzlige Schwallstufe – das »Sauloch« –, die wir auch mit den Faltboot-Zweiern gut bewältigen. Es folgen eine befahrbare Sohlschwelle und das Wehr in Neuötting. Von hier ist es nicht weit zum Wallfahrtsort Altötting, dessen Schwarze Muttergottes bis heute unzählige Pilger anzieht.

Vor Marktl, unter dem Leonberg, wo vor vielen Jahrhunderten in einer stürmischen Nacht die ganze Burg mitsamt ihren Bewohnern in den Hochwasser führenden Fluß stürzte, mündet von rechts die aus dem Chiemsee kommende Alz in den Inn. Linksufrig lockt ein Erholungsgebiet mit klaren Badeseen zum Aufenthalt.

Nach dem Stammhamer Wehr beginnt der große Inn-Salzach-Stausee, dessen unzählige Inseln seltenen Wasservögelkolonien und Bibern Schutz bieten.

An der 12 m hohen Staumauer vor Simbach kann man rechts, am österreichischen Ufer, oder über die neue Rampe in Bayern umkarren. Einen kleinen Zeltplatz finden wir flußabwärts am Gelände des Faltboot-Clubs in Braunau. Vielleicht schaffen wir es noch, nachmittags den Eringer Stausee zu überpaddeln und schlagen dann unser Zelt auf der kleinen Wiese am Einsetzplatz nach der Umtragestelle (ca. 350 m, Sandweg, etwas Asphalt) auf. Zum Abendessen auf der Terrasse des Schloßgasthofs (Frauenstein/Ö.) bekommen wir als Gratiszugabe einen wunderschönen Sonnenuntergang über dem Innstausee geboten.

Nur langsam trocknet in der Morgensonne das taunasse Zelt, doch mittags rollt der Bootswagen mit unserem Faltboot um die Staustufe Egglfing herum. Wir bewundern die geschwungenen Propellerflügel der im kleinen Park aufgestellten Kaplanturbine und erfrischen uns im netten Gasthaus mit einem kühlen Bier. Der nachfolgende Stausee zieht sich schön in die Länge, und wir kommen uns, dank der unbarmherzig brennenden Sonne, wie Sträflinge auf einer Galeere vor. Bei Suben überspannt die Brücke der lärmenden Autobahn A 3 den Inn, und an der Staumauer karrt man rechts um (ca. 1 km); links im Bayerischen ist die Rampe verschlammt und sehr holprig. Das bald folgende Panorama des vor uns aufragenden Neuhauser Schlosses und der farbigen Häuserfront von Schärding mit der wuchtigen Stadtpfarrkirche im Hintergrund ist eines der schönsten, das wir auf unseren Flußwanderungen sahen. Es lohnt sich, einen Tag hier zu verbringen; der Campingplatz an der Rottmündung oder der Kanuzeltplatz des Neuhausener KC machen es uns leicht.

Die letzte Tagesetappe führt an der alten Klostersiedlung Vornbach und an den eindrucksvollen Burganlagen von Wernstein und Neuburg vorbei. Das Inntal verengt sich, und wir müssen auf die vorbeifahrenden Ausflugsschiffe achten. Radfahrer auf dem Inntal-Radwanderweg winken uns zu, und rechtzeitig zur Jausenzeit entdecken wir linksufrig die verlockende Waldschenke bei Toni und Zlata.

Gestärkt paddeln wir durch das liebliche Tal, rollen unser Boot an der letzten Staumauer rechts herum und setzen in die flotte Strömung ein. Die ersten Passauer Häuser säumen die steilen Ufer, und der Inn windet sich im steinigen und felsigen Flußbett die letzten Meter zur Donau. Der Anblick der Stadtkulisse mit der vieltürmigen Altstadt, dem Dom und der alles beherrschenden Oberburg ist aus der Innperspektive überwältigend.

Wir genießen die Fahrt, lassen uns treiben und drehen an der Landspitze, wo die Donau mit dem Inn zusammentrifft, die Bootsnase gegen den Strom. Vorsichtig überqueren wir die Donau, deren dunkles Wasser sich hier mit dem milchigen Strom des Inns vermischt. Unter mehreren Brücken hindurch, die Ilz ca. 1,5 km aufwärts pad-

Linksufrig zieht Schloß Neuhaus vorbei.

delnd, erreichen wir den gutbesuchten Zeltplatz des TV Passau (Rampe, gute Bootswagen). Wir werden freundlich aufgenommen, schlagen unser Zelt auf, und nach einer hervorragenden Gulaschsuppe der Platzwartin schlendern wir zur Stadtbesichtigung.

Charakter, Tips
Große Wassermengen führender Fluß, Wasser milchig trüb und sehr kalt; immer Schwimmweste anlegen! Sehr schön im Spätsommer zu befahren. Geeignet für Wanderfahrer mit etwas Erfahrung und für alle Bootstypen. Im Abschnitt zwischen Jettenbach und Mühldorf (Pegel Mühldorf > 30 cm) gute Strömung mit natürlichen Stufen und Felsen im Flußbett, doch keine nennenswerten Schwierigkeiten. Nach den Stauwehren teilweise Schwallbildungen. Umtragestellen sind vorbildlich gekennzeichnet und mit Treppen und Anlegerampen versehen. Mitnahme eines Bootswagens ist notwendig, da Umtragestrecken zwischen 200 und 500 m zurückzulegen sind. Im NSG an der Salzachmündung nur in der Fahrrinne durchpaddeln. Ab hier Grenzfluß (Personalausweis griffbereit mitführen). Schöner Durchbruch zwischen Schärding und Passau. Pkw-Kontakt nur an Brücken und Wehren möglich; Zugverbindung zwischen Wasserburg und Simbach bzw. Passau.

Zeltmöglichkeiten
Kraiburg; Camping Mühldorf; am Bootshaus in Braunau; Neuhaus, Passau (an der Ilz); viele schöne Plätze am Fluß.

Sehenswertes
Wasserburg: Altstadt, Schloß, gotische Pfarrkirche, Herrenhaus, Kernhaus, Frauenkirche u. a.
Gars: Kloster mit Kirche.
Au: Augustinerkloster, Schloß Stampfl.
Kraiburg: Altstadt, Marktplatz, Burgruine.
Mühldorf: Bürgerhäuser am Marktplatz, St. Nikolaus-Kirche.
Altötting: Wallfahrtsort, Gnadenkapelle, Stiftskirche, Schatzkammer u. a.
Simbach a. Inn: Heimatmuseum (Hinterglasmalerei).
Braunau a. Inn: Stadtplatz mit Giebelhäusern, Teile der Stadtmauer, Bürgerspitalkirche.
Obernberg a. Inn: Marktplatz, Burg- und Schloßanlage.
Schärding: Stadtplatz mit historischen Gebäuden (Silberzeile), Teile der Stadtmauer mit Toren (Wassertor), Pfarrkirche St. Georg, Burgruine, Museum.
Neuhaus a. Inn: Schloß.
Wernstein a. Inn: Burg (12. Jh.), Pfarrkirche St. Georg, Mariensäule, Burg Neuburg.
Vornbach: Schloß, Klosterdorf.
Passau: Stadtpanorama, Dreiflüssestadt, St.-Stephans-Dom, St.-Pauls-Kirche, Jesuitenkirche, Salvatorkirche, Domschatz- und Diözesanmuseum, Residenzplatz mit Wittelsbacherbrunnen, Rathaus (1393), Feste Oberhaus (Stadtmuseum), Neue Bischöfliche Residenz (18. Jh.), Museum moderner Kunst u. v. a.

Karten, Kanu-Literatur
Generalkarte 1 : 200 000, Blatt 23; Deutsche Idealkarte 1 : 100 000, Blatt 31, 35; Wassersport-Wanderkarte 1 : 450 000, Teil 4.
Kanuwanderführer für Bayern; Deutsches Flußwanderbuch.

Loisach
(mit Isar)

19

Nebenfluß der Isar

Garmisch-Partenkirchen –
Wolfratshausen (München)
88 km (111 km)
3–4-Tage-Fahrt

Am Kochelsee begegnen wir den schlanken Fischerbooten.

In einem engen, tief eingeschnittenen und verblockten Flußbett das Massiv der Zugspitze umfließend zählt die Loisach zu den reizvollsten Wildwassern der nördlichen Alpen. In Garmisch-Partenkirchen angekommen, verwandelt sie sich in einen sehr gut strömenden Wanderfluß, der durch die abwechslungsreiche Landschaft der Voralpen zieht und bei Wolfratshausen in der Pupplinger Au die Isar erreicht.

Für die Befahrung des Mittel- und Unterlaufs, die sich im Charakter deutlich unterscheiden, setzen wir oberhalb Garmisch am Campingplatz oder am Parkplatz an der Partnachmündung unsere Boote ins Wasser. Wenn wir zwei Wehre einsparen wollen, finden wir an der Straßenbrücke im Vorort Farchant eine geeignete Einsetzstelle.

Im Rücken das mächtigen Wettersteingebirge, zu beiden Seiten die steil aufsteigenden Hänge des Estergebirges und der Ammergauer Berge, schaukeln unsere Kanus im grünen Loisachwasser durch das U-förmige Gletschertal. Bei Niedrigwasser treten blendendweiße Kiesbänke heraus, die

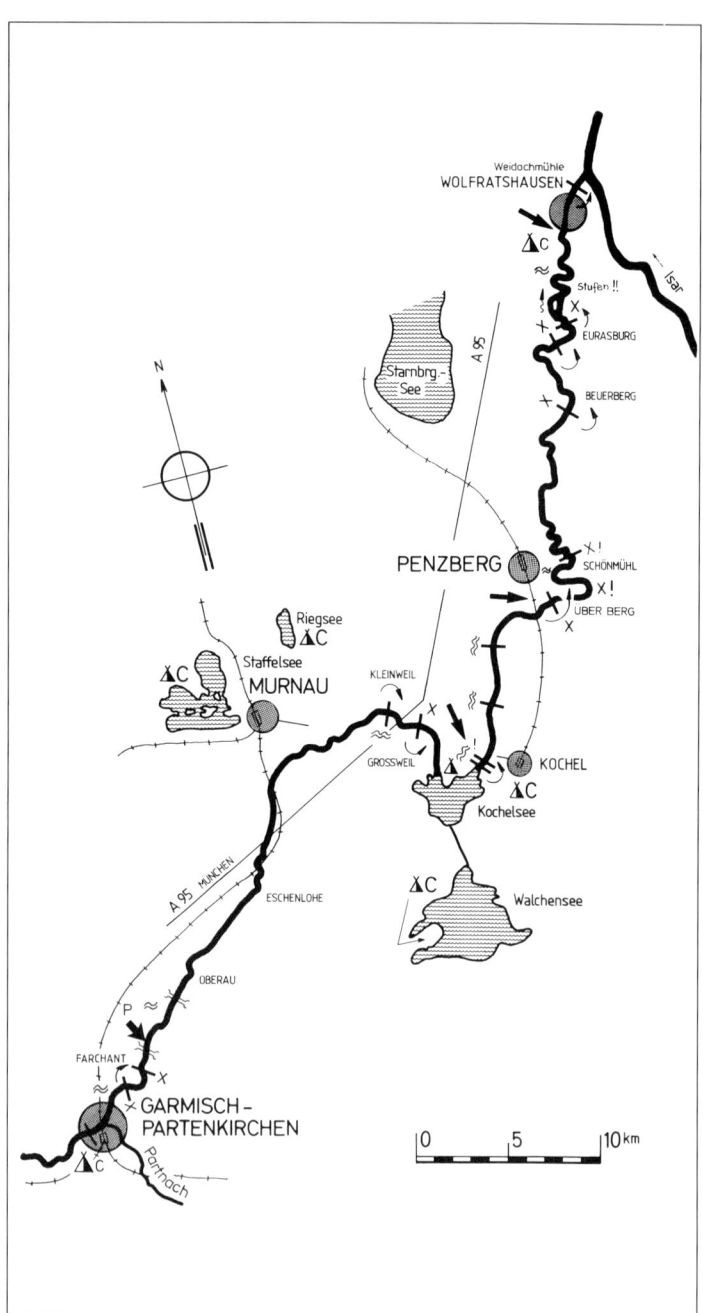

zum Anlanden und Pausieren einladen. Doch mit einem Bad sind wir vorsichtig, das Wasser ist auch im Sommer eiskalt.

An den freundlichen Ortschaften Oberau und Eschenlohe vorbeipaddelnd überwinden wir auf dem ca. 40 km langen Mittellauf bis zum Kochelsee zwei Wehre: in Kleinweil (links umtragen, auch mittig befahrbar) und das unbefahrbare Wehr in Großweil. Hier wendet sich die Loisach in einem großen Bogen in südliche Richtung, und vor uns wachsen über dem Kochelsee die mächtigen Felshänge von Jochberg und Herzogstand in die Höhe.

Am Augustinerstift vorbeiflitzend erreichen wir den Kochelsee. Gleich links auf der Halbinsel kann man zwar zelten, doch am gegenüberliegenden Ufer bei der Ortschaft Kochel befinden sich zwei schöne Campingplätze. Von hier können wir zum Kraftwerk hinaufsteigen; ein herrlicher Ausblick auf die weite Voralpenlandschaft ist die Belohnung. Nach dem Seeabfluß (Doppelstufe – fahrbar, doch bei Gepäckfahrt lieber rechts umtragen) erwartet uns eine ruhige, völlig veränderte Loisach. Langsam durch eine teils landwirtschaftlich genutzte Moorlandschaft (zwei befahrbare Stufen) fließend stößt sie bei Schönmühl auf einen Hartsteinriegel, der sie in eine enge Schleife zwingt. Doch diese liegt fast ganzjährig trocken, ein Kraftwerkstollen entzieht das gesamte Wasser. So müssen wir am Schild, links an der Säge, ausbooten und unsere Kanus ca. 500 m auf einem Asphaltweg über den Berg karren, um sie unterhalb des E-Werks wieder ins Wasser zu setzen.

Es geht weiter durch ein leicht hügeliges Waldgebiet bis zum flachen Beuerberger Wehr, an dem wir rechts kurz umtragen. Ein Teil des Wassers verschwindet im Loisach-Isar-Kanal, doch auch im Sommer bleibt genug übrig, um im alten Fluß-

Die Ammergauer Berge begleiten uns entlang der Loisach.

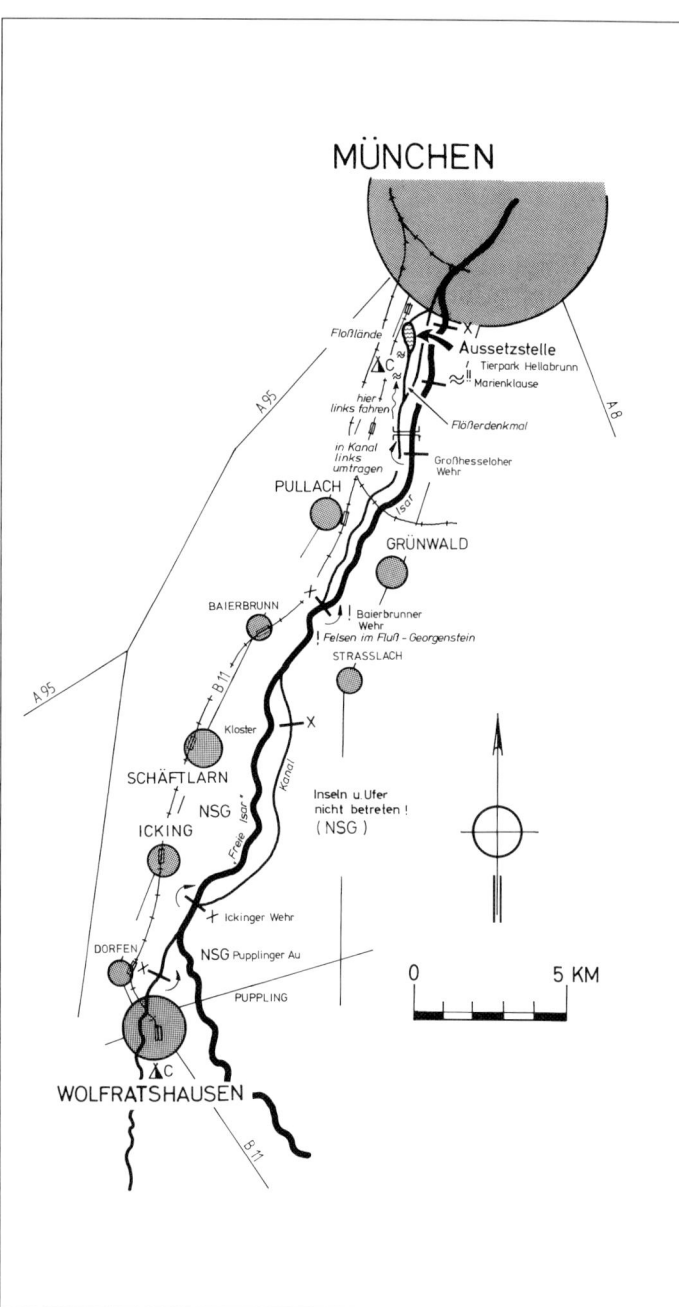

bett entlang der steilen Moränenterrasse weiterzufahren. Am Eurasburger Wehr landen wir rechtzeitig an; trotz der Floßgasse (Rücksog) wird hier rechts umgetragen.

An der großen Insel vor Wolfratshausen paddeln wir im linken Flußarm vorbei; den rechten sperrt eine unbefahrbare Stufe. Vom Fluß aus nicht sichtbar liegt am Stadtrand ein großer Campingplatz. An der Floßlände, wo die bekannten »Musikflöße« für Tagesfahrten auf der Isar nach München gebunden werden, können wir unsere Fahrt beenden – oder auch bis nach München weiterpaddeln. Etwas unterhalb der Mündung in die Isar versperrt das Ickinger Wehr den Fluß. Wir tragen links um in die »freie Isar«, die uns in sportlichen Schwallstecken an der sehenswerten Klosteranlage von Schäftlarn vorbeischaukelt. Das tief eingeschnittene Flußbett verengen Felsblöcke, und nach dem Georgenstein tragen wir am Baierbrunner Wehr (auch Pfeilanzeige) wenn möglich rechts um und paddeln an den Burgen Grünwald und Pullach vorbei zum Großhesseloher Wehr. Als Kanufahrer mit mittlerem Können setzen wir hier die Boote links in den Isarkanal um, biegen am Flößerdenkmal links in den Floßkanal, um über eine herrliche Rutsche und spritzige Stufen die Floßlände unweit des Städtischen Campingplatzes zu erreichen. Hier beenden wir unsere Wanderung, die uns von den Bergen bis in die Großstadt München führte.

Charakter, Tips

Im ersten Abschnitt zwischen Garmisch und dem Kochelsee sehr schnell strömender Wanderfluß mit eiskaltem und sauberem Wasser. Am Kochelseeabfluß eine doppelte, zwar befahrbare Stufe, doch Vorsicht auf scharfkantige Steine! Nachher langsame Strömung ohne wassertechnische Schwierigkeiten; auch für Anfänger geeignet. Insgesamt abwechslungsreich und ganzjährig mit allen Bootstypen befahrbar.

Eine lange Umtragestelle in Schönmühl (ca. 500 m) verlangt unbedingt die Mitnahme eines Bootswagens. Pkw-Begleitung fast durchgehend möglich.

Eine sportliche Weiterfahrt auf der Isar nach München ist sehr empfehlenswert. Hier jedoch Vorsicht bei der Orientierung an den Wehren (seit 1995 werden in die »freie Isar« 15 cbm/s Wasser abgegeben).

Zeltmöglichkeiten

Camping Garmisch-Partenkirchen; am Kochelsee, Staffelsee und Riegsee (nicht am Fluß); Wolfratshausen.

Sehenswertes

Garmisch-Partenkirchen: Pfarrkirche, Werdenfelser Heimatmuseum, Ruine Werdenfels, Zugspitze, Partnachklamm.
Kochelsee: Kloster St. Tertulin, St.-Michaels-Kirche.
Benediktbeuern: Barocke Klosterkirche.
Beuerberg: Wanderpfeilerkirche.
Wolfratshausen: Alte Bürgerhäuser, Barockkirche, NSG Pupplinger Au.
München: Landeshauptstadt, Universitäts- und Erzbischofssitz, Frauenkirche, Pfarrkirche Hl. Geist, Kreuzkirche, Asamkirche, Bürgersaal u. v. a. Kirchen, Residenz, Alter Hof, Schloß Nymphenburg, Rathaus, Bavaria mit Ruhmeshalle, Feldherrnhalle, Maximilianeum, Olympiapark mit Turm, Englischer Garten, Pinakothek, Deutsches Museum u. v. a. Museen, Nationaltheater u. a.

Karten, Kanu-Literatur

Generalkarte 1:200 000, Blatt 25, 22; Deutsche Idealkarte 1:100 000, Blatt 34, 35; KOMPASS-Wanderkarte 1:50 000, Nr. 6, 7, 180..
Kanuwanderführer für Bayern; Deutsches Flußwanderbuch.

Jller

20

Sonthofen – Hegge
30 km/Tagesfahrt
Kempten (Jllersteg) –
Krugzell
14 km/Tagesfahrt

Nebenfluß der Donau

In der Illerschleife bei Rottach.

Durch den Zusammenfluß von drei bedeutenden Gebirgsbächen – Breitach, Stillach und Trettach – entsteht bei Oberstdorf die Iller, die als reizvoller Voralpenfluß, ab Krugzell in vielen Stauseen aufgestaut, das ganze Ostallgäu entwässert. Zwischen Oberstdorf und Sonthofen springt sie als leicht befahrbares Wildwasser im teils regulierten Flußbett über weiße Kiesbänke.

Am Campingplatz in Sonthofen oder besser nach den zwei Naturstufen unterhalb der Straßenbrücke nach Immenstadt setzen wir auch die Wander-Canadier ins Wasser. Unter dem Grünten, der über 1000 m den Fluß überragt, nimmt die Iller von rechts die Ostrach auf, und nach Immenstadt umfließt sie in einer wunderbaren Schleife die Ausläufer des Rottachberges. Vor Martinszell tragen wir am einzigen unbefahrbaren Wehr unserer Etappe rechts kurz um (Beschilderung). Es folgt eine spritzige, gut befahrbare Doppelstufe, kurz danach hören wir die Schwallstrecke des geschleiften Gstader Wehres rauschen. Bei Normalwasser glatt befahrbar (hohe Wellen), entpuppt sich der Abschnitt wegen der vielen Steine bei Niedrigwasser als tückische Slalomstrecke.

Anschließend strömt die Iller entlang eines langgezogenen Moränenrückens, hinter dem sich die verträumte Niedersonthofener Seenlandschaft versteckt, noch recht flott durch das ehemalige Gletscherbecken. Kurz nach der neuen

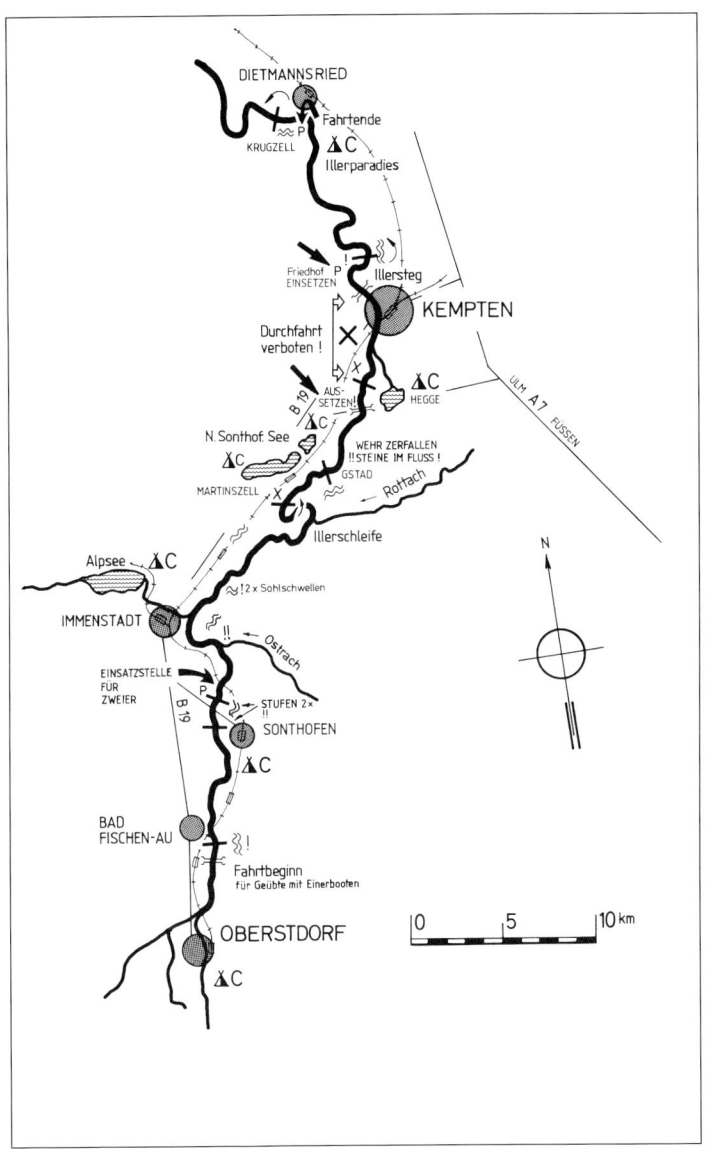

Autobahnbrücke beenden wir links vor dem Wehr in Hegge (Kraftwerk) unsere Tagesetappe.

Zur zweiten Etappe starten wir am Illersteg in Kempten; eine gute Einsetzstelle finden wir auch oberhalb der Kläranlage neben dem Friedhof. Bald nach der heiklen Stufe (Rücksog, rechts umtragen!) gräbt sich der Fluß tief in die Schotter-

terrassen ein und zeigt uns noch immer schöne Landschaftsbilder. Linksufrig vor Krugzell beenden wir am Grillplatz (große Sandbank) unsere Iller-Wanderung.
Nach der eindrucksvollen Krugzeller Schleife ist die Iller restlos verbaut, kanalisiert und von E-Werken genutzt. Erst ab Illertissen lohnt wieder eine Befahrung bis zur Mündung in die Donau (Tagesetappe, ein Wehr).

Charakter, Tips
Sportlicher Wanderfluß, mit Einerbooten schon ab Fischen bei Oberstdorf, mit Zweiern (auch Faltbooten) ab Sonthofen bis nach Hegge vor Kempten praktisch ganzjährig befahrbar. Durchfahrt durch die Stadt nicht möglich, doch ab Kempten noch lohnende Tagesetappe vom Illersteg bis nach Krugzell. Bei Schneeschmelze und nach längeren Regenperioden führt der Fluß riesige Wassermengen; beste Zeit für eine Wanderfahrt ab Juni bis weit in den Herbst. Landschaftlich sehr eindrucksvoll, mit einsamen Passagen, Kiesbänken und schönen Badestellen; doch Vorsicht, das Wasser ist eiskalt! Die Naturstufen bei Sonthofen sind befahrbar (WW II–III); weniger Erfahrene tragen um. Am Steilwehr in Martinszell gut beschilderte Umtragestelle. Pkw-Kontakt an Brücken und Wehren.

Zeltmöglichkeiten
Campingplatz Sonthofen; Illerparadies bei Kempten; in Flußnähe sehr gute Plätze in Immenstadt am Alpsee und an den Niedersonthofener Seen.

Sehenswertes
Sonthofen: Allgäuer Heimatmuseum.
Kempten: Ehemalige fürstäbtliche Residenz, gotisches Rathaus, Stadtkirche, Rathausbrunnen, Stiftskirche St. Lorenz, Bürgerhäuser, Heimatmuseum.
Lindenberg: Römische Ausgrabungen.

Karten, Kanu-Literatur
Generalkarte 1:200 000, Blatt 25; Deutsche Idealkarte 1:100 000, Blatt 34.
Kanuführer für Südwestdeutschland; Kanuwanderführer für Bayern; Deutsches Flußwanderbuch.

Bei Immenstadt fallen die Allgäuer Berge steil zum Fluß ab.

Rhein
(Hochrhein)
Nordseestrom

21

Konstanz – Bad Säckingen
132 km
kleine Ferienfahrt

Mit langen Paddelschlägen nähern wir uns dem Abfluß des Bodensees.

Von den fast 900 km Flußlänge, die der Rhein durch Deutschland zurücklegt, haben wir für unsere Kanutour den Abschnitt zwischen Konstanz, der alten Universitätsstadt am Bodensee, und Basel, der Industriestadt im Dreiländereck Deutschland, Schweiz und Frankreich, ausgewählt.

Der Rhein, der hier als Hochrhein bezeichnet wird und dessen Wasser noch sauber ist, durchfließt ein geologisch interessantes Gebiet zwischen dem harten Grundgestein des Schwarzwaldes im Norden und dem weichen Schweizer Jurakalk im Süden. Diese Unterschiede der beiden Talseiten bestimmen das Flußbild mit vielen Gefällstufen. Der mächtigste Absturz ist der über 20 m hohe und 150 m breite Rheinfall bei Schaffhausen; weniger ausgeprägt sind die langgezogenen Gefällbrücken, wie der Koblenzer Laufen oder der im Stau verschwundene Laufenburger Laufen sowie die Stromschnellen des Gewildes bei Schwörnstadt-Rheinfelden.

Am Steg des Kanu-Clubs Konstanz oder am Bootshaus der Naturfreunde starten wir zu einer sportlichen, gleichzeitig auch kulturell interessanten Fahrt in eine sich ständig verändernde Landschaft, die das Bindeglied zwischen Deutschland und der Schweiz bildet. Viele sehenswerte Städte, Schlösser, Kirchen und Burgen erwarten uns hüben und drüben, und wir sollten uns genügend Zeit lassen.

Zuerst paddeln wir am Ufer entlang durch den schmalen Konstanzer Trichter, passieren Gottlieben und das nördlich liegende Wollmatinger Ried, ein bekanntes Naturschutzgebiet. von Ermatingen-Stad können wir mit einer kurzen Querung die Insel Reichenau erreichen. Drei schöne alte Kirchen und eine südländisch wirkende Gemüseanbaulandschaft laden uns zum Aufenthalt ein.

Wieder zurück am Schweizer Ufer, ziehen wir an Mannenbach und Berlingen vorbei. Einen Besuch lohnt das kleine Steckborn mit seinem Schlößchen. Der Untersee verengt sich allmählich, und in Mammern (CH) oder Wangen (D) finden wir gute Campingplätze. Weiter am kleinen Schloß Oberstaad vorbeipaddelnd erfaßt uns langsam die Strömung und zieht unsere Boote an der Inselkapelle St. Othmar vorüber. Die erste Brücke unterqueren wir im rechten Joch, und dann sehen wir die fotogene Häuserfront von Stein am Rhein vor uns. Am Landesteg lassen wir unsere Boote liegen und besichtigen die Stadt mit den farbigen Fresken an den alten Bürgerhäusern.

Dann geht es weiter, jetzt mit flotter Strömung durch die ersten leichten Windungen des Hochrheins. Nach der alten, überdachten Holzbrücke von Dießenhofen finden wir eine gute Anlegestelle, um das mittelalterliche Städtchen zu besuchen. Durch eine anziehende Landschaft bringt uns der Fluß zum Kloster Katharinental und zum »Paradies«. Nach dem Campingplatz am Städtischen Freibad erwartet uns schon Schaffhausen. Rechts, am Bootshaus des Faltboot-Clubs, ziehen wir unsere Boote aus dem Wasser, um sie mit den mitgeführten, zusammenklappbaren Bootswagen ca. 5 km weit am Uferweg bis ins Unterwasser des Rheinfalls zu karren. Nach einer Stunde Bootswagenfahrt erblicken wir den tosenden Wasserfall, den größten in Mitteleuropa. Unterhalb des Schlößchens Wörth können wir an der Betonrampe hinter dem Fachwerkhaus der Fischzuchtanstalt bequem die Boote einsetzen. Es folgt die wunderschöne Altenburger Rheinschleife mit dem auf einer Insel liegenden Kloster Rheinau und seiner prachtvollen Barockkirche.

Vorher erreichen wir das erste der acht Stauwehre, die uns auf der Tour erwarten. Tafeln lotsen uns rechts zum Telefon, wo wir einen fernbedienten Gleiswagen herbeiholen und mit diesem über die Rampe die Kanus ins Unterwasser setzen.

Ähnlich ist auch der Ablauf bei den nächsten Wehren. Nach der Fähre bei Ellikon mündet die von St. Gallen kommende, regulierte Thur in den Rhein. Vor Eglisau, einem kleinen, idyllischen Städtchen, zwingt ein harter Gesteinsriegel den Fluß zu einem scharfen Knick nach Nordwesten. Am Stauwehr werden die Boote mit Hilfe eines Hubstegs aus dem Wasser gehoben; der nachher benutzte Bootswagen gehört auf jeden Fall wieder auf seinen Platz! Vorsicht beim Einsetzen der Boote, bei gutem Wasserstand herrscht starker Wellengang! Nach der winzigen Festungsstadt Kaiserstuhl überwinden wir das Stauwehr Reckingen. Hinter Zurzach weitet sich das Tal, wir paddeln rechts oder links an der naturgeschützten Flußinsel vorbei, kommen nach Kadelburg zur langgezogenen Stromschnelle Koblenzer Laufen, die je nach Wasserstand bis Wildwasserschwierigkeit II erreichen kann. Hier kommen wir am besten rechts durch, können aber auch umtragen.

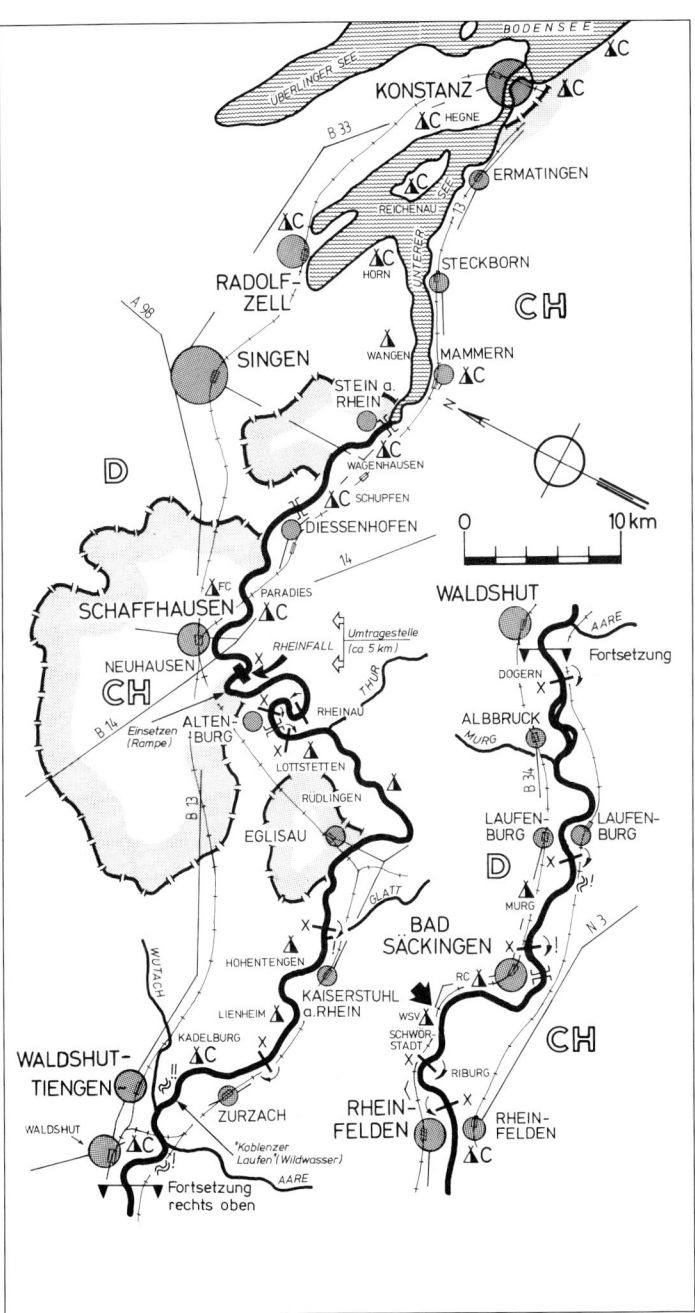

Rechtsufrig schließt sich die Wutach dem Rhein an. Kurz danach strömt von links mit viel Wucht das trübe Wasser der Aare herbei. In einem kräftigen Schrägschwall vermischen sich die beiden Flüsse. Der hoch über dem Rhein liegenden Stadt Waldshut-Tiengen sollten wir einen Besuch abstatten; ein guter Campingplatz lädt zum Übernachten ein.

Zurück in das Industriezeitalter holt uns das bullige Kernkraftwerk am Schweizer Ufer, dessen hoher Kühlturm mit seinen Dampfwolken oftmals die Sonne verschleiert. Hier liegt bei Dogern das nächste Wehr, das wir links anfahren. Bei niedrigem Wasserstand kann es nach dem Wehr zu Grundberührungen kommen, also Vorsicht mit Faltbooten!

Das Tal wird wieder enger, und bei Laufenburg, einem pittoresken Städtchen mit hochragender Burgruine, haben die Felsen den Rhein buchstäblich zusammengedrückt. Im Mittelalter war er hier nur etwa 15 m breit, was für die Flößer und Schiffsleute die gefährlichste Stelle am Fluß bedeutete. Heute liegt der reißende Laufenburger Laufen tief unter dem Wasserspiegel des ältesten Hochrhein-Kraftstauwerks.

Wir tragen links um; ab zehn Booten können wir auch schleusen lassen. Mit guter Strömung nähern wir uns dem Säckinger Wehr, dem letzten Hindernis unserer Fahrt. Mit dem Gleiswagen geht es linksufrig hinüber, und schon sehen wir die noch aus dem Mittelalter stammende, überdachte Holzbrücke von Säckingen.

Die Stadt hat außer dem Schloß und dem Münster noch mehr zu bieten. So steigen wir am Ruderclub Säckingen, kurz nach der zweiten Brücke, aus den Booten. Wir können bereits hier die Fahrt beenden, doch es ist lohnend, noch ca. 9 km weiter bis zum Campingplatz des WSV Rheinstrom nach Schwörstadt zu paddeln.

Charakter, Tips

Mit allen Bootstypen für erfahrene Kanuwanderer fast ganzjährig befahrbarer Wanderfluß. In der ersten Etappe bis Stein am Rhein fast ohne Strömung durch einen Teil des Bodensees, den Untersee. Ab hier beginnt das eigentliche Flußtal. Die nachfolgende flotte Strömung mit gelegentlichen Schwällen, Kehrwassern oder großen Tellerwirbeln wird unterhalb Schaffhausen durch mehrere Stauanlagen unterbrochen. Diese sind teils mit fernbedienten Gleisbootswagen oder Hebebühnen bzw. Umtragerampen ausgestattet. Um sie richtig nutzen zu können, sind Treidelleinen an den Booten notwendig. Vorsicht bei der Annäherung an die Wehre, manchmal Sog! Wasser ist sehr sauber, kalt, Flußbreite bis 100 m – Schwimmwesten anlegen! Für die Umtragestelle am Rheinfall ist ein Bootswagen (oder Auto) unerläßlich.

Bei einer Kanutour am Hochrhein sowie am Bodensee müssen wir folgendes beachten: Immer griffbereit gültige Personalpapiere bzw. DKV-Ausweis im Boot mitführen (Grenzzollbezirk). Die Boote müssen mit Namen bzw. Vereinsnamen beschriftet sein, innen muß die Anschrift des Eigners angebracht sein. An- und Ablegen ist nur an vorgeschriebenen Zoll-Landungsstegen erlaubt. Für Kanufahrer gibt es eine Erleichterung: eine »Erlaubnis«, die gestattet, ohne Formalitäten an jeder Stelle des deutschen Ufers an- und abzulegen. Diese kostenlose grenzpolizeiliche Erlaubnis ist zwei Jahre gültig und wird von den Zollämtern am Bodensee und am Hochrhein ausgestellt. Einzelheiten erläutert das von der Oberfinanzdirektion Freiburg herausgegebene »Zoll- und Paßmerkblatt für Wassersportler am Bodensee«. Weitere wichtige Bestimmungen sind zu beachten: Ausgewiesene Strandbäder nicht mit Booten anfahren; das Anlegen an Schiffslandestellen ist nicht erlaubt. Aus Sicherheitsgründen sind Sturmwarnsignale zu beachten, desgleichen die Anweisungen der Wasserschutzpolizei.

Zeltmöglichkeiten
Camping bei Konstanz; KC Konstanz; Mammern; Wangen; Wagenhausen; Schupfen; Rheinwiese FC Schaffhausen; Kloster Paradies; Schaffhausen; Lottstetten; Töß; Hohentengen; Lienheim; Kadelburg; Waldshut; RC Säckingen; Nieder-Schwörstadt (WSV-Gelände).

Sehenswertes
Konstanz: Altstadt, Rathaus, Kanonikushaus, Konzilsgebäude, J.-Hus-Haus, Rosgartenmuseum, Münster (Krypta), ehemaliges Dominikanerkloster (Hotel) u. a.
Insel Reichenau: Oberzell: Stiftskirche; Mittelzell: Münster; Niederzell: Stiftskirche St. Peter u. Paul.
Stein a. Rhein: Benediktinerkloster St. Georgen, Bürgerhäuser mit Freskenfassaden.
Dießenhofen: Siegelturm, Straßenmarkt, Stadtmauer, Brunnen, St.-Katharinen-Kloster.
Obergailingen: Nikolauskapelle.
Schaffhausen: Kloster Paradies, Schloß Münster, Neunotturm, Haus zum Ritter, Erhardskapelle.
Neuhausen: Rheinfall, Schloß Laufen, Schloß Wörth.
Kloster Rheinau: St.-Nikolaus-Kirche; Altenburg: Keltenwall.
Eglisau: St.-Nepomuk-Brücke, Kirche.
Kaiserstuhl a. Rhein: Wehrturm, Stadtmauer, Hohentengen, Burg Rötteln, Ruine Schwarz-, Ruine Weiß- und Rotwasserstelz.
Zurzach: Stiftskirche mit Grab St. Verena, Ruine, Küssaberg.
Lauenburg: Kirche, Burgruine, pittoreske Altstadt.
Waldshut-Tiengen: Stadttore, Storchenturm, Brücke mit barocken Figuren, Rathaus, Pfarrkirche, Heimatmuseum.
Bad Säckingen: Säckinger Holzbrücke, Münster St. Fridolin, Schloß mit Trompeten- und Uhrenmuseum, Park mit Wehrtürmen, Altstadthäuser, Schloß Schonau, Scheffelfelsen.
Rheinfelden (CH): Altstadt mit Bürgerhäusern, Stadtbefestigung, Ruine Riburg, Schloß Beuggen (D).

Karten, Kanu-Literatur
Generalkarte 1:200 000, Blatt 24; Generalkarte Schweiz, Blatt 1; Deutsche Idealkarte 1:100 000, Blatt 32, 33; Wassersport-Wanderkarte, Teil 3. Deutsches Flußwanderbuch; Kanuführer Württemberg; Bodensee-Handbuch (Maloun); Kanuführer für Südwestdeutschland.

Der schlanke Kirchturm begrüßt uns in Stein am Rhein.

Donau

22

(obere Donau)
Schwarzmeerstrom

Beuron – Ulm
130 km
Ferienfahrt

Der höchste Kirchturm der Welt (161 m) – das Ulmer Münster.

Es gibt kaum einen anderen Fluß, der uns eine so abwechslungsreiche Landschaft bietet, wie die junge Donau auf ihrem Weg von Donaueschingen bis nach Ulm. Von ihren Quellbächen Brigach und Breg mit Schwarzwaldwasser gespeist, verläßt sie reguliert den fürstlichen Park, um in Hochflächenried vor Neudingen zu mäandern. Nach der eleganten Schleife um den Wartenberg erwartet sie der erste Aderlaß in der wasserdurchlässigen Flachrinne bei Immendingen. Nach Tuttlingen nähert sie sich den steilen, ca. 300 m hohen Kalksteinriegeln der Schwäbischen Alb, die sie in einem großartigen, viele Kilometer langen Durchbruch bewältigt.

Leider ist heute ein bedeutender Teil dieser Felsschlucht für Kanuwanderer ganzjährig gesperrt, und so beginnt unsere Wanderung inmitten des Tales, nahe Kloster Beuron, wo der Fluß für uns freigegeben ist. Hier, an der alten überdachten Holzbrücke, können wir auch Kanus ausleihen.

Ein paar hundert Meter nach der Einsetzstelle wartet ein gefährliches Spitzwehr; rechtzeitig anlegen und rechts umtragen! An mehreren Burgen vorbei, zwischen den steilen Felskulissen paddelnd und weitere Wehre an der St.-Maurus-Kapelle und am Talhof überwindend, erreichen wir den Ort Hausen, wo sich ein kanufreundlicher Campingplatz als Etappenziel anbietet.

An der mächtigen Felswand des »Schaufelsen« vorbeisteuernd, tragen wir anderntags am Neumühlenwehr rechts um. Es folgt Schleife an Schleife, Thiergarten mit netten

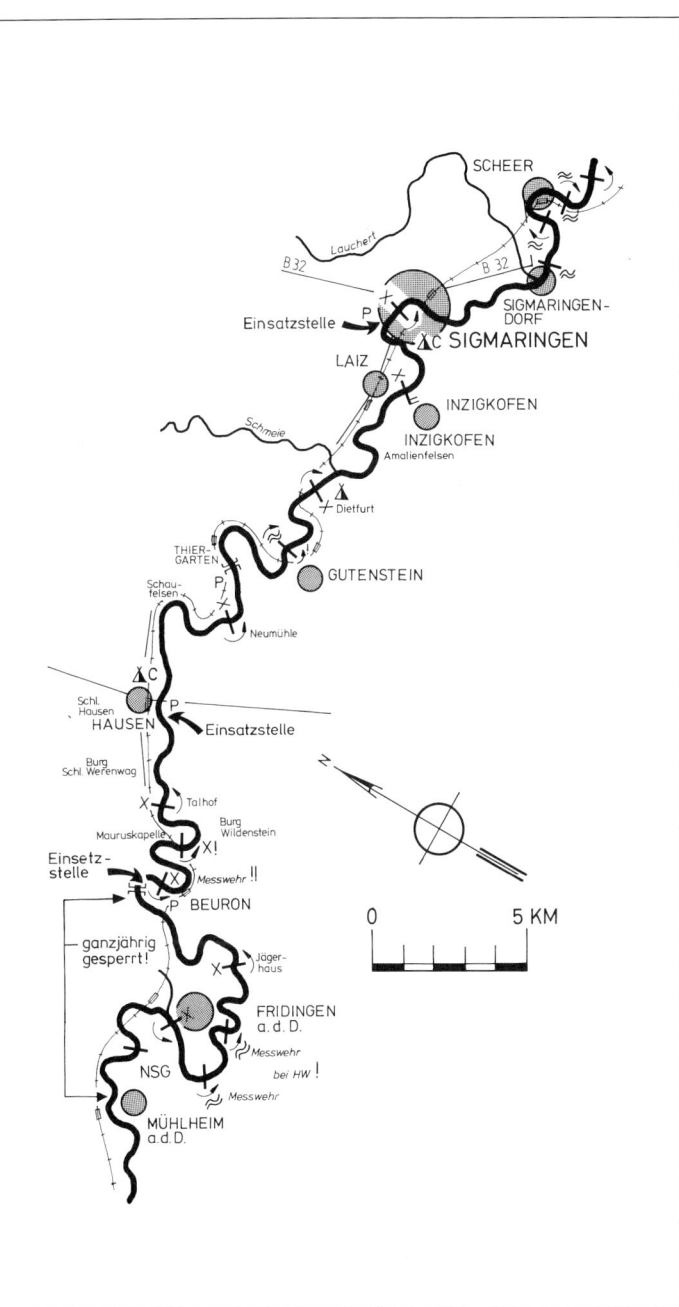

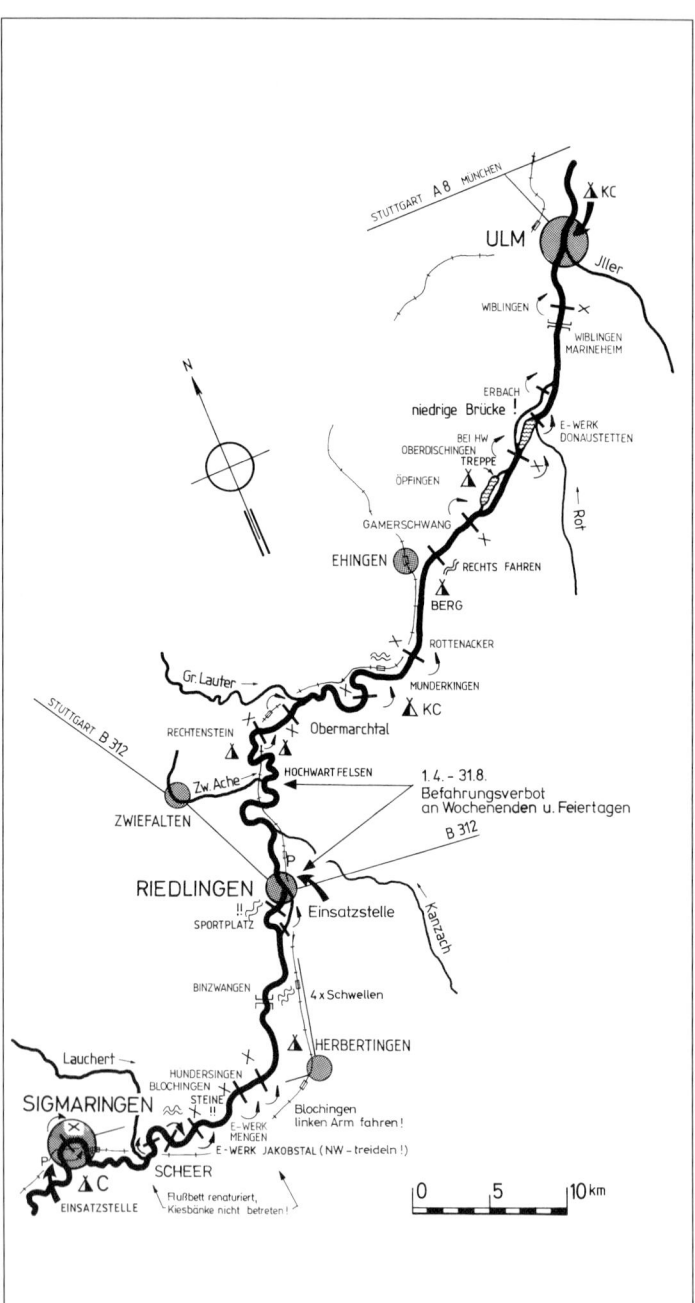

Wirtschaften und einem Rastplatz (Feuerstelle). Etwas Sorge bereitet uns das Gutensteiner Wehr. Obwohl eine Bootsgasse schon langjährig geplant ist, müssen wir bei hohem Wasserstand die Boote rechts weit umtragen; über den Mühlenhof ist es nicht erlaubt. Bei Normal- und Niedrigwasser ist das flache Schrägwehr gut befahrbar. Im Biergarten der Dietfurter Mühle können wir uns nachher von den überstandenen Strapazen erholen.

Anschließend umrunden wir den senkrechten Amalienfelsen, und langsam öffnet sich das Tal. Von links gesellt sich die Schmeie zu uns. Am Laizer Wehr sausen die Boote durch die einzige Bootsgasse der oberen Donau ins Unterwasser. Am Städtischen Campingplatz in Sigmaringen vorbei, sehen wir bald das vieltürmige Hohenzollernschloß, das sich auf einem Felsriegel über dem Fluß erhebt (linksufrig gute Anlandestelle mit Parkplatz).

Nach der Stadt wird die Landschaft flacher, doch ist sie noch immer von den Ausläufern der Alb geprägt. Es erwarten uns Wehre in Scheer und Hundersingen, die wir alle umtragen müssen. Das Riedlinger Wehr können wir meiden, wenn wir die Boote vor der Stadt rechts in den Hochwasserkanal umsetzen. An Rechtenstein und dem Prämonstratenserkloster Obermarchtal vorbei durchquert die Donau nun Wiesen und Auen und durchfließt bei Oberdischingen und Donaustetten Stauseen, die als Vogelschutzgebiete ausgewiesen sind.

Am Wiblinger Wehr müssen wir die Boote nochmal aus dem Wasser holen, bevor sich von rechts die Iller anschließt und uns der hohe Münsterturm den Weg in die alte Reichsstadt Ulm zeigt. Kurz nach der Eisenbahnbrücke, rechts am Zeltplatz des Kanuwanderheims der Ulmer Kanufahrer, beenden wir unsere Reise auf der oberen Donau.

Auch für Faltboote ist die obere Donau geeignet.

Charakter, Tips
Reizvoller, gut strömender Ferienwanderfluß. Der Abschnitt von Donaueschingen bis Mühlheim ist nur bei hohem Wasserstand befahrbar (im Frühjahr Versickerungen); im Durchbruch zwischen Mühlheim und Beuron wurde ein Befahrungsverbot erlassen. Ab der Eisenbahnbrücke Beuron ganzjährige Befahrung mit allen Bootstypen möglich, doch erschweren gelegentliche Treidelstellen nach Wehren oder verkrautete Abschnitte im Hochsommer eine Gepäckfahrt. Günstige Einsetzstellen befinden sich an folgenden Plätzen: an der überdachten Holzbrücke in Beuron, in Hausen am Campingplatz bzw. rechts vor der Brücke am Rastplatz (P), ferner an der Brücke in Thiergarten und am Festplatz in Riedlingen.
Besondere Vorsicht ist an folgenden Wehren geboten: am Spitzwehr nach der überdachten Holzbrücke in Beuron – rechtzeitig anlegen und rechts umtragen; am St.-Mauruskapellenwehr – an der Rampe anlegen, bei Hochwasser Sog, dann links über den Klostergarten umtragen! An allen anderen Wehren bestehen Umtragemöglichkeiten oder sie sind befahrbar. Bei höherem Wasserstand werden viele Wehre gefährlich (Sog und Anlandeschwierigkeiten).
Bei Oberdischingen und Donaustetten befahren wir zwei Stauseen, die teils verlandet sind. An der niedrigen Eisenbahnbrücke bei Erbach tragen wir die Boote über den Eisenbahnübergang um.
Pkw-Streckenbegleitung möglich. Im Donautal auch regelmäßiger Eisenbahnverkehr (Rückholen der abgestellten Autos).

Zeltmöglichkeiten
Camping Hausen; Mühle Dietfurt (Anfrage); Städtischer Campingplatz Sigmaringen; Hundersingen; Obermarchtal; KC Munderkingen; Zeltplatz SG Öpfingen; Zeltwiese der Ulmer Kanufahrer (Ulm).

Bootsverleih
Beuron, Riedlingen.

Flußsperrung
Zwischen Mühlheim und der Eisenbahnbrücke in Beuron ganzjährig; ab Riedlingen bis zur Mündung der Zweifalter Ache (Zwiefalten-Dorf) zwischen 1. 4. und 31. 8. Befahrungsverbot an Wochenenden und Feiertagen.

Sehenswertes
Im Durchbruch: Kloster Beuron, Feste Wildenstein, Werenwag, Schloß Bronnen.
Sigmaringen: Hohenzollernschloß, Theater, Altstadt, Kirche in Scheer, Lorettokapelle.
Hundersingen: Keltische Festung Heuneburg.
Riedlingen: Altstadt mit Stadttoren, frühgotische Pfarrkirche, Kloster Heiligkreuztal.
Obermarchtal: Prämonstratenserkloster.
Ehingen: Ritterhaus, Ständehaus, Liebfrauenkirche.
Oberdischingen: Höfische Miniaturresidenz.
Ulm: Münster, Rathaus, Schwörhaus, Festung, Fischer- und Gerberviertel u. v. a.

Karten, Kanu-Literatur
Generalkarte 1:200 000, Blatt 22, 24;
Deutsche Idealkarte 1:100 000, Blatt 32, 33, 28;
Topografische Karte Baden-Württemberg 1:50 000, Blatt L 8118, L 7918, L 7920, L 7922, L 7722, L 7724;
Wassersportwanderkarte 1:550 000, Teil 3.
Kanuführer für Südwestdeutschland;
Deutsches Flußwanderbuch;
Kanuführer Württemberg;
Kanu-Sport 1987, S. 243.

Lauchert

23

Nebenfluß der Donau

Stetten – Bingen
39 km
2 Tagesetappen

Eine harmlose, spritzige Stufe überwinden wir beim Verlassen des Mägerkinger Stausees.

In einem sonnigen, nach Süden hin geöffneten Wiesental der Alb schlängelt sich die liebliche Lauchert in Richtung Sigmaringen, um in Stadtnähe ihr kristallklares Wasser der Donau zuzuführen. Sie wird auch die »Schwäbische Dordogne« genannt, weil die mit großen Höhlen durchsetzten Felshänge bei Veringenstadt schon vor vielen tausend Jahren dem Neandertaler, einem Urahnen des heutigen Menschen, Schutz geboten haben.

Mehrere Karstquellen speisen die Lauchert so ausgiebig, daß wir im Frühling schon an der Volksbank in Stetten unsere wendigen Einerkajaks einsetzen und auf den lustig plätschernden Wellen durch Wiesen und Weidenbestände davon-

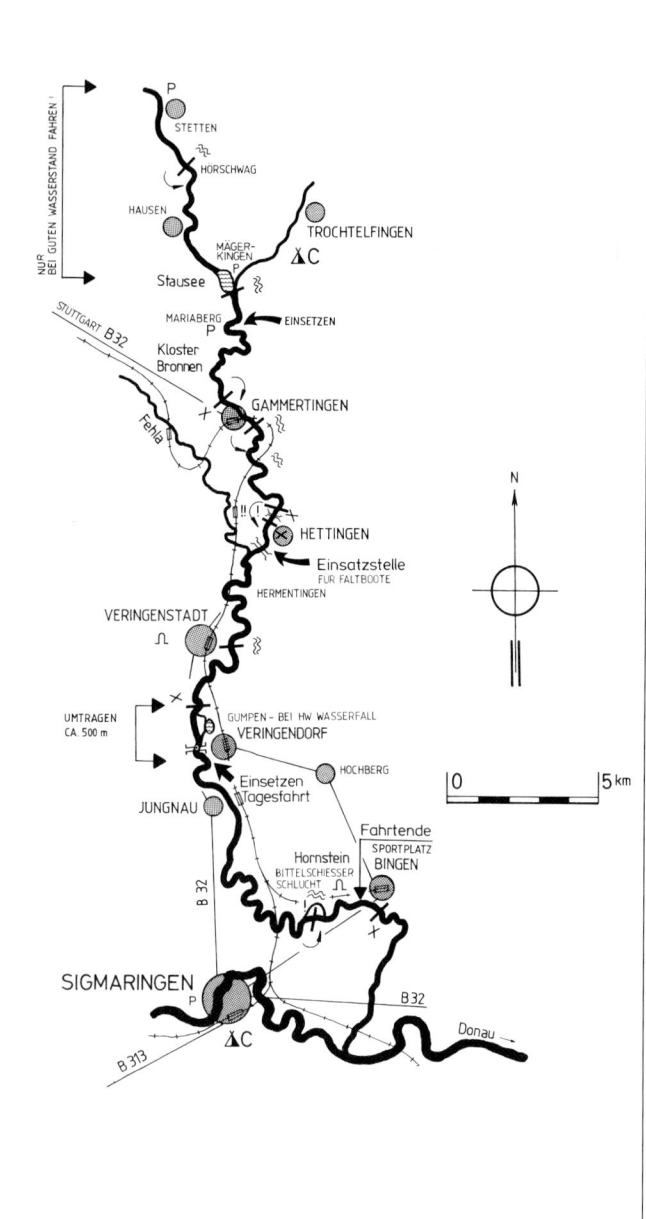

ziehen können. Eine alte Mühle sorgt für Unterbrechung, bevor wir im Badesee bei Mägerkingen anlegen. Holzbänke mit Tischen laden hier zur Vesper ein. Über die kleine Stufe am Seeausgang geht es flott in kurzen Kehren am ehemaligen Mariaberger Schloß vorbei (Parkplatz Mariaberg, Einsetzstelle) und weiter nach Gammertingen. Am Wehr vor dem Fabrikgelände wird links umgetragen, das zweite Wehr ist für Geübte in Einern befahrbar. Vorsicht bei zwei Spuntsohlschwellen unterhalb der Stadt!

Bald erreichen wir Hettingen. vor der niedrigen Brücke legen wir an und tragen die Boote bis unterhalb des neuen, unbefahrbaren Klappwehres um. Ab dem Ortsausgang von Hettingen ist die Lauchert auch für Zweier-Faltboote befahrbar. Das Tal wir enger, und die ersten Felsen kündigen Veringenstadt an. Hier gibt es viel zu sehen, es lohnt, anzulanden und zwei Stunden zu verbringen.

Beim anschließenden Herüberrutschen über das keine Wehr wird's lustig. In Veringendorf erwartet uns eine lange Umtragestelle; wir legen vor dem Wehr links an und karren die Kanus auf dem Bootswagen ca. 500 m weit bis zur Brücke an der Dorfkirche. Vorsicht beim Überqueren der vielbefahrenen B 32!

Kurz nach der Einsetzstelle folgt ein kurzer Schwall mit Schrägströmung, die schon manchen Anfänger in die Uferbüsche getrieben hat. Ab Jungnau erpaddeln wir den einsamsten Flußabschnitt – nicht einmal ein Wanderweg führt hier entlang. In der Bittelschießer Schlucht gibt es eine Burg mit Kapelle und eine große Höhle zu bewundern.

Am Wehr tragen wir rechts um; den linken, befahrbaren Flußarm versperren oft angeschwemmte Bäume (ohne vorheriger Besichtigung nicht hineinfahren!). Nach einer kurzen Waldstrecke sehen wir am linken Ufer den alten Sportplatz von Bingen; hier endet unsere Wanderfahrt.

Charakter, Tips
Lieblicher Klein-Wanderfluß mit sehr beständiger Wasserführung. Von Stetten bis Gammertingen nur bei gutem Wasserstand mit Einern befahrbar, ab Hettingen für alle Bootstypen, auch Faltboote geeignet. In Hettingen Umtragen an zwei Wehren, wobei das zweite unbefahrbar ist (rechtzeitig anlegen!). Lange Umtragestelle in Veringendorf, ein Bootswagen ist zu empfehlen. Sehr sauberes Wasser. Pkw-Begleitung teilweise möglich. Nur in kleinen Gruppen fahren!

Zeltmöglichkeiten
Camping Sigmaringen; im Laucherttal keine offiziellen Zeltplätze, nach Anfrage Zeltmöglichkeit am Sportplatz Bingen.

Sehenswertes
Hettingen: Schloß und spätgotische Kirche.
Veringenstadt: Nikolaushöhle, Göpfelsteinhöhle, Pfarrkirche St. Nikolaus, Burgruine, Peterskapelle, Altstadt.
Veringendorf: Pfarrkirche St. Michael.
Jungnau: Burgruine.
Bingen: St.-Anna-Kapelle, Ruine Hornstein.

Karten, Kanu-Literatur
Generalkarte 1 : 200 000, Blatt 21, 24; Deutsche Idealkarte 1 : 100 000, Blatt 28; Topografische Karte Baden-Württemberg 1 : 50 000, Blatt L 7720, L 7920.
Kanuführer für Südwestdeutschland; Kanuführer Württemberg.

Neckar
(oberer Neckar)
Nebenfluß des Rheins

Sulz – Rottenburg
41 km
2-Tage-Fahrt

Badefreuden mit Kindern am Neckar beim Lohmühlenwehr.

Durch ein reizvolles, vielgewundenes und tief eingeschnittenes Tal zieht der obere Neckar zwischen dem Schwarzwald und der Schwäbischen Alb zuerst in nördlicher, dann in östlicher Richtung. Ab Rottenburg weitgehend reguliert und mehrmals mit unbefahrbaren Wehren aufgestaut, erreicht er die Universitätsstadt Tübingen und wird bei Plochingen zu einer kanalisierten Bundeswasserstraße, deren Befahrung erst wieder ab Stuttgart lohnt. Für unsere 2tägige Wanderfahrt wählten wir den noch sehr sauberen und naturnahen Flußabschnitt zwischen Sulz und Rottenburg. Bei mittlerem Wasserstand können wir auch mit Zweier-Faltbooten fahren.

Bei der alten Löwenbrücke in Sulz steigen wir in die Boote, die wir aber kurz danach wieder verlassen müssen, um rechts um ein hohes Steilwehr umzutragen. Anschließend folgt bis Horb eine schöne Strecke mit flotter Strömung, die nur durch das Schrägwehr in Fischingen und zwei gefährliche Sohlstufen bei Dettingen unterbrochen wird. In großen Flußschlingen, an typischen Umlaufbergen vorbei, erreichen wir Horb, eine malerische Kleinstadt mit schöner Stiftskirche und schmucken Fachwerkhäusern. Es erwarten uns

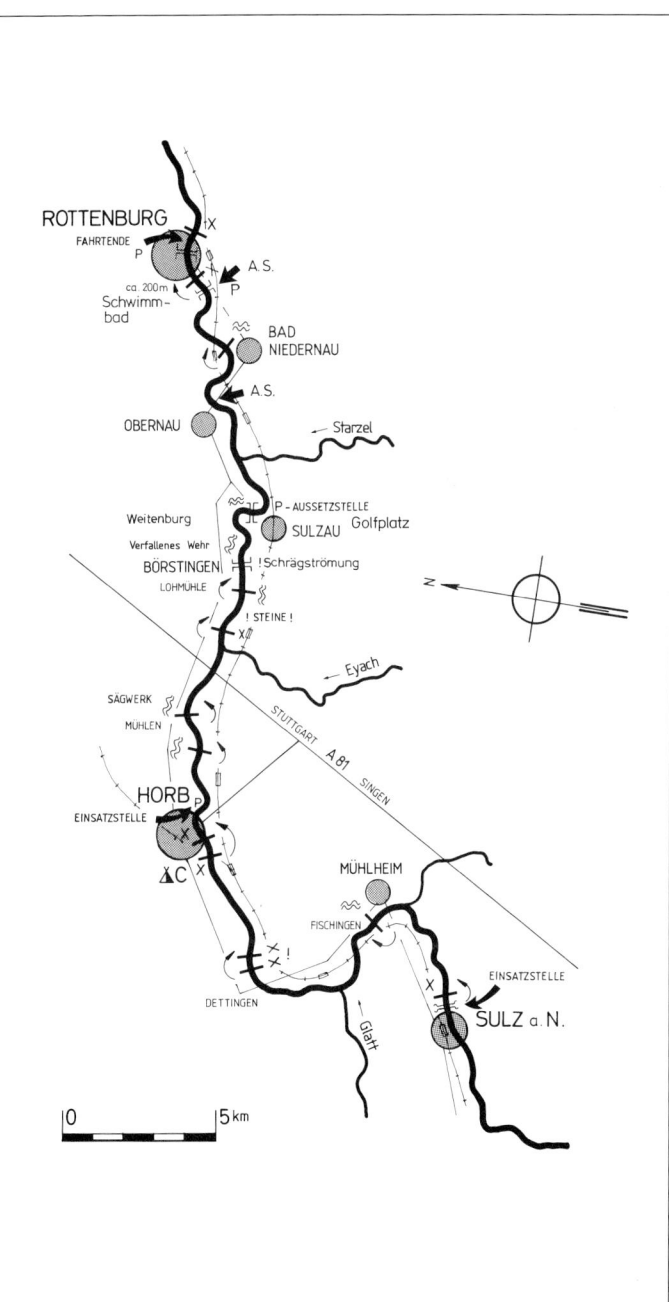

zwei unbefahrbare Wehre, die wir beide rechts umtragen.
Am Hallenbad finden wir eine beliebte Einsetzstelle für Tagesfahrten nach Sulzau, Obernau oder Rottenburg, je nach Kondition. Die Autos bleiben auf dem geräumigen Parkplatz.
In lustigen Schwällen trägt uns der Neckar fort. Eine zerfallene Stufe bereitet manchem Anfänger Sorgen, doch vorsichtig wird die linke Durchfahrt gemeistert. Das erste Schrägwehr in Mühlen ist in der Mitte glatt fahrbar, am zweiten können wir es im Knick probieren; bei gutem Wasserstand tragen wir lieber rechts um.
Bald zeigt sich die schlanke Autobahnbrücke, die das Tal in schwindelnder Höhe überspannt. Es folgen wieder Schwälle, kleine Kiesbänke. Rechts mündet die Eyach – bei Schneeschmelze ein toller Wildbach – in den Neckar. Am anschließenden Wehr tragen wir links um, im Unterwasser zwingen uns Steine zum Aussteigen und Treideln. Bald wird es tiefer, und am niedrigen Lohmühlenwehr machen wir eine wohlverdiente Vesper- und Badepause.

Dann geht es im linken Flußarm weiter. Unter der Börstinger Brücke wartet ein tückischer Schwall; hier vereinigen sich die zwei Flußarme. Links oben am Berg grüßt Schloß Weitenburg, und die bewaldeten Hänge treten bis an den Fluß heran. Es folgt ein zerfallenes, mit etwas Vorsicht zu befahrendes Wehr, und nach einer scharfen Kehre Sulzau, wo in den letzten Jahren ein weitläufiger Golfplatz angelegt wurde. Ein Kinderspielplatz und ein einladendes Wirtshaus locken zum Verweilen; manche beenden schon hier die Fahrt.
Doch wir können weiterpaddeln. Es wartet eine abwechslungsreiche Strecke mit einem Wehr in Bad Niedernau. Kurz nach dem Rottenburger Schwimmbad (rechts gute Aussetzstelle) zwingt uns die neue, mächtige Wehranlage, nochmal unsere Boote umzutragen. Eine Treppenanlage erleichtert das Aus- und Einsteigen. An der farbenfrohen Häuserkulisse der Bischofsstadt Rottenburg entlangpaddelnd beenden wir bei den Parkplätzen nach der Brücke unsere Neckar-Tour.

Charakter, Tips
Durch ein reizvolles Tal gut fließender Wanderfluß mit gelegentlichen Schwällen. Mehrere befahrbare oder leicht zu umtragende Wehre. An den Sohlschwellen unterhalb Fischingen wegen gefährlichen Rücksogs Boote umtragen.
Ab Horb fast ganzjährig für alle Bootstypen leicht befahrbar. Zwischen Fischingen und Horb Selbstbeschränkung wegen drohender Flußsperrung, hier nur in kleinen Gruppen paddeln! Pkw-Begleitung durchgehend möglich; Bahnlinie im Tal.

Zeltmöglichkeiten
Camping Horb (nicht am Fluß).

Sehenswertes
Sulz a. Neckar: Löwenbrücke, römische Kastelle, Fachwerkhäuser.
Horb: Rathaus, Stiftskirche, Schütteturm, Stadtmauer, schöne Fachwerkhäuser.
Rottenburg: Bischofssitz, Dom, Rathaus, Kloster, Altstadtkern.

Karten, Kanu-Literatur
Generalkarte 1:200 000, Blatt 21; Deutsche Idealkarte 1:100 000, Blatt 27, 28; Topografische Karte 1:50 000 Baden-Württemberg, Blatt L 7518, L 7516, L 7716.
Kanuführer für Südwestdeutschland; Deutsches Flußwanderbuch; Kanuführer Württemberg.

Enz

Nebenfluß des Neckars

25
Mühlacker – Besigheim
46 km
2–3-Tage-Fahrt

Bei gutem Wasserstand durch die Mühlhausener Schleife.

Viele Kanufahrer, die die Enz von ihrem Oberlauf kennen, wo sie als famoser Wildbach durch die dunklen Wälder des nördlichen Schwarzwaldes im verblockten Flußbett schäumend und spritzend herumspringt, wissen nicht, welche Reize und Schönheiten sie als Wanderfluß östlich von Pforzheim entfaltet. Hier sägt sie sichtlich beruhigt ausgeprägte Umlaufschleifen durch die Muschelkalkplatte des Weinlandes zwischen dem Stromberg und dem Neckar, den sie unterhalb der eindrucksvollen Stadtkulisse von Besigheim erreicht. Vor wenigen Jahren war dieser Unterlauf noch recht verschmutzt durch die eingeleiteten Abwasser der vielen Ortschaften und Kleinbetriebe, die sich im Tal ansiedelten. Doch diesem Problem wurde durch Kläranlagen kräftig zu Leibe gerückt, und so stehen heute zur großen Freude der Angler wieder Forellen unter den Brücken, und durch die Schloßwiesen bei Roßwag spazieren Fischreiher.

Einen ausgezeichneten Einsetzplatz für unsere Kanuwanderung finden wir in Mühlacker an der Uferwiese unterm Mühlhof-Parkplatz. Durch eine langgezogene Rechtskurve trägt uns die gute Strömung am Stadtpark vorbei,

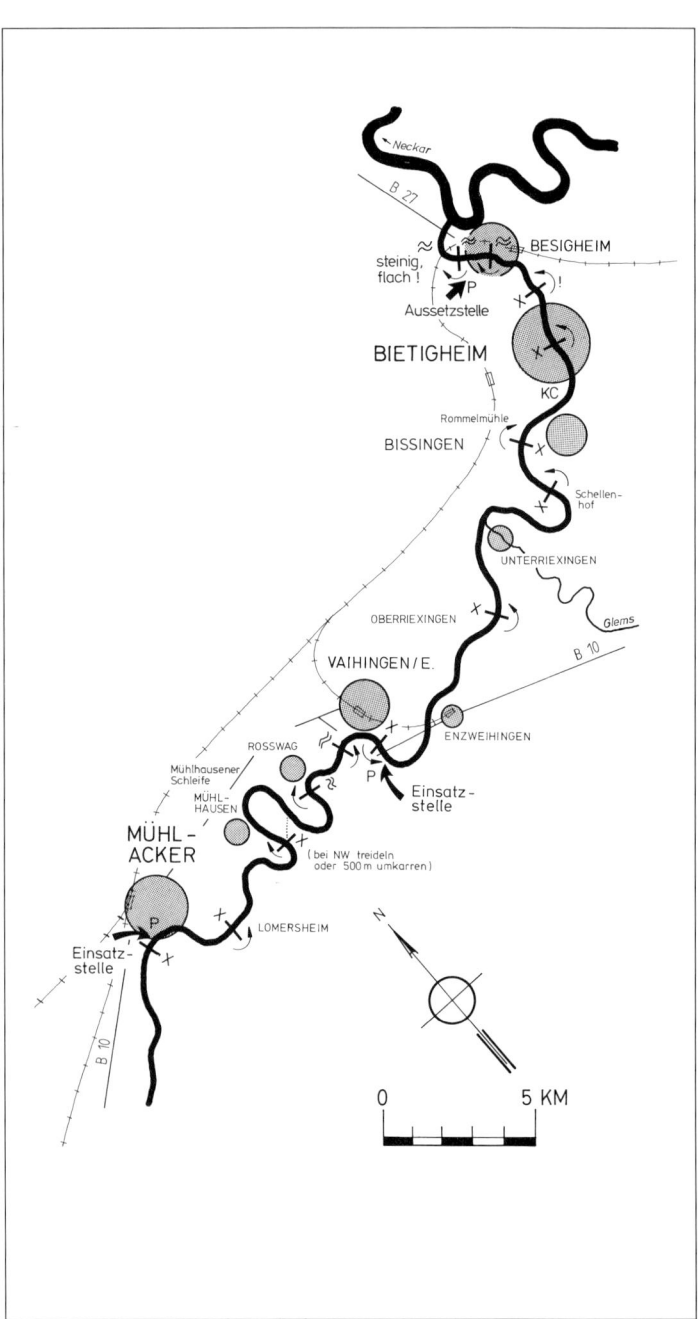

Vor uns zeigt sich über dem Fluß die Rudelsburg (Tour 11 – Saale).

Umgestürzte Bäume versperren öfter den Lauf der Oberen Warnow (Tour 1 – Warnow).

Am Bootssteg des Mirower Rudervereins starten wir zur nächsten Etappe unserer Ferienfahrt (Tour 3 – Müritz).

*Ein grünes Zwielicht herrscht unter dem Walddach am Fluß
(Tour 6 – Rheinsberger Rhin).*

*Begegnung mit Freunden am Abfluß des Zotzensees
(Tour 4 – obere Havel).*

Flott zieht uns die Rheinströmung an der wehrhaften Inselpfalz vorbei (Tour 30 – Rhein).

Weiß leuchtet die Willibaldsburg bei Eichstätt über der Altmühl (Tour 16 – Altmühl). ▷

Am Kloster Walderbach formieren wir uns zu einem Gruppenbild (Tour 14 – Regen).

Seerosenfelder bedecken die ruhigen Abschnitte der Spree (Tour 7 – Spree).

Kajakfahrer im Spreewald (Tour 8 – Spreewald). ▷

Wie lange Nixenhaare windet sich das Laichkraut in der guten Strömung der Eder (Tour 37 – Eder).

Die wichtigsten Schiffahrtszeichen

Vorsicht

Begrenzte Fahrwassertiefe

Geschwindigkeitsbegrenzung

Festmacheverbot

Verbot, in Häfen oder Nebenwasserstraßen einzufahren

Angezeigte Richtung einschlagen

Empfehlung, in Richtung des Pfeils zu fahren

 oder
Wellenschlag vermeiden

Liegeverbot

Liegeerlaubnis

Gesperrte Wasserfläche frei für Kleinfahrzeuge ohne eigenen Antrieb

Ankerverbot

Erlaubnis zum Ankern

Ende der Verbotsstrecke

Abstand vom Ufer halten

Nicht frei fahrende Fähre

Wasserskistrecke

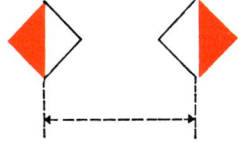
Verbot, außerhalb der Begrenzungen zu fahren

Brückendurchfahrt mit Gegenverkehr

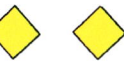
Brückendurchfahrt ohne Gegenverkehr

 oder

oder

 oder

Durchfahrt verboten

 oder

oder

 oder

Durchfahrt erlaubt

Wichtige Schallsignale

▬ 1 langer Ton: »Achtung«

■ 1 kurzer Ton: »Ich richte meinen Kurs nach Steuerbord«

■ ■ 2 kurze Töne: »Ich richte meinen Kurs nach Backbord«

■ ■ ■ 3 kurze Töne: »Meine Maschine geht rückwärts«

■ ■ ■ ■ 4 kurze Töne: »Ich bin manövrierunfähig«

■■■■■■ Folge sehr kurzer Töne: »Gefahr eines Zusammenstoßes«

▬ ▬ Wiederholte lange Töne ▲▲▲▲ oder Gruppen von Glockenschlägen: »Notsignal«

▬ ■ 1 langer Ton, 1 kurzer Ton: »Ich wende über Steuerbord«

▬ ■ ■ 1 langer Ton, 2 kurze Töne: »Ich wende über Backbord«

»Kurzer Ton« ist ein Ton von etwa 1 Sekunde Dauer.

»Langer Ton« ist ein Ton von etwa 4 Sekunden Dauer.

»Folge sehr kurzer Töne« ist Folge von mindestens 6 Tönen, von je etwa ¼ Sekunde Dauer.

An der Anlegestelle in Balduinstein werden die Boote startklar gemacht (Tour 34 – Lahn).

Eine Faltbootinvasion im Hafenbecken von Wotschofska (Tour 8 – Spreewald).

Unter der Burgruine Henneburg in Stadtprozelten (Tour 28 – Main).

*Frühsommertag im Donaudurchbruch bei Beuron
(Tour 22 – Donau).*

Nur paddelbreit ist die Lauchert bei Stetten (Tour 23 – Lauchert).

Verloren und winzig wirken die Kajaks unter der hochragenden Festung Königstein (Tour 9 – Elbe).

Paddeln auf dem »grünen Fluß«, der lieblichen Mosel (Tour 31 – Mosel).

Der Kajakstern auf der Enz (Tour 25 – Enz).

Im Illerparadies (Tour 20 – Iller).

Hochbetrieb auf der Außenalster (Tour 48 – Alster).

Eine alte Wegebrücke führt über die Ilmenau bei Emmendorf (Tour 47 – Ilmenau).

Bei Lauenbrück setzen wir ins rotbraune Wasser der Wümme ein (Tour 43 – Wümme).

Herrliche Sandbänke erwarten uns auf der Hase nach Hamm (Tour 42 – Hase).

Weiden- und Pappelbestände begleiten den Fluß. Das Lomersheimer Wehr können wir fahren, oder wir tragen rechts um.

Es folgt bald die landschaftlich beeindruckende Mühlhausener Schleife, die allerdings leider nur bei gutem Wasserstand befahrbar ist. Am Wehr (links umtragen!) wird sehr viel Wasser abgeleitet, und so müssen wir im Hochsommer treideln oder die Kanus mit dem Bootswagen ca. 500 m weit über den Umlaufberg karren und beim E-Werk wieder einsetzen.

Nach einem einsamen Abschnitt erreichen wir das Weindorf Roßwag; hier wird rechts umgetragen. Weit sichtbar grüßt uns das Vaihinger Schloß, das hoch über der Altstadt thront. An beiden Wehren tragen wir rechts um, und ab der Einsetzstelle am Sportgelände (Brücke der B 10) können wir zu einer gemütlichen Fahrt nach Bietigheim starten. Es folgen Wehre in Oberriexingen und Bissingen und das Rommelmühlewehr. Hier erleichtert eine Aus- und Einsetztreppe das Umtragen.

Die hohe Eisenbahnbrücke kündigt Bietigheim an. Vor dem steilen Stadtwehr legen wir rechtsufrig an der neuen Straßenbrücke an und tragen unsere Boote durch den ebenfalls neuen Park – am Pavillon der Landesgartenschau vorbei – ins Unterwasser (300 m).

Ein Wehr unterbricht die weitere Fahrt, anschließend schieben sich unsere Kanus an der malerischen Stadtkulisse von Besigheim entlang. Es folgen zwei niedrige Schrägwehre, die wir auch befahren können, danach mündet die Enz schließlich in lustigen Schwällen unterhalb von Besigheim in den Neckar.

Charakter, Tips
Wenig regulierter, mäßig schnell fließender Wanderfluß. Außer Wehranlagen (rechtzeitig anlegen) keine wassertechnischen Schwierigkeiten, auch für weniger erfahrene Kanuwanderer geeignet. Ab Mühlacker fast ganzjährig mit allen Bootstypen befahrbar, nach Wehranlagen manchmal steinig.
In der reizvollen Mühlhausener Schleife oft Treidelstellen. Landschaftlich sehr ansprechend, viele schöne Ortschaften am Fluß.
Pkw-Begleitung ist durchgehend möglich. Bootswagen mitnehmen (Bietigheim!).

Zeltmöglichkeiten
Nach Anfrage an Sportplätzen.

Sehenswertes
Mühlacker: Burgruine, Löffelstelz.
Mühlhausen: Weinort, Schloß, Flußschleife mit Felshängen und Weinbergen.
Roßwag: Weinort, Fachwerkhäuser, Martinskirche, Burgruine Altroßwag.
Vaihingen: Schloß Kaltenstein, Rathaus, Pulverturm, Mühle.
Oberriexingen: Wehrkirche, römisches Weinmuseum.
Bissingen: Ruine Elisenberg.
Bietigheim: Altstadt, Rathaus, japanischer Garten, Felsengarten, Enz-Viadukt.
Besigheim: Altstadt mit Fachwerkhäusern, spätgotisches Rathaus, Stadtmauer, Rundtürme, Brunnen, Kirche mit 13 m hohem Schnitzaltar.

Karten, Kanu-Literatur
Generalkarte 1:200 000, Blatt 18; Deutsche Idealkarte 1:100 000, Blatt 42; Topografische Karte Baden-Württemberg 1:50 000, Blatt L 7118, L 7120; Wassersport-Wanderkarte 1:550 000, Teil 3.
Kanuführer für Südwestdeutschland; Deutsches Flußwanderbuch; Kanuführer Württemberg.

Kocher

Nebenfluß des Neckars

26
Untermünkheim – Oedheim
71 km
4–5-Tage-Fahrt

In Schwäbisch Hall überspannt eine alte Steinbrücke den Kocher.

Von seiner Quelle unterm Volkmarsberg zwischen den Limpurger Bergen und dem Meinhardter Wald eilt der Kocher in kleinen Schwällen glucksend zuerst durch ein schmales, gewundenes Waldtal, später in regelmäßigen Schleifen mäandernd unter Weinbergen und an kleinen Orten vorbeifließend in nördlicher Richtung zur alten Salzstadt Schwäbisch Hall. Das mittelalterliche Stadtpanorama hinter sich lassend vollführt der muntere Fluß bei Kocherstätten eine Rechtsschleife und steuert durch ein helles, freundliches Tal zum Neckar, den er fast gleichzeitig mit seiner Nachbarin, der Jagst, bei Bad Friedrichshall erreicht.

Die früher gern befahrene Strecke ab der Steinbacher Brücke unterhalb des mächtigen romanischen Klosters Comburg ist jetzt bei gutem Frühjahrswasser gesperrt, und so beginnen wir unsere Bootswanderung erst in Untermünkheim; von hier ist der Fluß bei mittleren Wasserstand fast ganzjährig befahrbar. Es ist aber äußerst lohnend, zuvor noch Schwäbisch Hall zu besuchen – vielleicht bleiben wir ja einen ganzen Tag.

In den Booten sitzend geht es danach im zügigen Tempo durch

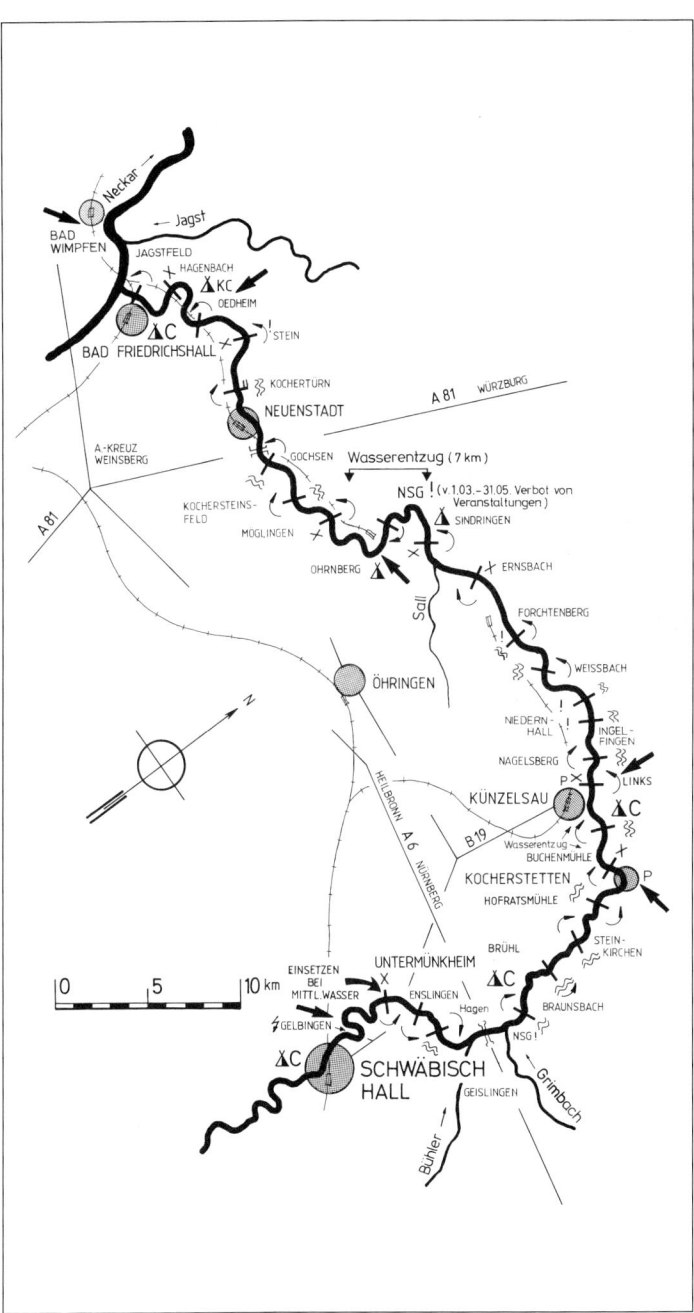

das stille, wenig besiedelte Tal. Beim gemütlichen Marktflecken Geislingen nimmt der Kocher den kleinen Wildbach Bühler auf und über uns schwebt in einer schwindelerregenden Höhe von 185 m die Kochertalbrücke. Am Naturschutzgebiet Grimmbachmündung steigt links ein grauer, felsartiger Keuperhang auf. Wir nähern uns, in leichten Wellen schaukelnd, dem Ort Braunsbach. Immer wieder begleiten uns Milane, Bussarde und Graureiher, die am Flußufer unbeweglich auf Beute warten. Blühende Obstbäume säumen im Frühjahr die Talhänge.

Am halbrunden Schußwehr in Steinkirchen fahren die Einer darüber, und bald sind wir an der Flußbiegung in Kocherstetten. Unterhalb der Pegelschwelle, bei der schönen Steinbrücke, legen wir an und besuchen das hoch am Berg aufragende Schloß Stetten.

Immer tiefer schneidet sich der Fluß in das Tal hinein, es wird enger und die Hänge reichen oft bis an die Ufer. Das lebhafte Städtchen Künzelsau mit dem alten Fachwerkrathaus und dem rot leuchtenden Schloß verdient einen Aufenthalt.

Am Steilwehr wartet eine längere Umtragestelle. Weiter flußabwärts weichen die Hänge wieder zurück, und rechtsufrig begleiten uns die ersten Weinberge. Links unter

Familienpaddeln auf dem ruhigen Kocher.

einem steilen Burghang klebt die pittoreske Kleinstadt Forchtenberg mit ihren terrassenartig ansteigenden Gassen, schönen Fachwerkhäusern und farbigen Loggien an der Stadtmauer.

Nach dem flachen Winkelwehr wird es im Tal wieder stiller, über mehrere Kilometer liegt keine Siedlung am Fluß. Leise paddeln wir durch ein Graureiher-Schutzgebiet, um die schönen Großvögel nicht zu stören. Die Berghänge rücken etwas zurück, der Fluß wird träger. Noch ein landschaftlicher Höhepunkt: Weithin sichtbar thront auf dem rechten Kocherufer gegenüber Neuenstadt das Renaissanceschloß Bürg.

Unsere Kanuwanderung können wir günstig am Vereinsgelände des Oedheimer Kanu-Clubs beenden, denn eine Weiterfahrt bis in die Mündung ist mit allerlei Schwierigkeiten verbunden (Wehre, Wasserentzug).

Charakter, Tips
Überwiegend zügig strömender Wanderfluß, ohne fahrtechnische Schwierigkeiten. Ab Untermünkheim auch mit Zweierbooten befahrbar, doch im Hochsommer etwaige Treidelstellen möglich (bei Sindringen, Nagelsberg und Buchenmühle Wasserentzug). Wehre teils befahrbar, sonst leicht zu umtragen. Vor dem Wehr in Künzelsau Treppenanlage zum Anlanden, nach ca. 100 m Einsetztreppe. Wasser mäßig sauber. Pkw-Begleitung durchgehend möglich. NSG bei Sindringen nur in kleinen Gruppen durchfahren, leise, nicht anlegen! Im Bereich Steinbach-Schwäbisch Hall vom 1. 3. bis 1. 7. Fahrverbot.

Zeltmöglichkeiten
Camping Schwäbisch Hall-Steinbach; Braunsbach; Künzelsau; Ohrnberg (Anfrage); Hirschfeldpark-Oedheim; KC Oedheim (Anfrage).

Sehenswertes
Steinbach: Comburg, befestigtes Benediktinerkloster, Frauenkloster.
Schwäbisch Hall: Fachwerkhäuser, St.-Michaels-Kirche, Büchsenhaus, Brunnen, Rathaus, Keckenburg, Freitreppe, Tortürme u. v. a.
Braunsbach: Schloß, St.-Bonifaz-Kirche.
Kocherstetten: Schloß Stetten, Burg Tierberg.
Künzelsau: Fachwerkrathaus, Pfarrkirche, ehemaliges hohenlohisches Schloß.
Ingelfingen: Kleine Residenzstadt mit Ringmauer, Schloß mit Park, Apotheke, Kocherbrücke.
Niedernhall: Weinort, Rathaus, Adelshäuser, Stadtmauer.
Forchtenberg: Stadtmauer mit Toren und Türmen, Fachwerkhäuser.
Neuenstadt: Burg, Stadttore, Fachwerkhäuser, Schloß Bürg.
Bad Friedrichshall: Rathaus, Schloß Grecken, Salzbergwerk.

Karten, Kanu-Literatur
Generalkarte Blatt 18, 19; Deutsche Idealkarte 1:100 000, Blatt 28, 29, 24; Wassersport-Wanderkarte, 1:550 000, Teil 3.
Deutsches Flußwanderbuch;
Kanuführer für Südwestdeutschland;
Kanuführer Württemberg.

Neckar

Nebenfluß des Rheins

27

Bad Wimpfen – Heidelberg
75 km
kleine Ferienfahrt

Bequem rollen wir das schwere Kanu an der Wehranlage vorbei.

Auch wenn der untere Neckar von Stuttgart bis Mannheim, als Großschiffahrtsstraße mit vielen Staustufen verbaut, seine früher beachtliche Strömung gänzlich verloren hat und über seine Wasserqualität nicht gerade positive Nachrichten zu hören sind, verdient er schon wegen der Landschaft unsere Aufmerksamkeit als Wanderfluß. In früheren Jahren gehörte gerade die Strecke bis Heidelberg zum »Pflichtrepertoire« eines Faltbootfahrers. Dank der Bemühungen vieler anliegender Gemeinden um eine bessere Wasserqualität erleben wir eine Renaissance dieser Kanutour durch das viel bietende Tal. Geduldig sägt hier der Fluß einen engen Durchbruch voller Schleifen und Kehren zuerst in den Kalkstein und anschließend in den roten Buntsandstein des Odenwaldes. Unzählige Burgen, Schlösser und interessante Städtchen begleiten seinen Lauf. Am Talausgang wartet die Universitätsstadt Heidelberg mit sehenswerter Schloßanlage und Altstadt.

Unter der hochgetürmten Silhouette von Bad Wimpfen finden wir neben der Straßenbrücke am Ruder-Club-Gelände die ideale Einsetzstelle. Vor dem Start lohnt es sich auf jeden Fall, den Fußgängerpfad zur Stadtmauer hinaufzuwandern, einen Blick von den romanischen Arkaden der Kaiserpfalz zum Fluß hinunter zu werfen, über das Kopfsteinpflaster der engen Gassen zu schlendern und auf den Roten Turm zu steigen, um von hier die Aussicht auf die alte Stauferstadt zu genießen.

Nach dem Einsetzen gleiten unsere Boote leise an der Stadt vorbei. Das Tal ist hier noch breit und

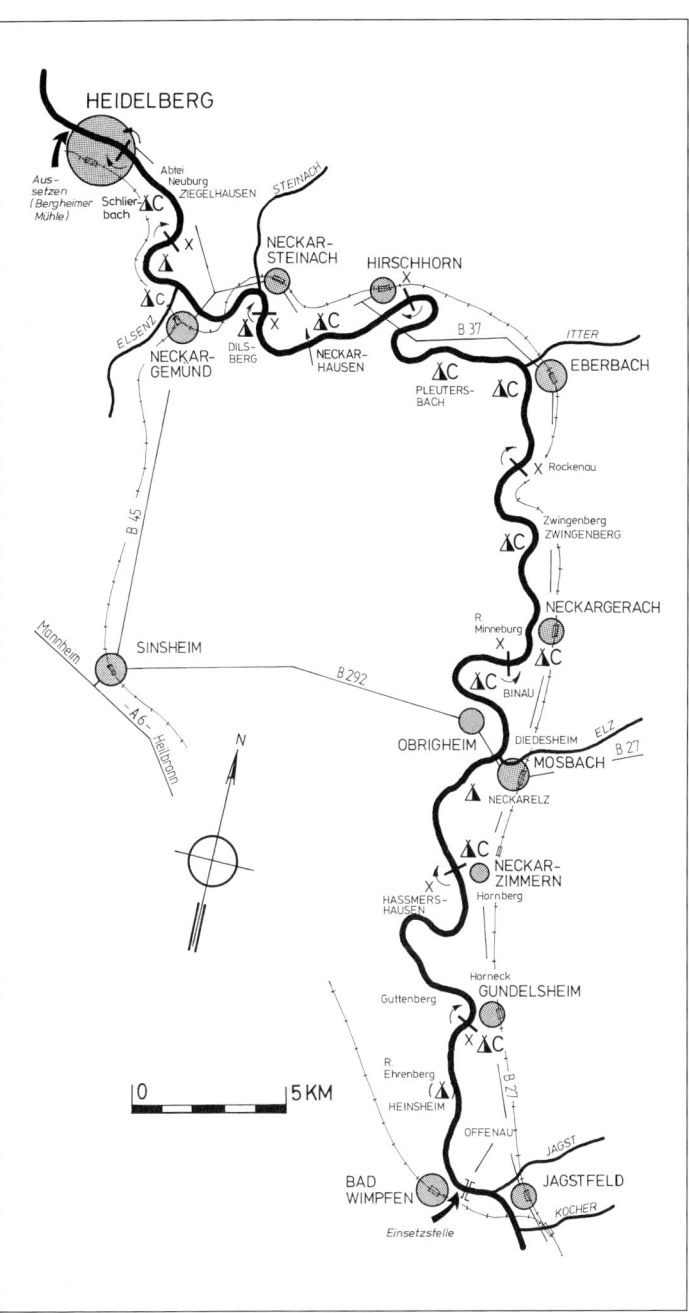

flach, links erspähen wir die Burgruine Ehrenberg. Von weitem leuchtet gelb das Schloß Horneck, die Häuser der Weinstadt Gundelsheim beschützend. Kurz vor der Stadt erwartet uns die erste Staustufe. Links an der Schleuse finden wir die Anlegerampe für den Rollwagen; auf Schienen befördern wir die Boote bis zur Einsetztreppe zum Unterwasser.

An steilen Weinbergterrassen vorbei ziehen wir in die erste Flußschleife, und das Tal wird enger. Am lieblichen Haßmersheim geben wir der kleinen Seilfähre Vorfahrt. Vor uns thront hoch über Steinbach inmitten der Weinbergmauern die efeubewachsene Burg Hornberg, in der Götz von Berlichingen, der »Ritter mit der eisernen Faust«, seinen Lebensabend verbrachte. Noch die Burganlage im Blick, überwinden wir die nächste Staustufe. Nicht weit von hier, im Kalkfels unterm Reichertsberg, liegt die Notburgahöhle, wo nach einer Sage die Tochter des Merowingerkönigs Dagobert als Einsiederlin wohnte.

Nach einer knappen Paddelstunde erreichen wir das auf einem breiten Schwemmkegel der Elz liegende Neckarelz. Rechts erblicken wir das hohe und schmale Templerhaus, eine ehemalige Wasserburg, links Schloß Neuburg. Nach einem weiten Flußbogen taucht vor uns die graue Kuppel des Atomkraftwerks Obrigheim auf, dessen Kühlwasserentnahme und Warmwassereinleitung den ökologischen Haushalt des Flusses kräftig durcheinanderbringt. Wir sind froh, dieses veraltete Ungetüm hinter uns verschwinden zu sehen.

In Binau liegen zwei reizende Campingplätze beidseitig am Fluß; hier können wir auch Rast machen, Anlegestege sind vorhanden. Anschließend wird der Neckar durch das Guttenbacher Wehr gestaut.

Diesmal karren wir rechts um und erreichen bald Neckargerach, wo ein guter Campingplatz zum Übernachten einlädt. Abends schauen wir hinüber zur sagenumwobenen Ruine Minneburg, deren rötlicher Palasgiebel über dem Fluß Wache hält.

Unweit von hier begegnen wir am nächsten Morgen am bewaldeten Hang des Zwerrenberges der größten Graureiherkolonie am Neckar. Wenn wir leise paddeln, sehen wir die großen Vögel, wie sie reihenweise am Flußufer auf ihren Fisch warten. Bald blicken wir auf das mächtige Schloß Zwingenberg, dessen Burgherren im Mittelalter ihre aufwendige Lebensweise durch hohe Wasserzölle finanzierten. Es lohnt, im Dorf Zwingenberg anzulegen und einen Abstecher in die wildromantische Wolfsschlucht zu machen.

An Schiffernest Lindach vorbeipaddelnd erreichen wir das Rokkenauer Wehr und überwinden es links über die Bootsschleppe (an der Schleuse gibt es ein kleines Lebensmittelgeschäft). Nach 4 km empfängt uns die Uferpromenade des Kurorts Eberbach. Vier weit sichtbare Türme begrenzen die schön renovierte Altstadt.

Anschließend wird das Tal einsam, der Fluß wendet sich nach Westen. In der engen Hirschhorner Kehre, die nach der neuen Straßenbrücke beginnt, legen wir links am kleinen Gasthof an. Von hier führt der kürzeste Weg zur ältesten Kirche des Neckartales: der Friedhofskirche St. Nazarius in Ersheim.

Den Staudamm, der die früher so gefährliche Stromschnelle »Spielmannsfurt« unter den Fluten verschwinden ließ, überwinden wir linksufrig. Vor uns liegt eine der schönsten Stadtpanoramen am Neckar – das mittelalterliche Hirschhorn, bewacht von der herrschaftlichen Burganlage. Unterhalb der Stadt befindet sich ein großer Parkplatz mit Bootsrampe zum Anlegen. Nach einem fast geraden Flußabschnitt zwingt der steil abfallende Hang des Dilsberges den Neckar wieder in eine Kehre, und wir kommen in die Vier-Burgen-Stadt Neckarsteinach. Wieder ist eine Bootsschleppe zu bewältigen; am Schiffsgelände oder Campingplatz können wir unsere Kajaks lassen. Ein Aufenthalt, verbunden mit kleinen Wanderungen, ist zu empfehlen; besonders schön ist der Blick von der Feste Dilsberg ins weite Land.

In großen Schleifen fließt der Neckar durch das bewaldete Tal, links an der Elsenzmündung präsentiert sich die schöne Häuserfront der alten Handelsstadt Neckargemünd. Schon routinemäßig überwinden wir die nächste Umtragestelle; rechts ziehen Ziegelhausen und die sehenswerte Abtei Neuburg an uns vorüber. Das letzte Wehr ist noch zu umkarren, dann liegt unser Ziel vor uns – die berühmte Stadt Heidelberg. Links, unterhalb der Stadt, finden wir am Bootshaus des WSV an der Bergheimer Mühle einen guten Anlandeplatz.

Charakter, Tips

Langsam fließender, mehrmals aufgestauter Wanderfluß, ganzjährig (ausgenommen Hochwasserzeiten) ohne Schwierigkeiten mit allen Bootstypen befahrbar. Das landschaftlich sehr eindrucksvolle Neckartal mit vielen am Wasser liegenden Campingplätzen lädt zur gemütlichen Paddelbummelei ein.

Eine Woche ist das Minimum, besser sind 8–10 Tage. Die Wasserqualität läßt zwar noch Wünsche offen, doch die letzten Jahre brachten eine spürbare Besserung, was die vielen Fische beweisen. Selbstverständlich nehmen wir Rücksicht auf die Ruten der zahlreichen Angler. Da der Neckar eine, wenn auch nicht vielbefahrene, Bun-

In Bad Wimpfen beginnen wir die Neckar-Wanderung.

deswasserstraße ist, müssen wir bei einer Kanutour die Vorschriften der Binnenschiffahrtsstraßenordnung beachten. Alle Schleusenanlagen sind mit Bootsrampen und Rollwagen versehen; trotzdem ist ein eigener, zusammenlegbarer Bootswagen zu empfehlen. Geplante Schleusungen bei Gruppenfahrten müssen wir vorher beim Wasser- und Schiffahrtsamt Stuttgart anmelden (Tel. 0711/56 16 56). Pkw-Begleitung ist durchgehend möglich; im Tal verläuft eine vielbefahrene Eisenbahnstrecke, die sich zum Rückholen der abgestellten Autos anbietet.

Zeltmöglichkeiten
Heinsheim; Gundelsheim: Neckarhaus; Neckarzimmern; Neckarelz; Binau-Mörtelstein; Neckargerach; RKC Zwingenberg (bei Fähre); Eberbach-Strandbad; Neckarsteinach; Neckargemünd; Camping Heide DCC; Zeltplatz Stadt Heidelberg (Schlierbach) sowie viele andere Campingplätze am Neckar.

Sehenswertes
Bad Wimpfen: Stadtpfarrkirche St. Maria, Staufische Kaiserpfalz, Ringmauer, Blauer Turm, Steinhausmuseum, malerische Altstadt u. a.
Wimpfen i. Tal: Stiftskirche St. Peter.
Heinsheim: Ruine Burg Ehrenberg.
Gundelsheim: Schloß Horneck, Michaelsberg, Stadtmauer, Fachwerkhäuser; Burg Guttenberg: Falknerei, Holzbibliothek.
Neckarzimmern: Burg Hornberg, Notburgahöhle; Hochhausen: Schloß.
Obrigheim: Schloß Neuburg, Kernkraftwerk; Neckarelz: Templerhaus.
Binau: Ruine Dauchstein.
Neckargerach: Guttenbach: Ruine Minneburg.
Schloß Zwingenberg: Burg Zwingenberg, Wolfsschlucht.
Eberbach: Stadtmauer, Altstadt, St.-Nepomuk-Kirche, Blauer Hut, Rosenturm, Haus Karpfen, Krabbenloch, Burgruine Eberbach, Kurhaus u. a.
Hirschhorn: Burg, Stadtkirche, Altstadt, Ersheimer Kirche.
Neckarsteinach: Hintenburg, Vorderburg, Mittelburg, Burg Schadeck; Dilsberg: Burgruine, Stadtmauer, Bergbrunnen, Kirche.
Neckargemünd: Altstadt, Kirche St. Ulrich, Griechische Weinstube.
Heidelberg: Schloß, Apothekenmuseum, Heidelberger Faß, Steinbrücke, Universität, Jesuitenkolleg, Heilig-Geist-Kirche, Altstadt, Haus zum Riesen, Haus Ritter, Bergfriedhof, Universitätsbibliothek, Stift Neuburg u. a.

Karten, Kanu-Literatur
Generalkarte 1:200 000, Blatt 18; Deutsche Idealkarte 1:100 000, Blatt 23, 24; Wassersport-Wanderkarte 1:550 000, Teil 3.
Kanuführer für Südwestdeutschland; Deutsches Flußwanderbuch; Kanuführer für Württemberg; Broschüre Bootswandern im Neckartal der Gemeinden Eberbach, Hirschhorn u. a.

Auf der Burg Hornberg am Neckar verbrachte Götz von Berlichingen seinen Lebensabend.

Main — 28

Nebenfluß des Rheins

Volkach – Aschaffenburg
230 km
Ferienfahrt

Eines der typischen Mainstädtchen – das liebliche Lengfurt.

Von seinem 524 km langen Weg, den der Main auf vielen Umwegen in ostwestlicher Richtung durch Deutschland zurücklegt, befahren wir bei unserer Ferienfahrt den sehr attraktiven Abschnitt zwischen Volkach und Aschaffenburg. Hier berühren wir, von der langsamen Strömung getragen, die stille Landschaft des Steigerwaldes, besichtigen das bischöfliche Würzburg, durchpaddeln das nördliche Maindreieck und erleben den windungsreichen Durchbruch des Mains zwischen den bewaldeten Hängen des Spessarts und Odenwaldes. In der flachen Ebene bei Aschaffenburg verlassen wir den Fluß, der ab hier geschäftig einer Industrielandschaft zustrebt, um dann gegenüber von Mainz seine Gewässer mit dem Rhein zu vereinigen.

In der Stadt Volkach, die durch Riemenschneiders Rosenkranzmadonna in der nahegelegenen Wallfahrtskirche weltbekannt wurde, finden wir oberhalb der Straßen- und Eisenbahnbrücke am Sportgelände einen Campingplatz; hier kann unsere Tour starten. Kurz nach der Brücke beginnt links flußabwärts der Schiffahrtskanal, der für die Berufsschiffahrt die große Volkacher Mainschleife abschneidet. Wir halten unsere Boote rechts im alten Flußbett, wo uns gleich die erste Bootsschleuse erwartet.

Danach strömt der Fluß noch recht ursprünglich an den alten Weinbergterrassen von Escherndorf vorbei; bei Schwarzenau schließt sich der Kanal wieder dem Fluß an. Nicht weit von hier, in Münster-Schwarzach, liegt die sehenswerte Benediktinerabtei mit einer modernen Kirche. Kurz vor Dettelbach, das noch ganz von der Stadtmauer mit 36 Türmen umschlossen wird, überwinden wir die 6 m Stauhöhe am Wehr rechts mittels Bootsschleuse. An vielen Teichen und Altwassern vorüber erreichen wir Kitzingen, dessen schöner Campingplatz unterhalb der alten Pippinsbrücke zum Übernachten einlädt.

Auf den nächsten Kilometern erwartet uns die Schleuse Kitzingen. Wir machen Pause im mittelalterlichen Sulzfeld und erreichen in Marktbreit den südlichsten Punkt des Mains. Nach der Staustufe winkt uns Frickenhausen zu, und ab Ochsenfurt, dessen viele Baudenkmäler einen Aufenthalt lohnen, fließt der Main nach Nordwesten.

In Sommerhausen legen wir am mächtigen Kastengebäude des Gasthauses »Zum Anker« an, um uns vor einem Besuch im Weinstädtchen noch zu stärken.

Nach der Autobahnbrücke und der Schleuse Randersacker finden wir in Würzburg am linken Mainufer den Zeltplatz des Würzburger Kanu-Clubs, der sich als Basislager für einen Besuch in der geschichtsträchtigen Stadt gut eignet. Ein Tag ist das Minimum, um wenigstens die wichtigsten Baudenkmäler zu besichtigen und ein bißchen vom Flair dieser schönen Stadt zu schnuppern.

Beim Weiterpaddeln Vorsicht an der Schleuse! Wir tragen unsere Boote über die Treppe um oder lassen uns vom Schleusenmeister (größere Gruppen vorher anrufen!) durchschleusen. Es folgt links das Kloster Oberzell und rechts nach der Eisenbahnbrücke der berühmte Schloßpark von Veitshöchheim. Noch zwei Wehre erwarten uns bis zum nächsten Etappenziel Karlstadt, wo wir, neben der vollständig erhaltenen Stadtmauer hinauf zur Burgruine Karlburg blickend, unserer Zelte am Campingplatz aufstellen.

Sanft pendelnd führt uns der Fluß andertags über die Staustufe Harrbach in die Drei-Flüsse-Stadt Gemünden, wo sich die Fränkische Saale mit der Sinn in den Main ergießt. An der Brückeninsel liegt der KC-Zeltplatz, flußaufwärts an der Fränkischen Saale der Städtische Campingplatz.

Der harte Buntsandsteinriegel zwingt den Main zu einer Südkehre, und das Landschaftsbild ändert sich. Die terrassierten Weinberge sind steilen Waldhängen gewichen. Das Tal wird sehr schmal, Straße und Eisenbahnstrecke rücken näher an den Fluß. Nur die sehenswerte Stadt Lohr hat sich des breiten Schwemmkegels des Flüßchens Lohr bemächtigt und hier genügend Platz gefunden.

Nach der Steinbacher und Rothenfelser Schleuse folgt Zimmern. Dort können wir bleiben und am nächsten Morgen die kleinste Stadt Bayerns, Rothenfels, mit der hochliegenden Burg besichtigen. Wieder in den Booten sitzend erreichen wir über Marktheidenfeld die Lengfurter Schleuse; nahebei blickt das Triefensteiner Schloß zum Fluß hinab. Die große, einsame Mainschleife bei Urphar ist am schönsten in der Morgensonne zu durchpaddeln. Nach der Schleusung am Eichelwehr legen wir links an der Taubermündung in Wertheim an. Hoch über der Altstadt thront die zweitgrößte Burg im Lande, und gegenüber in Kreuzwertheim liegt das Schloß der Fürsten von Löwenstein.

Unterhalb der sehenswerten Stadt in westlicher Richtung fließend fräst der Main ein tiefes Tal in das harte Gestein zwischen Spessart und Odenwald, um bei Miltenberg wieder die nördliche Richtung an-

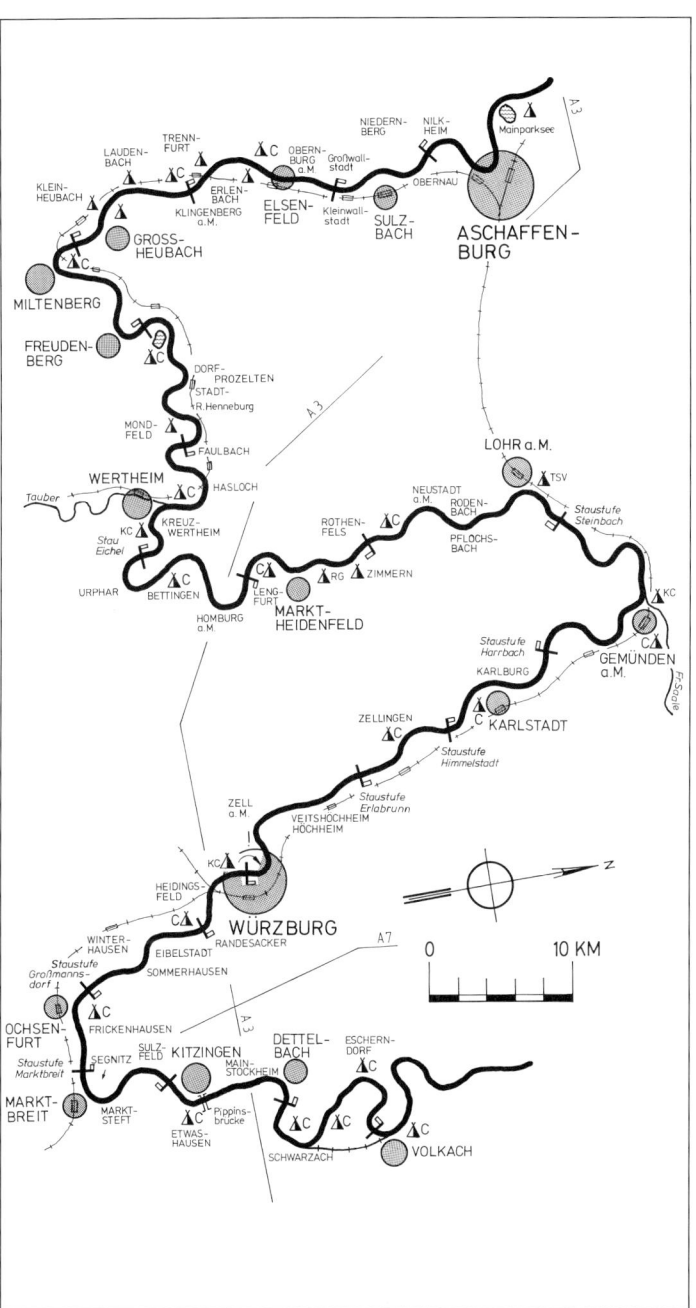

zupeilen. Rote Felswände reichen manchmal bis in den Fluß hinein. Auf einer steil aufragenden Bergnase erhebt sich über Stadtprozelten die mächtige Burgruine Henneburg aus dem 12. Jh.

Nach der Staustufe folgt Freudenberg mit interessanten Fachwerkbauten. Bei Bürgstadt mündet linksufrig die Erf in den Main, und vor uns liegt ein weiterer kultureller Höhepunkt dieser Flußwanderung: Miltenberg mit seinen prachtvollen Fachwerkhäusern und unvergeßlichen Stadtansichten. Einen Tag sollte man sich für die Besichtigung des Ortes und seiner Umgebung schon Zeit lassen.

In sanften Bögen fließt anschließend der Main weiter, vorbei am Franziskanerkloster Engelberg, am fürstlichen Schloß von Kleinheubach und an den Weinorten Klingenberg und Wörth. Das Tal wird allmählich flach und breit. Links treten die Hänge weit zurück, und wir erreichen, nachdem wir zuvor noch zwei Schleusen bewältigt haben, die fürstliche Residenzstadt Aschaffenburg.

Im Schutzhafen unterhalb des repräsentativen Schloßbaus der Johannisburg können wir die Boote abbauen und unsere Mainreise beenden (Parkplätze, Bahnhof in der Nähe). Für einen Aufenthalt wählen wir den Zeltplatz am Mainparksee flußabwärts.

Weinberge begleiten den Flußlauf bei Homburg a. Main.

Charakter, Tips

Mit allen Bootstypen leicht befahrbarer Wanderfluß, der fast strömungslos durch ein landschaftlich außerordentlich schönes Tal fließt. Wegen der vielen Sehenswürdigkeiten sollte man für eine Maintour sehr viel Zeit einplanen und mit Tagesstrecken von maximal 20 bis 25 km rechnen. Obwohl Großschiffahrtsstraße, hält sich der Berufsschiffsverkehr in Grenzen, trotz der Fertigstellung des Main-Donau-Kanals im Jahre 1992. (Achtung: Binnenschiffahrtsordnung, Kennzeichenpflicht für Sportboote!) Alle Wehre auf unserer Wanderstrecke sind mit Bootsschleusen versehen (Schleusung nur bei Tageslicht, gebührenfrei), die aber nicht immer funktionieren. Ein Umkarren mit eigenen Bootswagen ist jederzeit möglich. Maximaler Pegelstand für eine Befahrung – Pegel Steinbach – ist 2,3 m, ab diesem Wasserstand dürfen Schleusen nicht mehr benutzt werden

(Soggefahr auf Wehren!). Pkw-Begleitung durchgehend möglich; gute Bus- und Eisenbahnverbindung erlaubt bei Ferienfahrten das Abholen der abgestellten Autos. Sehr attraktiv ist auch der Main-Radwanderweg.

Sehenswertes

Volkach: Renaissance-Rathaus mit Freitreppe, katholische Pfarrkirche mit Rokokoausstattung, Wallfahrtskirche Maria am Weingarten (Volkacher Madonna von T. Riemenschneider).
Münsterschwarzach: Benediktinerabtei (9. Jh.) mit moderner Kirche.
Dettelbach: Vollständig erhaltene Stadtmauer mit Türmen, Rathaus, Stadttoren.
Kitzingen: Falterturm (Fastnachtsmuseum), Rathaus, Mainbrücke, Reste der Stadtmauer, evangelische Pfarrkirche, Kirche St. Johannes Baptist.
Sulzfeld: Rathaus, Pfarrkirche, mittelalterliches Stadtbild.
Marktbreit: Rathaus, schöner Marktplatz.
Frickenhausen: Stadtmauer, Wasserturm, Valentinuskapelle.
Ochsenfurt: Stadtbefestigung, Wehrtürme, spätgotisches Rathaus, Palatium, Stadtmuseum, Trachtenmuseum, St.-Andreas-Kirche, Michaelskapelle, Mainbrücke.
Sommerhausen: Stadtmauer, Türme, Tore, Torturmtheater, Schloß, schöne Straßenzüge, Weinstadt.
Eibelstadt: Stadtbefestigung, Türme, Werft.
Würzburg: Festung Marienberg, Residenz, Hofgarten, Dom St. Kilian, Wallfahrtskirche Käppele, St.-Burkard-Kirche, Neumünster, Mainbrücke, Alter Kranen, Spital (Glockenspiel), Rathaus, Universität, Kloster Oberzell u. a.
Veitshöchheim: Schloß mit Rokokopark.
Zellingen: Altstadt, Barockkirche (Balth. Neumann),
Karlstadt: Befestigte Stadt, Tore, gotisches Rathaus, Hallenkirche St. Andreas, Burgruine Karlburg.
Gemünden: Ruine Scherenberg, Altstadt, Stadtmauer, Burg Rieneck, Kloster Schönau, Wasserschloß Bergsinn.
Lohr a. Main: Altstadt, Schloß mit Spessartmuseum.
Rothenfels: Burganlage, kleinste Stadt Bayerns.
Wertheim: Wehrtürme, Rathaus, Pfarrkirche mit Kapelle und Grafengrabmal (»Bettlade«), Burgruine, Kilianskapelle, Glasmuseum; Steinbach: Barockschloß und Kirche; Kreuzwertheim: Schloß, Wallfahrtskirche, Marktplatz.
Dorf- und Stadtprozelten: Schifferdorf, mächtige Burgruine Henneburg.
Freudenberg: Burgruine, alte Straßenbilder.
Miltenberg: Viele einmalige Fachwerkhäuser, Marktplatz mit Brunnen, Hauptstraße mit ältestem Gasthaus Deutschlands, Rathaus, Schloß Miltenburg, ehemalige Synagoge, St.-Jakobs-Kirche, Stadtmuseum, Stadttore.
Klein- und Großheubach: Barockschloß mit Park, Kloster und Wallfahrtskirche Engelberg, Schloß in Laudenbach (Porzellansammlung).
Wörth a. Main: Stadtmauer mit Türmen.
Aschaffenburg: Schloß Johannisburg mit Staatsgalerie, Schloßpark Schönbusch (Lustschloß), Stiftskirche mit Kreuzgang, Pompeaneum, Museen u. a.

Zeltmöglichkeiten

Camping Volkach; Escherndorf; Sommerach; Schwarzenau; Mainstockheim; Kitzingen; Ochsenfurt; Randersacker: KC Würzburg; Kanu-Club-Gelände Würzburg; Zellingen; Karlstadt; Gemünden; Lohr a. M.: TSV Zeltplatz; Neustadt; Zimmern; Bettingen; Bestenheid; Mondfeld; Fechenbach; Miltenberg; Großheubach; Röllfeld; Klingenberg; Wörth a. M.; Obernburg a. M.; Aschaffenburg: Mainparksee.

Karten, Kanu-Literatur

Generalkarte 1 : 200 000, Blatt 16; Deutsche Idealkarte 1 : 100 000, Blatt 19, 20, 24; Wassersport-Wanderkarte 1 : 450 000, Teil 3, 4; 3-teiliges Kartenwerk 1 : 50 000, Main mit dem Fahrrad von D. Maacks.
Deutsches Flußwanderbuch; Kanuwanderführer für Bayern.

Fränkische Saale

29
Bad Neustadt – Gemünden
96 km
4–5-Tage-Fahrt

Nebenfluß des Mains

Das doppelstufige Wehr an der Roßmühle.

Irgendwo an der nördlichsten Grenze ihres Reiches fließend war die Fränkische Saale den alten Römern schon vor 2000 Jahren als salzbringender Fluß, die »Sole«, bekannt.

Gespeist von vielen kleinen Seitenbächen, pendelt sie, im Grabfeld entspringend, in unendlichen Mäandern durch die Buntsandsteinplatte des Röhnvorlandes, zieht an Bad Neustadt und dem weltberühmten Bad Kissingen vorbei und mündet bei Gemünden in den Main.

Am Ortsende von Herschfeld, wo die Fränkische Saale als akzeptables Wanderflüßchen mit Kunststoffboten recht gut befahrbar ist, setzen wir an der Brücke zu Bad Neustadt unsere Kanus ins Wasser. Durch viele Schleifen, über fünf Wehre und am romantischen Schloß Aschach vorbei bewältigen wir die Strecke nach Bad Kissingen in zwei Tagen.

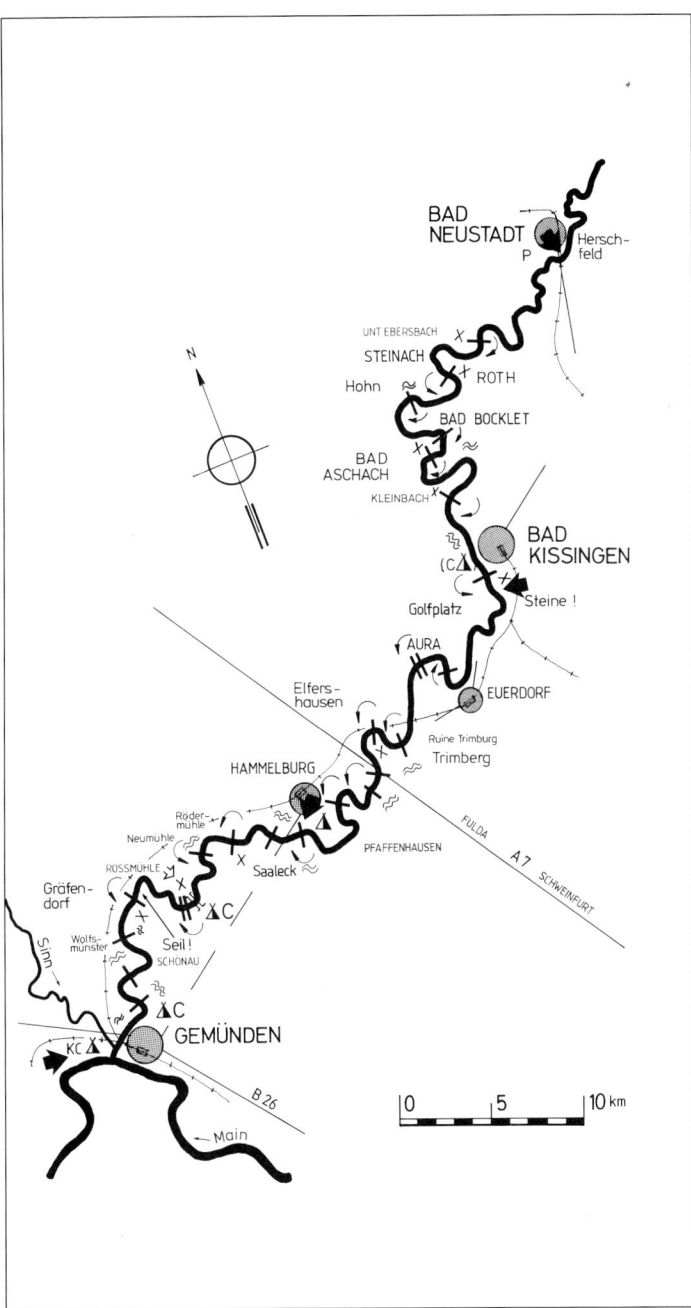

Im Kurpark begegnen wir am Fluß kleinen Ausflugsschiffen. Nach dem Wehr beim Campingplatz können wir auch Faltboote einsetzen. Am weitläufigen Golfplatz entlang zieht uns eine flotte Strömung durch das tief eingeschnittene Tal; Vorsicht auf Felsbrocken, die im Flußbett verstreut liegen! Steile Waldhänge wechseln mit flachen Wiesen, alte Steinbrücken und Klosterruinen grüßen als stumme Zeugen der bewegten Vergangenheit des Landes.

Unterhalb des Doppelwehres bei Aura folgen mehrere befahrbare Schrägwehre; an manchen müssen wir die Kanus herüberziehen. Hoch über dem Flußtal ragt auf einer Muschelkalkzunge die Ruine Trimburg.

Nach wenigen Paddelkilometern landen wir in Hammelburg, der ältesten Weinstadt Frankens. Die zwei folgenden Wehre sind bedingt befahrbar, und bald blickt das durch seine Weingüter bekannte Schloß Saaleck auf den Fluß. Berge treten wieder an die Ufer; inmitten des engen und einsamen Tales liegt die Roßmühle mit ihrem gutbesetzten Campingplatz.

Eine niedrige Pontonbrücke und ein zweistufiges Wehr unterbrechen unsere Fahrt; es wird hier links umgetragen, doch bei Niedrigwasser fast 200 m getreidelt. Danach verschwinden wir im Waldtal und gleiten ruhig mit unseren Booten am idyllisch liegenden Kloster Schönau vorbei. Die letzten Wehre bewältigen wir auch mit dem wendigen Zweier-Canadier, und bald begleiten uns linksufrig die ersten Häuser von Gemünden. Eine günstige Übernachtungsmöglichkeit bietet der an der Flußmündung liegende Zeltplatz des Kanu-Clubs (Einfahrt unter der Stadtbrücke).

Charakter, Tips

Ruhiger, verträumter Wanderfluß mit sauberem Wasser und sandigem Flußbett. Ab Bad Neustadt mit Einern, ab Bad Kissingen mit allen Bootstypen ganzjährig befahrbar; auch für Anfänger geeignet. Wehre mit Einerbooten überwiegend befahrbar, sonst leicht umzutragen. Oberhalb Bad Kissingen etliche Steinbarrieren. Vorsicht am Wehr in Unterebersbach, wegen Sog rechtzeitig links anlanden! Am Walzenwehr vor Bad Kissingen tragen wir die Boote am Wehrhaus vorbei um. Viele sehenswerte Orte am Fluß. Pkw-Begleitung größtenteils möglich.

Zeltmöglichkeiten

Camping Bad Kissingen; Camping Morlesau; Zeltplatz Hammelburg (geplant 1998); Roßmühle; Gemünden, hier auch Kanu-Club-Zeltplatz.

Sehenswertes

Bad Neustadt: Stadtmauer mit Türmen, Rathaus, Burg Salzburg.
Bad Aschach: Schloß mit Museum.
Bad Bocklet: Biedermeierhäuser, Kurpark.
Bad Kissingen: Kurpark, Barockbauten, Regentenbau, Rathaus, Brunnen, Ruine Bodenlaube u. a.
Euerdorf: Alte Brücke, Marktbefestigung, Ruine Trimburg.
Aura: Benediktinerkloster, alte Steinbrücke, Ruine Aura.
Hammelburg: Bürgerhäuser, Rathaus, Schloß Saaleck, Neumühle.
Wolfsmünster: Schloß
Gemünden: Burg Rieneck, Ruine Scherenburg, Altstadt, Stadtmauer, Steinbrücke, Kloster Schönau, Wasserschloß Bergsinn.

Karten, Kanu-Literatur

Generalkarte 1:200 000, Blatt 13; Deutsche Idealkarte 1:100 000, Blatt 19; Wassersport-Wanderkarte 1:550 000, Teil 4.
Kanuwanderführer für Bayern; Deutsches Flußwanderbuch; Kanuführer für Südwestdeutschland.

Rhein
(Mittelrhein)
Nordseestrom

30
Mainz – Koblenz
95 km
4–5-Tage-Fahrt

Links vor uns liegt das malerische Stadtpanorama von Boppard.

Aus dem landschaftlich vielleicht schönsten Teil des Rheins, dem Durchbruch durch das Rheinische Schiefergebirge, wählten wir für unsere Wanderung den knapp 100 km langen Abschnitt von Mainz bis Koblenz. Aus der oberrheinischen Tiefebene kommend, erreicht hier der Rhein bei Bingen ein tief eingeschnittenes, romantisches Tal, umsäumt von steilen, bewaldeten oder felsigen Hängen sowie lieblichen, uralten Weinbergen. Sein schneller Lauf wird von unzähligen Burgen und Ruinen begleitet, und an seinen Ufern liegen Städte mit malerischen Fachwerkhäusern, Wehrmauern, Türmen und alten Klöstern. Einladende Weinstuben und Wirtshäuser locken zum gemütlichen Verweilen. So wie schon in den vorigen Jahrhunderten Marktschiffe den Rhein zwischen Mainz und Koblenz regelmäßig befuhren, so beleben ihn heute viele Frachtschiffe und Personendampfer der Weißen Flotte.

Unsere Wanderfahrt beginnen wir in Mainz, durch dessen Altstadt wir am Vorabend ausgiebig spazierten. An der Treppe beim Campingplatz Maar-Auen, gegenüber den Türmen des Mainzer Doms, setzen wir die Boote ins Wasser. Die überraschend gute Strömung schiebt uns bald unter der Theodor-Heuss-Brücke hindurch, und die in der Ferne liegenden Industrieanlagen kommen rasch näher. An der Insel Petersaue vorbei erreichen wir schnell die Straßenbrücke nach Wiesbaden, zurück bleibt der Campingplatz Mombach.

Rechtsufrig zeigt sich das älteste Städtchen des Rheingaus – Eltville. Die sich vorbeischiebenden Inseln dürfen wir nicht betreten, es sind Naturschutzgebiete. Bei Rüdesheim nähern sich die Weinhänge dem Fluß, und ein Spaziergang zum imposanten Niederwalddenkmal (Germania) belohnt uns mit einer schönen Aussicht ins Rheintal. Nachher können wir uns in der berühmten Drosselgasse an einem guten »Viertele« erfreuen.

Linksufrig mündet in Bingen die Nahe in den Rhein; im Sommer bleibt von ihr nur ein kümmerliches Rinnsal übrig. Der Rhein knickt hier scharf nach Nordwesten ab und drängt in das dunkle Schiefergestein hinein. Inmitten des Flusses steht auf einer Insel der Mäuseturm, der heute als Signalstation der Schiffahrt dient. Das rechte Ufer des früher bei den Rheinschiffern so gefürchteten Binger Lochs, einer felsigen Enge, bewacht die hochragende Ruine der Burg Ehrenfels.

Mit etwas Vorsicht meistern wir die Flußstrecke an dieser engen Stelle und lassen die Boote weiter durch das märchenhafte Rheintal schaukeln. Doch der rege Berufs- und Sportschiffsverkehr verlangt von uns dauernde Aufmerksamkeit. Links schieben sich die Burgen Rheinstein und Sooneck vorbei, und rechts, wo die klare, forellenreiche Wisper ihre Wasser in den Rhein ergießt, liegt Lorch. An der größeren der zwei Lorcher Werthe (Inseln) dürfen wir im Sommer an der Nordspitze Rast machen. Von hier ist es nicht weit nach Bacharach, einer romantischen Kleinstadt am Mittelrhein, die von der Staufenfeste Stahleck beherrscht wird.

Nach einem leichten Linksbogen sehen wir bald einen der Höhepunkte unserer Wanderung, die Inselpfalz Pfalzgrafenstein, die wir links oder auch rechts umfahren können. Links müssen wir bei Niedrigwasser mit steilen Wellen am »Wilden Gefähr« rechnen; auch ist die Fahrrinne hier sehr eng. Nach Oberwesel verengt sich wieder einmal das Flußbett; die Felsengruppe »Die sieben Jungfrauen« (oder auch »Hungersteine« genannt) sorgt für gute Wellenbildung.

Wir halten uns rechts bis nach St. Goarshausen. Dazwischen fällt der steile, sagenumwobene Loreleyfelsen in den Fluß, und unsere kleinen Kanus hüpfen ganz schön in den steilen Wellen der Querströmung. Nach der Burg Katz folgt in Wellmich die Burg Maus, und die Fahrt geht weiter an den »Feindlichen Brüdern«, zwei eng zusammenstehenden Raubritterburgen, vorbei.

Nach Kamp-Bornhofen sehen wir schon die gepflegte, mit seltenen Bäumen begrünte Uferpromenade von Boppard. Nach der Stadt schwingt der Rhein in eine enge Schleife, die von Weinbergen umrahmt wird. Rechts begleitet uns eine Längskribbe »Auf der Schottel«, die einen Schutzhafen einschließt. Hier liegen oft Sportboote, deren Besatzungen an heißen Sommertagen im ruhigen Wasser der Lagune baden und auf den Sandbänken ein Sonnenbad genießen.

Am Ausgang der engen Rheinschleife bewundern wir die Fassaden der alten Fachwerkhäuser der langgezogenen Ortschaft Spay. Über dem Bergkamm ragen drei Schornsteine der Blei- und Silberhütte Braubach auf (man sagt, hier

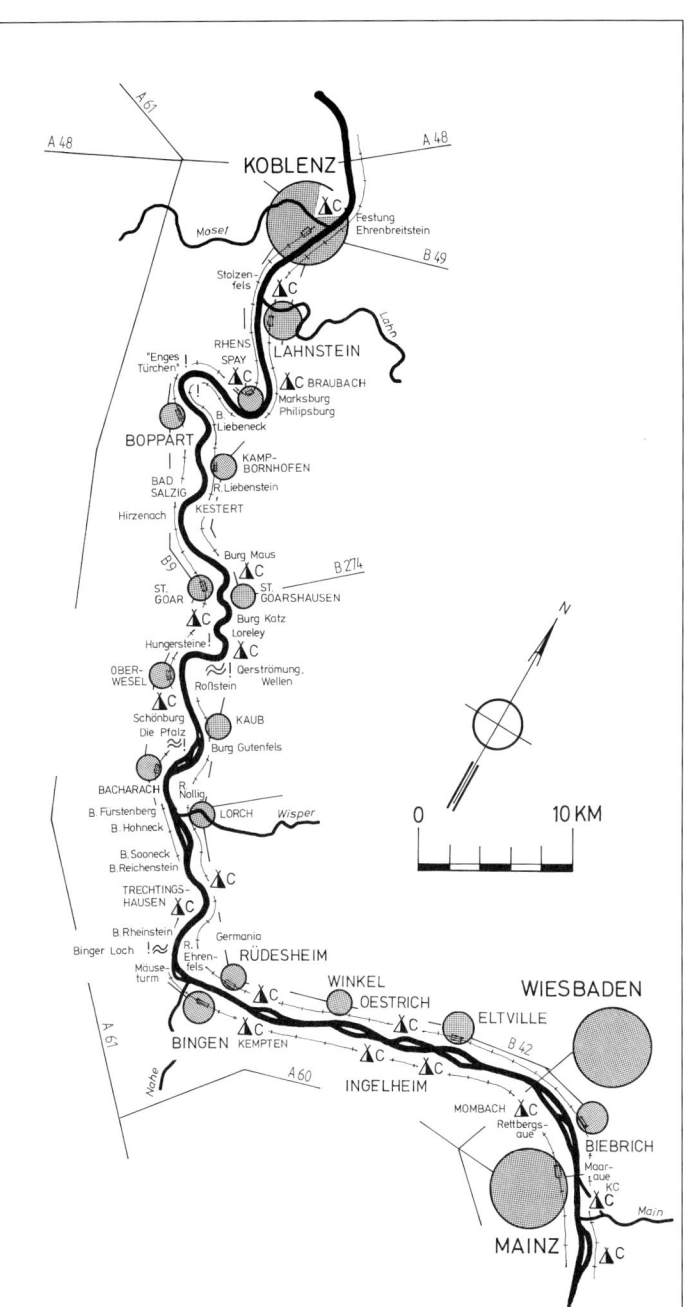

werden die Weinberge beheizt). Rechts nähert sich der steile Felskegel mit der nie eingenommenen Marksburg.

An der Rheinpromenade von Braubach vorbeipaddelnd (bei Niedrigwasser ragen hier ein paar Kribben in den Fluß) erreichen wir Lahnstein. Links leuchtet das ockerfarbene, neugotische Schloß Stolzenfels vom bewaldeten Hang, von rechts mündet die Lahn in den Rhein. Am paddlerfreundlichen Campingplatz »An der Lahnspitze« beenden viele Kanufahrer ihre Wanderung; zum Bahnhof sind es von hier aus knapp 10 Minuten.

Wir paddeln aber noch weiter nach Koblenz, um dort am Städtischen Campingplatz gegenüber vom Deutschen Eck an der Moselmündung unsere Kanuwanderung durch das romantische Rheintal zu beenden.

Wir rasten am Lorcher Werth.

Charakter, Tips
Landschaftlich äußerst reizvolles Flußtal. Die überraschend schnelle Strömung, teils hohe Wellen, Pilze, Wirbel, einfallende Windböen sowie der dichte Schiffsverkehr, Standbagger und Fähren verlangen vom Kanuwanderer Erfahrung und gute Bootsbeherrschung. Anfänger sollten nur bei günstigen Wetter- und Wasserverhältnissen unter Führung von Fortgeschrittenen paddeln. Das Tragen einer Schwimmweste ist zu empfehlen. Das Zelten an manchen der verlockenden Inseln ist untersagt (NSG); es gibt aber genügend paddlerfreundliche Zelt- und Campingplätze. Das Rheinwasser ist zwar noch immer stark belastet, doch wird im Fluß wieder gebadet. Reger Eisenbahn- und Busverkehr ermöglicht ein problemloses Abholen der abgestellten Autos. Am Mittelrhein gilt für Wanderboote eine Kennzeichnungspflicht nach der Rheinschiffahrtspolizeiverordnung.

Zeltmöglichkeiten
Mainz: Camping Maaraue; Mombach; Wiesbaden; Ingelheim-Nord; Geisenheim; Rüdesheim; Trechtingshausen; Oberwesel; St. Goar; St. Goarshausen; Boppard; Braubach; Lahnstein: Lahnspitze; Koblenz: Moselmündung u. a.

Sehenswertes
Mainz: St.-Martins-Dom, Christuskirche, Kirche St. Stephan (Chagall-Fenster), St.-Peters-Kirche, Deutschhaus, Kurfürstliches Schloß (Museum), Rathaus, Marktbrunnen, Eisenturm, Holzturm, Altstadtbild, Zitadelle u. v. a.
Wiesbaden: Kurhaus, Stadtschloß, Altes Rathaus, Schloß Biebrich, Griechische Kapelle u. a.
Eltville: Pfarrkirche St. Peter u. Paul, Bürgerhäuser, Burgruine, Gutenberg-Gedenkstätte.
Geisenheim: Adelssitze: Schloß Schönborn, Leysche Hof, Schloß Johannisberg, Kloster Ederbach u. a.
Rüdesheim: Bröserburg (Museum), Marktplatz, St.-Jakobus-Kirche, Drosselgasse, Niederwalddenkmal (Germania).
Bingen: Burg Klopp (Museum), Stiftskirche St. Martin, Mäuseturm; Bingenbrück: Drususbrücke; Trechtingshausen: Burg Rheinstein.
Lorch: Stadtbefestigung, Ruine Nollig, Wispertal.
Bacharach: Altstadt mit Resten der Stadtbefestigung, Türme, Peterskirche, Staufenfeste Stahleck.
Oberwesel: Ruine Schönburg, St.-Martins-Kirche, Liebfrauenkirche.
Kaub: Burg Gutenfels; Inselpfalz: Pfalzgrafenstein, Blücherdenkmal.
St. Goarshausen: Burg Katz, Burg Maus, Loreleyfelsen, Klosterschenke; St. Goar: Ruine Rheinfels.
Kamp-Bornhofen: Kloster, Burg Sterrenberg, Burg Liebenstein.
Boppard: Uferpromenade, Kurtrierische Burg, Severuskirche, Kloster Marienburg u. a.
Braubach: Marksburg, Philipsburg, Blei- und Silberhütte.
Lahnstein: Burg Lahneck (Festspiele), Folterturm, Kuranlage, St. Johannis-Kirche, Schloß Stolzenfels (überm Rhein).
Koblenz: Alte Burg, Kurfürstliches Schloß; Deutsches Eck, Festung Ehrenbreitsein, Rathaus, Deutschherrenhaus, Liebfrauenkirche, Mittelrheinmuseum, Schängelbrunnen, Balduinsbrücke u. a.

Karten, Kanu-Literatur
Generalkarte 1:200 000, Blatt 12; Deutsche Idealkarte 1:100 000, Blatt 18; Panoramakarte Rheinlauf, Rahmel Verlag Pulheim.
Deutsches Flußwanderbuch;
Kanuführer für Südwestdeutschland.

Mosel

31

Nebenfluß des Rheins

Trier – Koblenz
194 km
Ferienfahrt

Auf einem steilen Bergkegel wacht die Reichsburg Cochem über dem gleichnamigen Städtchen.

Keiner der großen Flüsse in Deutschland hat einen so windungsreichen Lauf wie die Mosel auf ihrem Wege von Trier nach Koblenz. In unzähligen, weit pendelnden Schleifen durchsägt sie das harte, dunkle Gestein des linksrheinischen Schiefergebirges, um sich am Deutschen Eck in Koblenz, knappe 550 km von ihrer Quelle in den Südvogesen entfernt, dem Rhein anzuschließen. Ihre Talhänge, bedeckt von Laubwäldern oder steilen Weinbergen, die schon die Römer hier anlegten, als sie vor mehr als 2000 Jahren die Stadt Augusta Treverorum, das heutige Trier, gründeten, brachten ihr schon damals die Bezeichnung »grünster aller Flüsse« ein. Und tatsächlich ist die Mosel grün, wenn sich bei sonnigem Wetter die dicht bewachsenen Rebenhänge im ruhigen Wasser des heute vielmals gestauten Flusses spiegeln. Im engen Tal blieb nur wenig Platz für die Siedlungen übrig, und so reihen sich die kleinen Orte wie Perlen auf einer

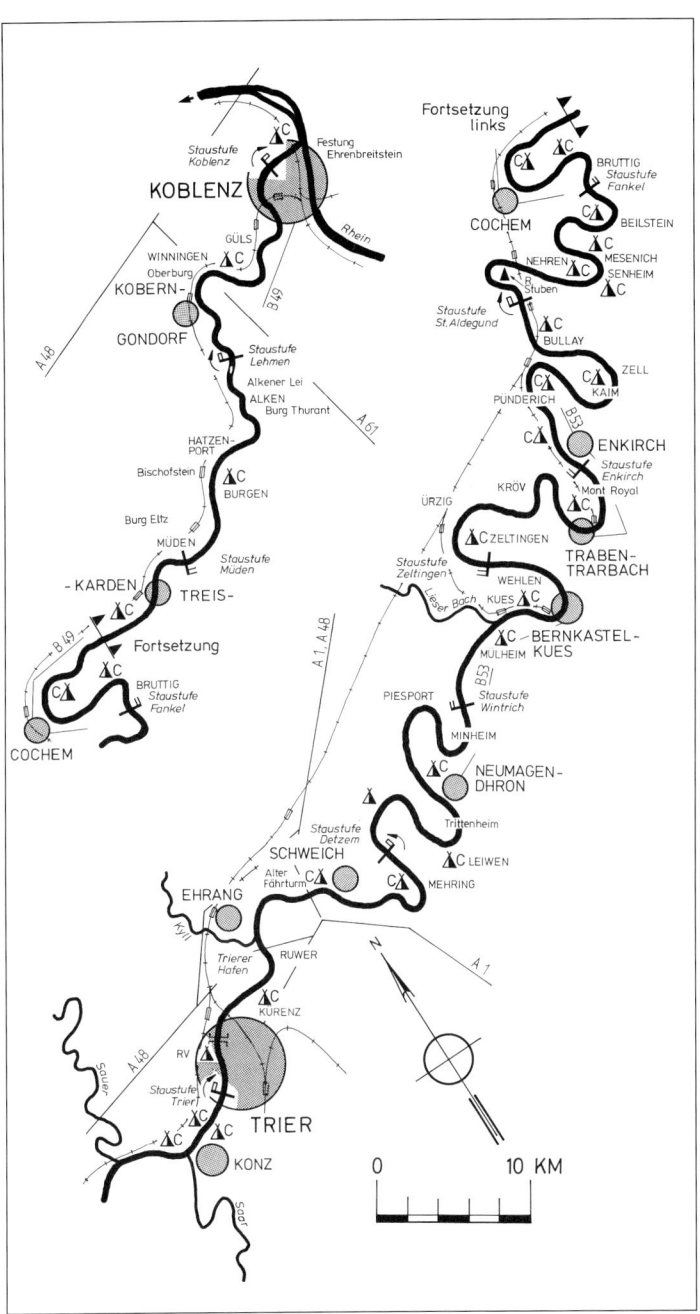

Schnur am Fluß entlang, vielfach bewacht von den dunklen Ruinen ehemals mächtiger Burgen.

Wir beginnen unsere Kanuwanderung, die für Weinkenner in eine »Weinprobefahrt« ausarten kann, in Trier. Am Campingplatz des Rudervereins, oberhalb der alten Römerbrücke, lassen wir unsere Boote ins Wasser hinab. Die Altstadt mit dem prächtigen Dom, der Liebfrauenkirche, der Porta Nigra und den Kaiserthermen haben wir schon am Tag vorher besichtigt, und so lassen wir uns langsam an der Stadt vorbeitreiben. Zuerst durch ein breites Tal und umgeben von lärmenden Schnellstraßen, fließt die Mosel an den Industrieanlagen des Trierer Hafens bei Ehrang vorbei, bis sie am alten Fährturm bei Schweich in die felsigen Weinberghänge eindringt, um in vielen Talmäandern den Rhein zu erreichen. Fast in jeder Ortschaft des Moseltales gibt es etwas zu sehen, und wenn es nicht eine urbanistische Seltenheit ist, dann lockt uns ein Weingut oder ein kleiner Gasthof zur Weinprobe.

Ab der ersten Staustufe in Detzem, die wir über eine Rampe überwinden, brauchen wir bis Bullay unsere Boote nicht mehr aus dem Wasser zu ziehen, es sei denn, wir wollen irgendwo längere Zeit bleiben. Nach Klüsserath sollten wir ganz bestimmt einen Aufenthalt in Neumagen-Dhron einplanen. Der wohl älteste Weinort des Moseltales hat eine reiche historische Vergangenheit, und die vielen guten Kopien des »Steinernen Schatzes« von Neumagen werden uns in Staunen und Entzücken versetzen, wenn wir nicht schon im Trierer Landesmuseum die Originale gesehen haben.

Nach Piesport, Kesten und Lieser weckt unsere Aufmerksamkeit das reizende Bernkastel-Kues mit seinem mittelalterlichen Marktplatz und Michaelisbrunnen, der Burgruine Landshut und nicht zuletzt durch den berühmten Weintropfen »Bernkasteler Doktor«, der schon einen todkranken Trierer Erzbischof zum Leben erweckte.

Ab der Bootsgasse am Zeltinger Wehr achten wir beim Auslauf ins Unterwasser auf die tückische Strömung, die uns ans Land drückt (Kenterungsgefahr!). Im bekannten Weindorf Kröv (dreigiebeliges Fachwerkhaus) sollten wir in der Weinschenke »Götz von Berlichingen« den »Kröver Nacktarsch«, einen wahrhaft vorzüglichen Wein, probieren. In Traben-Trarbach vertreten wir uns etwas die Beine und steigen zur Ruine Grevenburg hinauf, von der sich ein schöner Blick ins Tal öffnet.

Durch enge Flußschleifen am Weindorf Briedel und dem Zeller Residenzschloß vorbeipaddelnd erreichen wir nach Bullay das Stauwehr St. Aldegund, das mit einer Umtragerampe versehen ist. Flußabwärts, im scharfen Rechtsbogen, liegt die Klosterruine Stuben aus dem 12. Jh., Ein wahrer optischer Leckerbissen ist das malerische Städtchen Beilstein mit der mächtigen, dreischiffigen Hallenkirche und der eindrucksvollen Ruine von Burg Metternich.

Doch kaum trennen wir uns von einem landschaftlichen Höhepunkt, schon überbietet das Moseltal alles mit dem Blick auf die Reichsburg Cochem, die beschützend über der kleinen Stadt von ihrem mächtigen Felskegel ins Tal blickt. Am Zeltplatz neben dem Schwimmbad können wir bleiben und abends die Urlaubsstimmung auf der belebten Uferpromenade genießen.

Die Schönheiten und Sehenswürdigkeiten des Tales reißen nicht ab. Nach dem Treiser Wehr (Boots-

Die Moselschleife bei Piesport wird von Weinbergen umrahmt.

gasse), über dem die Burgruinen Treis und Wildburg thronen, wandern wir von Moselkern aus durch das wilde Eltzbachtal zu der eindrucksvollen Burg Eltz, die sich, wie einem Brüder-Grimm-Märchen entsprungen, vor uns auftürmt. In Alken, einem romantisch gelegenen Weinort, finden wir die doppeltürmige Burg Thurant, die Kaiser Otto IV. als Residenz diente. Vor der Schleuse, die leider noch keine Bootsgasse hat, liegt die Insel »Reiherschuß«, ein Vogelschutzgebiet, das wir nicht betreten sollten. Aus dem Weinbrunnen in Kobern fließt zwar kein Wein, doch können wir einen guten Tropfen in Winningen, beim Winzerfest in der letzten Augustwoche, trinken. Danach sollten wir allerdings noch ein wenig am Zeltplatz auf der Insel Ziehfurt bleiben, um mit dem Kajak keine Schlangenlinien durch die Mosel zu ziehen.

Eine halbe Tagesetappe trennt uns dann noch von Koblenz, unserem Wanderziel. Über die Bootsrampe bewältigen wir das letzte Wehr, unterqueren die alte Balduinbrücke und beenden am Campingplatz, gegenüber dem historischen Deutschen Eck, unsere Mosel-Wanderung.

Charakter, Tips

Mit allen Bootstypen ganzjährig (außer Hochwasserzeiten) leicht befahrbarer Wanderfluß (Kennzeichnungspflicht!), der durch 12 Stauwehre auf deutschem Gebiet zu einem fast stromlosen Fluß aufgestaut wurde. Doch das reizvolle, gewundene, tief eingeschnittene, reben- und waldumsäumte Moseltal voller netter Weinorte, Burgruinen und Klöster macht aus der Kanufahrt ein Wandererlebnis. Fast die Hälfte der

Stauanlagen ist mit Umtragerampen versehen, der Rest mit Bootsschleusen oder Bootsgassen, die aber nicht immer funktionieren. Darum ist es notwendig, bei einer Moselfahrt einen Bootswagen mitzuführen. An den Stauwehren steuern wir immer die Flußseite der langen Mole an, welche die Großschiffahrtsschleuse von der Sportschiffahrt trennt. Hier liegen auch die Umtragerampen bzw. die Bootsgassen. An den Bootsgassen drücken wir vom Boot aus den Knopf am Pfahl (vorher Bedienungsanweisung lesen), warten, bis des uns grünes Licht nach Senkung des Gassenverschlusses die Einfahrt freigibt (Freigabe je 30 Sek. für ein Boot), und paddeln in die Gasse hinein. Hier nicht steuern, Paddeln längsseitig anlegen! Im Unterwasser zügig, aber vorsichtig wegpaddeln. Für das Durchfahren der Bootsgassen empfiehlt sich, die Spritzdecken an den Lucken zu schließen. Der Berufsschiffsverkehr ist an der Mosel verhältnismäßig gering, in manchen Orten sind kleine Fähren in Betrieb. An Sonn- und Feiertagen müssen wir mit verstärktem Motorbootverkehr rechnen, insbesondere an den Wasserskistrecken. Die vielen Campingplätze erlauben eine individuelle Etappenaufteilung bei einer Wanderfahrt.

Zeltmöglichkeiten
Camping Trier; Schweich; Mehring; Pölich; Klüsserath; Neumagen; Minheim; Mülheim; Kues; Wehlen; Zeltingen; Ürzig; Wolf; Traben-Trarbach; Pünderich; Bullay; Ediger; Nehren; Messenich; Poltersdorf; Bruttig; Cochem-Cond; Pommern; Treis; Moselkern; Hatzenport; Dieblich; Insel Ziehfurt; Koblenz (an der Mündung) und mehrere kleine Plätze.

Sehenswertes
Trier: Älteste Stadt Deutschlands, Porta Nigra, Basilika, Kaiserthermen, Amphitheater, Dom, Liebfrauenkirche, Benediktinerabtei, Pfarrkirche St. Matthias, Dreifaltigkeitskirche u. a. Kirchen, ehemaliges Kurfürstliches Schloß, Hauptmarkt, Rotes Haus, Rheinisches Landesmuseum u. a.
Neumagen-Dhron: Alter Weinort, Funde aus der Römerzeit (Neumagener Weinschiff); Dhron: Feste des Bischofs Nicetius.
Bernkastel-Kues: Ruine Landshut, Marktplatz mit Fachwerkhäusern, Rathaus (Spitzenhäuschen), Michaelsbrunnen, Pfarrkirche, St.-Nikolaus-Hospital (Cusanus-Stift) u. a.
Traben-Trarbach: Ruine Grevenburg, Festung Mont Royal, Mittelmoselmusem.
Alf: Marienburg, Burg Arras.
Neef: Klosterruine Stuben.
Beilstein: Malerisches Städtchen, Fachwerkhäuser, Rathaus mit Barockportal, Zehnthaus, Hallenkirche, Burgruine Metternich.
Cochem: Reichsburg Cochem, Pfarrkirche St. Marin, Kapuzinerkloster, Marktplatz, Rathaus, Endertor (Torschenke), Moselpromenade.
Treis: Burgruine Treis, Wildburg, Haus Epstein.
Moselkern: Rathaus, Valeriuskirche, Merowingerkreuz, alte Bürgerhäuser, Burg Eltz, Eltzbachtal.
Alken: Doppeltürmige Burg Thurand, Pfarrkirche, Fallertor, Michaelskapelle.
Kobern: Ruine Oberburg, Niederburg, St.-Matthias-Kapelle, Marktplatz mit Weinbrunnen, Fachwerkhäuser.
Koblenz: Deutsches Eck, Deutschherrenhaus, Florianskirche, St.-Kastor-Kirche, Balduinbrücke, Kurfürstliches Residenzschloß, Rathaus (Jesuitenkollegium), Schloß Stolzenfels, Festung Ehrenbreitstein u. a.

Karten, Kanu-Literatur
Generalkarte 1:200 000, Blatt 12, 15; Deutsche Idealkarte 1:100 000, Blatt 17, 18, 22; Wassersport-Wanderkarte 1:550 000, Teil 3. Moselhandbuch (Karten 1:40 000), DSV Verlag Hamburg; Deutsches Flußwanderbuch; Kanuführer für Südwestdeutschland; Merkblatt für Wassersportler – Mosel (1998, WSA Koblenz).

Sauer

32

Nebenfluß der Mosel

Wallendorf – Wasserbilligerbrück
45 km
2–3-Tage-Fahrt

Am letzten der fünf Höckerwehre bei Ralingen tragen wir die Boote um.

Von ihrer Quelle in den belgischen Ardennen fließt die Sauer über Luxemburg durch einsame Wald- und Wiesentäler zur deutschen Grenze. Hier angekommen, nimmt sie in Wallerdorf die saubere Our auf und pendelt in weit ausholenden Schleifen, tief im Buntsandstein eingeschnitten, durch den Deutsch-Luxemburgischen Naturpark. An der mächtigen Klosteranlage von Echternach vorbeifließend und durch die linksufrig einmündende Prüm gestärkt, bricht die Sauer durch den letzten Bergriegel der Eifel und erreicht westlich von Konz die Mosel.

Wer nicht schon mit dem Kanu auf der Our von Vianden angepaddelt kommt oder die Sauer bereits ab Ettelbrück im Luxemburgischen heruntergeschippert, der beginnt die Kanutour am Campinggelände in Wallendorf, wo die Our in die Sauer mündet. Nach wenigen hundert Metern erwartet uns ein Wehr, das wir problemlos rechts durch eine breite Floßgasse durchfahren. Nach dem darauffolgenden Schwall beruhigt sich der Fluß wieder und eine zügige Strömung zieht uns rasch durch die großen Schleifen zwischen bewaldeten Bergrücken. Beidseitig begleiten

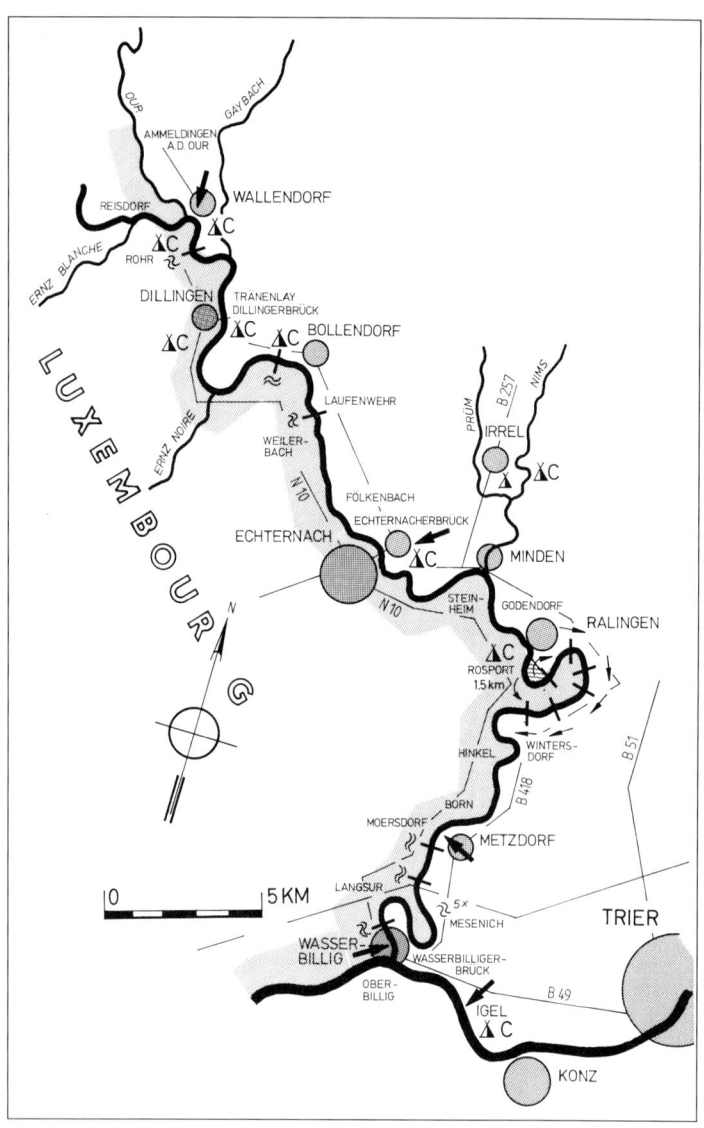

Straßen den Fluß, doch unten am Wasser hört man fast nichts vom hektischen Autoverkehr. An der Steinbrücke von Dillingerbrück steigen wir aus den Booten, um die nahe Tränenlay anzuschauen; über einen Fels mit einer kleinen Grotte rieselt ein feiner Schleierwasserfall herunter. Gegenüber liegt, wie in fast jeder Ortschaft im Sauertal, ein großer, sauberer Campingplatz.

In der Südschleife unterm felsigen Kasselt verengen Steilwände das

158

Flußbett und mancher Felsblock stürzte hier vor vielen Jahren ins Wasser. Links grüßt die Burg von Bollendorf. Die dortige große Greifvogelzuchtstation ist der Öffentlichkeit zugänglich.

Das folgende Laufenwehr umpaddeln wir rechts und sehen bald vor uns die Türme des Echternacher Klosters auftauchen. Nach einer scharfen Rechtskurve leuchtet uns in der späten Nachmittagssonne die alte Sandsteinbrücke entgegen. Links, flußabwärts, bauen wir auf dem schönen Campingplatz in Echternacherbrück unsere Zelte auf. Abends besichtigen wir das über der Zollbrücke in Luxemburg liegende reizvolle Städtchen Echternach.

Mit guter Strömung geht es am nächsten Morgen weiter flußabwärts, lange begleiten uns noch die Klostertürme. In Minden wird die Prüm aufgenommen. Vorbei an der Kirche von Steinheim nähern wir uns dem Stau Rosport vor Ralingen. Hier wurde eine Befahrensregelung vereinbart, um Unfälle mit Motorbooten zu vermeiden. An der 6 m hohen Staumauer legen wir links an der Bootsrampe an und tragen die Kanus um.

Es erwartet uns die stromlose Ralinger Schleife. An den fünf Ausgleichswehren, die für genügend Wasser unterm Kiel sorgen, müssen wir umtragen (treideln über die mittig liegende Fischtreppe). Nach der Schleife kehrt von rechts das vom Kraftwerk abgeleitet Wasser zurück und die Sauer gewinnt wieder an Strömung. Über kleine Schwälle, vorbei an verstreuten Bauernhöfen und kleinen Ortschaften, erreichen wir die Holzbogenbrücke von Metzdorf. Anschließend sorgt das aufgelassene, teils geschleifte Moersdorfer Wehr für eine spritzige und sportliche Passage. In schwindelnder Höhe überspannt die neue Autobahnbrücke das Sauertal. Bald folgt die wunderschöne enge Doppelschleife von Langsur; hier überwinden wir mehrere zerfallene Stufen und zerstörte Wehre. Unsere Wanderung beenden wir schließlich in Wasserbillig rechtsufrig vor der Brücke, oder wir paddeln auf der Mosel weiter nach Konz oder Trier (Schleuse).

Charakter, Tips

Zügig strömender, sportlicher Wanderfluß. In Luxemburg bis spät in den Frühsommer, ab Wallendorf ganzjährig mit allen Kanutypen befahrbar. Mit Faltbooten Vorsicht nach Wehren, Steine im Flußbett! Wasser verhältnismäßig sauber. Pkw-Begleitung möglich. Grenzfluß, Personalausweis mitnehmen! Befahrung in Luxemburg nur auf Antrag möglich (Formulare beim DKV). Befahrensregelung: Abschnitt Wallendorf-Wasserbillig 16. 7.–30. 9. nur Einzelfahrten erlaubt; übrige Zeit frei. Stau Rosport: 1. 5.–14. 6. und 1. 9.–31. 10. Fahrverbot. 1. 11.–30. 4. keine Beschränkung. 15. 6.–31. 8. 22–9 Uhr und 12–17.30 Uhr Durchfahrt erlaubt. Umgehen des Staus mit Bootswagen möglich (ca. 2 km).

Zeltmöglichkeiten

Wallendorf; Dillingen; Bollendorferbrück; Echternacherbrück; Ralingen u. a.

Sehenswertes

Echternach: Romanische Basilika, Klosteranlage, Grab des hl. Willibrordus (Springprozession), gotisches Rathaus
Bollendorf: Burg, Greifvogel-Zuchtstation.

Karten, Kanu-Literatur

Generalkarte 1:200 000, Blatt 15; Deutsche Idealkarte 1:100 000, Blatt 17, 21.
Deutsches Flußwanderbuch;
Kanuführer für Südwestdeutschland.

Kyll

Nebenfluß der Mosel

33
Gerolstein – Kordel
72 km
3-Tage-Fahrt

Im Sommer fließt nur ein kümmerliches Rinnsaal über die Wehrkronen der Kyll.

In einer Nord-Süd-Senke durchfließt die Kyll von ihrer Quelle im Losheimer Wald fast die ganze Eifel, um nach über 140 km bei Ehrang in der Nähe von Trier die Mosel zu erreichen. Für unsere Wanderfahrt wählen wir den wildromantischen, bis weit in den Frühsommer befahrbaren Flußabschnitt zwischen Gerolstein und Kordel, wo sich die Kyll, tief in Buntsandstein- und Muschelkalkschichten eingegraben, in vielen engen Schleifen ihren Weg zur Mosel sucht.

Wildwasserfahrer können im Frühjahr ihre wendigen Einer schon in Jünkerath ins Wasser setzen. Doch wir finden in Gerolstein an der Stadtbrücke der B 410 eine schöne Einsetzstelle (großer Parkplatz). Das talbeherrschende, in

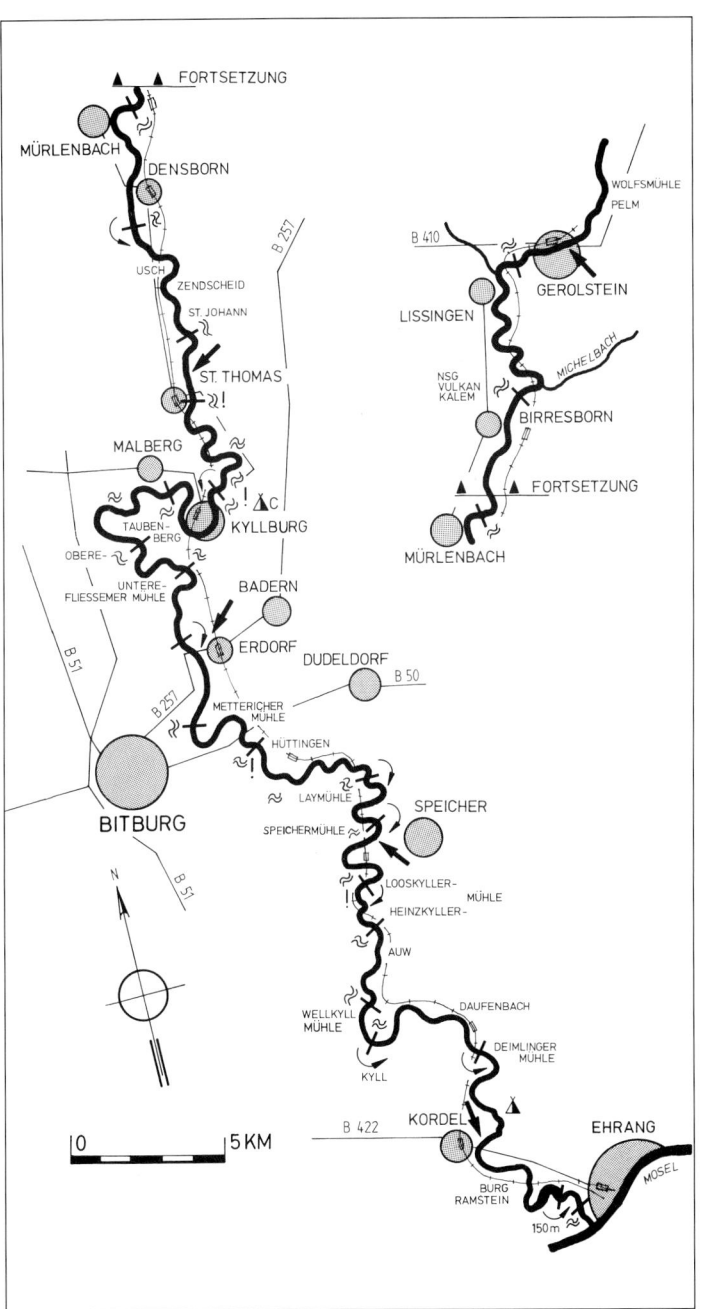

Dolomitfels umgewandelte Korallenriff bleibt rechts hoch über uns zurück, wenn das flotte Flüßchen unsere Boote mitnimmt. Nach wenigen hundert Metern peilen wir die südliche Richtung an, der Sonne und den glitzernden Wellen entgegen.

Vor Lissingen, wo ein malerisches Doppelschloß liegt, taucht das erste schräge Kyllwehr auf. Bei mittlerem Wasserstand ist es wie viele andere mit etwas Können befahrbar, sonst müssen wir umtragen. In der jetzt noch flachen Talsohle pendeln die Boote in zahlreichen Bögen durch die Wiesen. Bevor wir in Birresborn das nächste Wehr erreichen, paddeln wir am erloschenen Vulkan Kalem vorbei. Nach Mürlenbach, wo eine der ältesten Burgen des Rheinlands steht, läuft die Kyll fast gerade mit schneller Strömung dem Wehr bei Densborn entgegen. Hier heißt es umtragen.

In St. Thomas könnten wir rechts neben der Eisenbahnbrücke unweit des Kinderspielplatzes unsere Fahrt beginnen (Einsetzstelle mit begrenzten Zeltmöglichkeiten). Zwischen Wald und Wiesen wechseln ruhige Abschnitte mit längeren Schwallstrecken. Vor Kyllburg wird das Flüßchen in eine enge Fels- und Waldschlucht gezwängt. Uns erwartet eine etwas verblockte und sportliche Strecke, die aber ruhig, unter zwei Brücken hindurch, am Kyllburger Wehr endet. Linksufrig nach dem Wehr liegt direkt am Fluß ein netter Campingplatz. Eine Besichtigung der mittelalterlichen Stadt, die sich auf einer schmalen, an drei Seiten von der Kyll umflossenen Bergzunge angesiedelt hat, ist lohnend.

Am nächsten Morgen hüpfen unsere Boote über kleine Stufen, und rechts nach der Schleife zeigt sich nochmal die kleine Bergstadt. Vor uns taucht hell leuchtend das im 18. Jh. umgebaute Schloß Malberg auf (heute Hotel). Unter dem Schloß bewältigen wir ein schräges Wehr, und anschließend zieht uns die Kyll in eine einsame Waldschlucht. Hier umrunden wir im engen Tal in mehreren Schleifen den Höhenzug des Taubenberges. Die zwei Fließemer Mühlen sind die einzigen Häuser am Fluß. Vor Erdorf erwartet uns noch ein Wehr, und nach der Straßenbrücke finden wir links eine Raststelle unter drei Birken (auch gute Einsetzstelle für eine Tagesfahrt nach Kordel).

Felsufer begleiten uns auf der folgenden Strecke, der Fluß bricht tief in die Muschelkalkschichten ein; rechts der Metericher Mühle rieselt ein Schleierfall herunter. Große Felsblöcke liegen im Flußbett, doch es gibt genug Platz zum Ausweichen. Nach Hüttingen öffnet sich eine breite Talaue, der Fluß beruhigt sich kurz, doch bald verschlingt uns wieder der Wald, und mehrere spritzige Schwälle erfordern unsere Aufmerksamkeit. Hoch auf einem bewaldeten Bergrücken zeigt sich die Stadt Speicher. Vor Wehren folgen längere ruhige Flußabschnitte, bei Niedrigwasser ziehen wir die Boote über die bemoosten Wehrkronen.

Nach Daufenbach, unterhalb der Deimlinger Mühle, überrascht uns noch eine rot-weiße Sandsteinwand, die unseren Fluß in eine scharfe Linkskehre zwingt. In Schwällen hüpfen wir über ein paar schräge Felsrippen, und bald begrüßt uns die Kirche von Kordel. Links vor der Brücke stehen unsere abgestellten Autos, und wir beenden mit einem Abstecher zur Burgruine Ramstein unsere Wanderfahrt.

Charakter, Tips
Wanderflüßchen mit sportlichem Charakter, für dessen Befahrung wir gute Bootsbeherrschung brauchen. Flotte Strömung, der Wechsel von ruhigen Passagen und sportlichen Abschnitten, das saubere Wasser und das reizvolle Tal machen aus der Kyll-Befahrung einen Paddler-Leckerbissen. Überwiegend bis in den Frühsommer machbar, nach Regentagen auch später. Bei Pegelstand Densborn 75 cm setzen wir auch die Kunststoff-Zweier in Gerolstein ins Wasser (Faltboote nicht zu empfehlen). Die Wehre sind bei mittlerem Wasserstand für Einer befahrbar, nur am Steilwehr bei Densborn müssen wir umtragen. Bei Niedrigwasser nach Wehren Treidelstellen. Einsetzstelle an der Stadtbrücke in Gerolstein, für Tagesetappen in St. Thomas, Kyllburg oder Erdorf. An Wochenenden viele Angler. Pkw-Begleitung überwiegend möglich; im Flußtal Eisenbahnstrecke.

Zeltmöglichkeiten
Camping Kyllburg; Camping Kordel; Stadtkyll im Oberlauf.

Sehenswertes
Gerolstein: Altertumsmuseum, Ruine Löwenburg, Dolomitenfelstürme, Höhle Buchenloch, Ruine Gerhardstein, Erlöserkirche, Kasselburg bei Pelm mit Adler- und Wolfspark.
Lissingen: Doppelburg.
Mürlenbach: Burg (eine der ältesten im Rheinland).
St. Thomas: Abtei, Zisterzienserkirche.
Kyllburg: Stiftskirche, Mariensäule, Burgruine, Schloß Malberg u. a.
Bitburg: Schloß, Liebfrauenkriche, Bierbrunnen, Museum.
Auw: Kirche mit Holzschnitzereien.
Kordel: Gotische Kirche, Burgruine Ramstein.
Ehrang: Stadtmauer, römische Göttersteine.

Karten, Kanu-Literatur
Generalkarte 1:200 000, Blatt 12, 15; Deutsche Idealkarte 1:100 000, Blatt 17, 22.
Kleinflußführer Nordrhein-Westfalen; Kanuführer für Südwestdeutschland.

Schloß Malberg, heute ein Hotel, begleitet uns in die Taubenberger Schleifen.

Lahn

Nebenfluß des Rheins

34

Marburg – Lahnstein
177 km
Ferienfahrt

Im Lahntal bei Obernhof.

Es ist sicher nicht übertrieben, die Lahn als einen der schönsten und gleichzeitig kanufreundlichsten Wanderflüsse Deutschlands zu bezeichnen. Einmal aufgrund des reizvollen Landschaftswechsels zwischen breiten Flachbecken, wo der Fluß durch weite Wiesen und Felder zieht, und schönen, langgezogenen Engtalstrecken, in denen

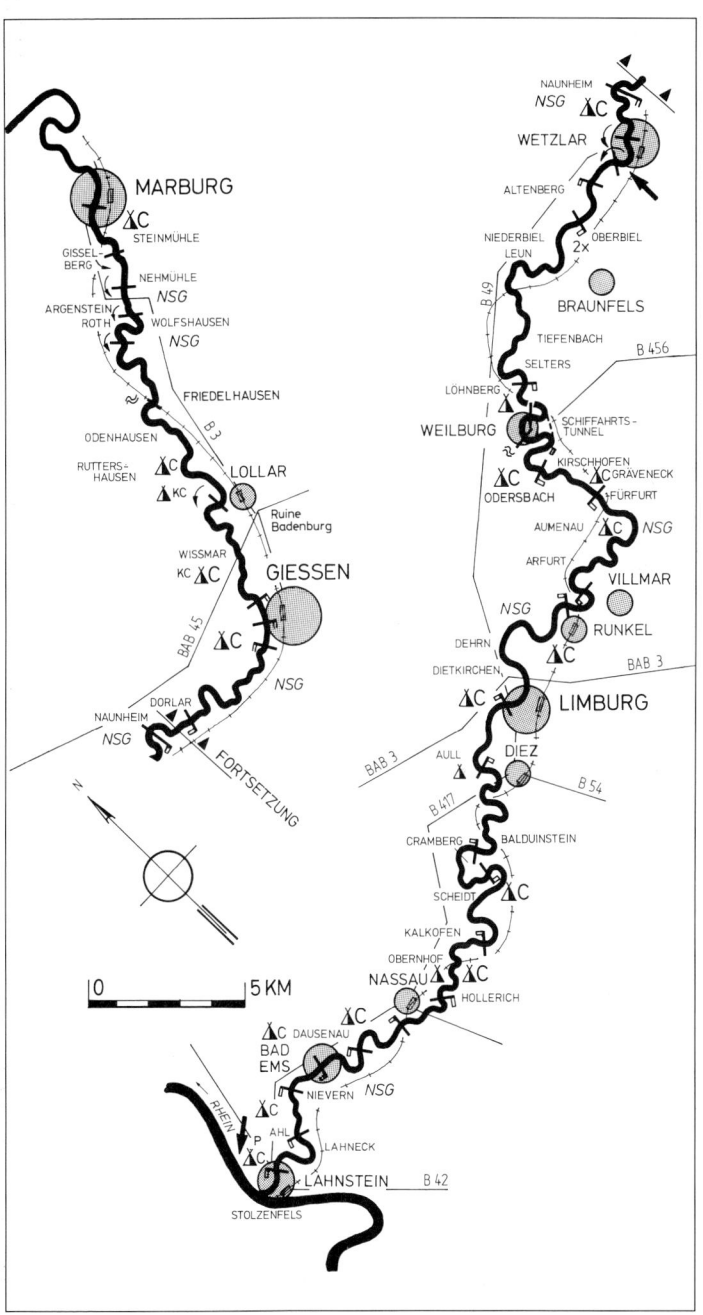

sanft abgerundete oder schroff abfallende, bewaldete Hänge bis an die Ufer reichen. Zum anderen säumen auch unzählige historische Kostbarkeiten die Ufer der fast 250 km langen Lahn, die von ihrer Quelle im südlichen Rothaargebirge, wie eine silbern gewundene Schleife zwischen Westerwald und Taunus fließend, sich auf ihren Weg bis zur Mündung bei Lahnstein in den Rhein sehr viel Zeit läßt. Genausoviel Zeit sollte der Kanufahrer haben, um öfter aus dem Boot zu steigen, kleine Wanderungen zu unternehmen und die vielen alten Orte, Burgen, Schlösser und anderen Zeugen der deutschen Geschichte kennenzulernen.

In der alten Universitätsstadt Marburg finden wir am Campingplatz hinter dem Städtischen Freibad eine günstige Einsetzstelle für den Beginn unserer Wanderung. Eine vorherige Stadtbesichtigung lassen wir uns natürlich nicht entgehen, und nach dem Aufstieg durch die engen, verwinkelten Gassen genießen wir den Rundblick vom Schloß über die Stadt. Kurz darauf sitzen wir in den Kanus und finden bald den gewohnten Paddelrhythmus.

Links naht die Kuppe des Frauenberges mit der mittelalterlichen Burgruine. Am Wehr der Steinmühle tragen wir rechts um, und bei Gießen wiederholen wir viermal diese Übung. Doch dazwischen gibt es immer wieder schöne Strecken mit zügig dahinziehendem Wasser. In Gießen erwarten uns drei Bootsgassen; hier liegt eine weitere günstige Einsetzstelle am Zeltplatz des Ski- und Kanu-Clubs.

In einer Tagesfahrt (Schleuse Dorlar) erreichen wir die ehemalige freie Reichsstadt Wetzlar. Auf dem Städtischen Campingplatz schlagen wir die Zelte auf und besichtigen am Abend den historischen Ortskern mit dem mächtigen Dom am Buttermarkt.

Der nächste Tag bietet eine reizende Fahrt entlang der vorbeiziehenden Stadtkulisse. Es folgen zwei Wehre, beide mit Rollanlagen zum Übersetzen der Boote. Wieder im Unterwasser, paddeln wir Altenberg entgegen. Links auf einem Bergrücken zeigt sich Schloß Braunfels. Der beste Ausgangspunkt für einen Besuch dieses märchenhaft wirkenden Schlosses ist die Anlegestelle am Bahnhof Braunfels.

Anschließend trägt uns die Lahn in weiten Bögen durch das Leuner Becken. Aus dem flachen Becken wird bald ein Tal, dessen bewaldete Hänge hoch über den Fluß aufragen. An Löhnberg vorbei nähern wir uns dem Residenzstädtchen Weilburg, dessen barocke Schloßanlage über einer engen Lahnschleife thront. Mit Erlaubnis befestigen wir die Kanus beim Bootshaus des Weilburger Rudervereins und durchstreifen die herrlichen Gartenterrassen des Schlosses, bestaunen den üppig verzierten Neptunsbrunnen am großen Marktplatz und sind überwältigt von den Ausmaßen der Grafenresidenz.

Noch eine Attraktion hat uns Weilburg zu bieten: einen Schiffstunnel, ca. 200 m lang mit einer Doppelschleuse am Ende. Er erspart uns den Weg durch die Lahnschleife. Doch wer das Städtchen im Boot umrunden will, kann dies tun. Beide Schrägwehre sind ohne Schwierigkeiten rechts umtragbar, in Kunststoffeinern kann man sie auch befahren.

Weiter flußabwärts folgt bis Runkel eine einsame, romantische Waldstrecke. Mehrere Campingplätze beleben mit den farbigen Tupfern ihrer Zelte das Grün der Ufer. Die

Wehre mit ihren Schleusen empfinden wir als willkommene Unterbrechung der Fahrt, um uns die Beine zu vertreten. In Villmar überspannt eine Marmorbrücke den Fluß und linksufrig ragt unverhofft die steile Felswand der Bodensteiner Lei.
Runkel, eine wuchtige Burg mit zwei dunklen Wehrtürmen über der alten, mehrbogigen Steinbrücke, folgt alsbald. Hoch vom Bergkamm rechts gegenüber blickt stolz Schloß Schadeck auf den Fluß. In Dehrn begegnen uns die ersten Motorboote, die Strömung wird deutlich langsamer, und bald blicken wir auf die eindrucksvolle Silhouette der Laurentiuskirche, einer Pfeilerbasilika aus dem 9. Jh., die auf einem Kalkfelsen unmittelbar über der Lahn die Landschaft beherrscht.
Nach einer Flußbiegung überspannt die Autobahnbrücke das Tal, gleichzeitig zeigt sich das bekannte Bild des siebentürmigen Limburger Doms. Rechtsufrig vor dem Wehr legen wir an und bauen unsere Zelte auf dem schön gelegenen Campingplatz auf. Einen gemütlichen Abend in der renovierten Altstadt voller Leben sollten wir

Im Einer am befahrbaren Wehr in Villmar.

uns nicht entgehen lassen und, falls die Zeit reicht, noch einen halben Tag dranhängen, um den prächtigen Dom, die engen Gassen, Marktplätze und Fachwerkhäuser mit ihren reichverzierten Giebeln auch bei Tageslicht zu bewundern.

Das Bild des vieltürmigen Doms über der achtbogigen Steinbrücke begleitet uns noch bis zur ersten Flußschleife. Nach einer Fahrt durch das Limburger Becken, vorbei am barocken Schloß Oranienstein, zeigt sich links die sehenswerte Stadt Diez mit der Schloßanlage und der Stiftskirche. Danach treten Waldhänge wieder näher an die Lahn und wir paddeln fast 20 km einsam durch ein wunderschönes, in mächtige Schieferschichten tief eingesägtes Flußtal. Auch hier wieder ein Juwel in der nicht abreißenden Kette von Sehenswürdigkeiten: Balduinstein und das am Horizont hoch aufragende Schloß Schaumburg.

Nach der Cramberger Schleuse umrundet die Lahn in einer mächtigen Umlaufschleife den gleichnamigen Ort. Es folgt ein sehr enger Rechtsbogen (wegen der schmalen Fahrrinne besonders gut auf Motorbootverkehr aufpassen!). In Laurenburg endet der einsame Flußabschnitt, die B 417 (ab Nassau B 260) begleitet von jetzt an die Lahn bis zur Mündung. Nach den großen Abraumhalden der ehemaligen Silberbergwerke folgt nach wenigen Kilometern das Wehr in Kalkofen.

In Obernhof überraschen uns die ersten Weinberge. Es empfiehlt sich, eine Wanderung zum hoch über dem Fluß liegenden Kloster Arnstein zu unternehmen. Der Schleuse Hollerich folgt Nassau mit seinen Burgen und dem Schloß Stein.

Bald liegt das historische Dausenau malerisch langgezogen am rechten Ufer. Kurz hinter dem nächsten Wehr paddeln wir ins weltberühmte Heilbad Ems ein. Gepflegte Parkanlagen, Kurhäuser und vieles andere reizen uns zum Aufenthalt, der durch zwei Campingplätze erleichtert wird.

Flußabwärts nimmt der Motorbootverkehr zu. In einer Tagesfahrt erreichen wir bequem von Bad Ems aus unser Ziel – Lahnstein. An der Schleuse vor der Stadt ragt drohend über uns Burg Lahneck, und rechts an der Mündung finden wir am Campingplatz im Angesicht des Schlosses Stolzenfels einen geeigneten Abbauplatz für unsere Faltboote.

Charakter, Tips

Durch eine abwechslungsreiche Landschaft gemächlich fließender Ferienwanderfluß, von Marburg bis zur Mündung auf 180 km ganzjährig mit allen Bootstypen leicht befahrbar. Die Lahn ist Bundeswasserstraße. Ab Pegelstand Kalkofen 360 cm ist eine Befahrung untersagt (Tel. 06441/4 22 42). Die relativ vielen Wehre bereiten so gut wie keine Schwierigkeiten. Im Flußabschnitt bis Dorlar überwinden wir sie durch Umtragen oder mit Hilfe von Bootsgassen. Ab Dorlar bis Limburg sind manuell bedienbare Schleusen vorhanden (Zeitaufwand für eine Schleusung ca. 30 Min.). Wer mit Einern oder Kunststoff-Zweiern ohne Gepäck unterwegs ist, kann in diesem Abschnitt an allen Wehren umtragen. Ab Limburg flußabwärts sind die Steilwehre nur noch durch elektrisch bedienbare Schleusen zu überwinden. Die Bedienung erfolgt gebührenfrei; im Sommerhalbjahr werktags 10–18.30 Uhr, Mittagspause

12–12.30 Uhr. Auf Lichtsignale an den Schleusen achten: Rot = besetzt, Grün = freie Fahrt. Der Motorbootverkehr hält sich auf der Lahn in Grenzen, etwas lebhafter wird es im unteren Flußabschnitt an Wochenenden und Feiertagen, hier auch Personenschiffsverkehr. Fast durchgehende Pkw-Begleitung ist möglich; durchs Lahntal führt eine vielbefahrene Eisenbahnstrecke (Abholen der abgestellten Autos). Im NSG Nieverner Wehr ganzjähriges Fahrverbot.
Die vielen Campingplätze ermöglichen eine problemlose Ferienfahrt mit Boot und Zelt.

Zeltmöglichkeiten

Entlang der Lahn gibt es viele Campingplätze, hier die wichtigsten: Marburg: Städtischer Campingplatz, Zeltplatz Marburger Kanufahrer; Ruttershausen; Badenburg: Wiesecker Kanu-Club, Paddel-Club Wißmar; Gießen: Ski- und Kanu-Club; Wetzlar; Biskirchen; Weilburg: Ruderverein; Odersbach; Gräveneck; bei Arfurt: Zeltplatz des Eisenbahner-Sportvereins Limburg; Runkel; Limburg; Diez; bei Balduinstein: Paddlergilde; Rupbach; Laurenburg; Obernhof; Langenau; Dausenau; Bad Ems; Fachbach; Wolfsmühle; Lahnstein.
In den Schleusenbereichen gibt es keine Zeltmöglichkeiten mehr.

Sehenswertes

Marburg: Universitätsstadt, St.-Elisabeth-Kirche, St.-Michaels-Kapelle, spätgotisches Rathaus, Deutschordenssiedlung, Herrenhaus, Komturhaus, Kornhaus, Fachwerkhäuser, Marktbrunnen, Landgrafenschloß, Museen u. v. a.
Bellnhausen: Romanische Kirche.
Gießen: Universität, Brandplatz, Altes Schloß, Neues Schloß, Liebig-Museum, Botanischer Garten, Stiftskirche in Schiffenberg u. a.
Wetzlar: Dom am Buttermarkt, Museum im Lotte-Haus (Goethe), Brunnen, alte Steinbrücke, Burgruine Hermannstein, Jerusalemhaus u. a.
Braunfels: Kleine Bergstadt (ca. 4 km vom Fluß entfernt) mit Schloß der Grafen von Solms-Braunfels, NSG (Urwald).
Löhnberg: Fachwerkhäuser, Schloßruine, Selterssprudelquelle.
Weilburg: Residenzschloß mit Park und Orangerie, barocke Stadt, Rathaus, Marktplatz mit Neptunsbrunnen, Bergbaumuseum, Wildpark, Freilichtmuseum, Schiffstunnel.
Villmar: Lahnbrücke aus Marmor, Bodensteiner Lei (Denkmal König Konrads I.)
Runkel: Wuchtige Burg, Waffenmuseum, Schloß Schadeck.
Dietkirchen: Romanische Lubentiuskirche; Dehrn: Schloß.
Limburg: Siebentürmiger spätromanischer Dom, malerische Altstadt, Schloß, Stadtkirche, Bischofssitz, Steinbrücke u. a.
Diez: Schloß Oranienstein, Diezer Grafenschloß, Stiftskirche, Stadtmauer, in der Nähe Fachinger Brunnen.
Balduinstein: Burgruine, Schloß Schaumburg.
Laurenburg: Burg, 2 km zur Klosterruine Brunnenburg.
Obernhof: Kloster Arnstein mit Klosterkirche, Schloß Langenau.
Nassau: Burgruine, Stammburg Nassau-Oranien, Schloß, Rathaus.
Dausenau: 1000jährige Gerichtseiche, Ringmauer mit Toren, Rathaus, St.-Castor-Kirche, Schiefer Turm.
Bad Ems: Kurhaus, Parkanlagen, warme Quellen.
Lahnstein: Burg Lahneck, Johanniskirche, römischer Burgus, Rathaus mit Weinbrunnen, Wenzelskapelle, gegenüber am Rhein Schloß Stolzenfels u. a.

Karten, Kanu-Literatur

Generalkarte 1:200 000, Blatt 11, 12, 13; Deutsche Idealkarte 1:100 000, Blatt 15, 18; Amtliche Wassersportkarte der Lahn ca. 1:100 000, WSA Koblenz; Wassersport-Wanderkarte 1:550 000, Teil 2, 3.
Deutsches Flußwanderbuch, Kanuführer für Südwestdeutschland; H. W. Meckel, die Lahn; WSA Koblenz, Merkblatt für Wassersportler (1997).

Sieg

Nebenfluß des Rheins

Wissen – Siegburg
65 km
3-Tage-Fahrt

Wie ein Pfeil schießt der schlanke »Eski«-Kajak an der Löwenburg vorbei.

Am Südrand des Rothaargebirges, unweit der Eder- und Lahnquelle, erblickt auch das Flüßchen Sieg das Licht der Welt.
Die Städte Netphen und Siegen durcheilend sägt sie sich in das harte Gestein zwischen dem Bergischen Land und dem Westerwald ein tiefes und vielgewundenes Tal ein, um bei Siegburg die Rheinebene zu erreichen und nördlich von Bonn nach über 130 km Flußlänge in den Rheinstrom zu münden.

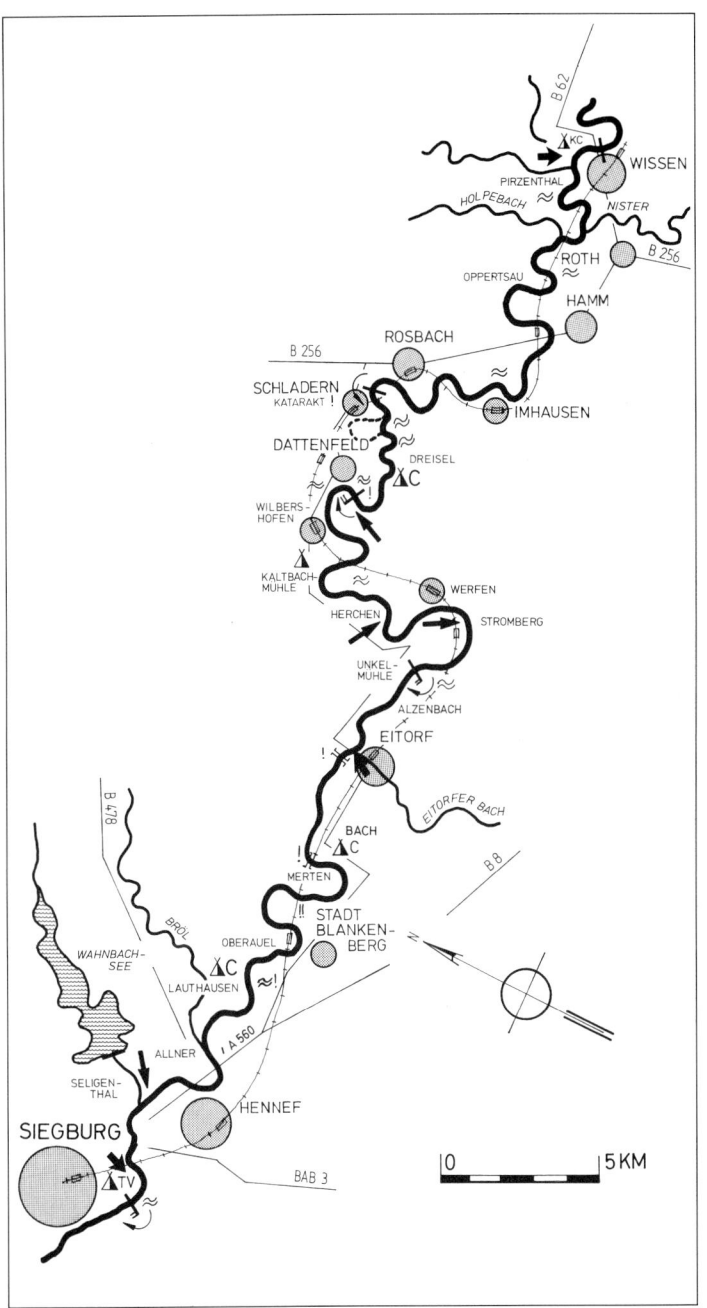

Wie bei allen Mittelgebirgsflüssen ist der Wasserstand der Sieg sehr von der Niederschlagsmenge abhängig, und so können wir den Oberlauf nur im Frühjahr oder nach ergiebigen Regenfällen befahren. Erst ab Wissen ist eine fast ganzjährige Wanderfahrt möglich.

Etwas abseits der Stadt, flußabwärts nach dem Sportplatz, finden wir beim Bootshaus des Wissener Kanu-Clubs eine ideale Einsetzstelle. Bis nach Schladern wartet auf uns eine 17 km lange Strecke ohne Hindernisse. Kaum in den Booten, zieht uns eine flotte Strömung in einer Linksschleife am steilen Prallhang vorüber. Kurz danach mündet linksufrig die nur im Frühling befahrbare, wildbachähnliche Nister, von rechts der Holpebach.

In vollendeten Bögen paddeln wir durch das zwischen steilen Berghängen eingeengte Flußtal, vorbei an versteckten, winzigen Ortschaften wie Opsen oder Imhausen. An der Rosbacher Brücke peilen wir aufmerksam die enge Durchfahrt an. In Schladern stürzt bei gutem Wasserstand der Fluß über eine Stufe aus Basaltfelsen und Rippen tosend mehrere Meter in die Tiefe. Doch im Sommer entzieht eine ortsansässige Firma fast das ganze Wasser in einen Werkskanal, und dann fließt nur ein kläglicher Rinnsal zwischen den dunklen Felsen.

Wir legen hier an der Brücke vor der schönen Parkanlage an und ziehen die Kanus am Bootswagen befestigt auf einem Weg am Aussichtsfelsen vorbei, am Fabrikzaun entlang, ca. 1 km weit zum Waldparkplatz am ehemaligen Gut Schöneck, wo wir wieder einbooten können (bei gutem Wasserstand ist es möglich, schon nach etwa 400 m links in den Bach einzusetzen).

An der Burgruine Windeck entlang, die an einer ehemaligen Flußschleife über dem Tal thront, erreichen wir über mehrere harmlose Stufen und spritzige Schwälle Dattenfeld. Am Schrägwehr erwartet uns eine steile Bootsrutsche. Nach Hoppengarten paddeln wir entlang der Felshänge bei Herchen im kaum 20 m breiten, etwas regulierten Flußbett. Erst nach Stromberg erweitert sich die enge Talsohle.

Das Wehr der Unkelmühle von Alzenbach ist wieder mittels Bootsrutsche befahrbar, und danach werden wir zügig zum Park von Eitorf getrieben. Flußabwärts auf einer felsigen Landzunge liegt über der großen Siegschleife das St.-Agnes-Kloster, heute eine Tagungsstätte.

Ein Schwall unter der nächsten Eisenbahnbrücke leitet einen flotten Abschnitt ein, wo der Hauptstrom zwischen Kiesbänken von einem Ufer zum anderen pendelt. In Stein legen wir links vor der Eisenbahnbrücke an, um nach einer kurzen Wanderung das pittoreske Städtchen Blankenberg zu erreichen, das sich hoch über dem Siegtal neben einer Burgruine aus dem 12. Jh. ausbreitet.

An den Kiesgruben von Dondorf vorbeipaddelnd nähern wir uns der Stadt Hennef, unterqueren die schallgedämmten Autobahnbrücken und wandern hinauf ins Seligenthal zum ältesten Franziskanerkloster Deutschlands.

Durch das flache Tal treiben wir anschließend zum großzügig angelegten DKV-Zeltplatz am Gelände des Ski- und Kanuvereins in Siegburg, wo unsere Fahrt endet. Nach Anfrage sind wir willkommene Gäste und können nach dem Aufbau der Zelte die geschichtsträchtige Stadt in aller Ruhe besichtigen.

Steile Waldhänge fallen bei Schladern bis in das Flußbett der Sieg ab.

Charakter, Tips
Durch ein reizvolles Tal gut strömender Wanderfluß, der fast ganzjährig (außer in sehr trockenen Sommerperioden) mit allen Kanutypen ab Wissen befahrbar ist. Die wenigen Wehre auf der Wanderstrecke sind mit Bootsrutschen ausgestattet; für die bis 1 km lange Umtragestelle in Schladern ist ein Bootswagen empfehlenswert. An den Wehren wurden Schutzzonen ausgewiesen, die nicht betreten oder befahren werden dürfen (Programm »Lachs 2000«).

Zeltmöglichkeiten
Wissen: am Kanu-Club-Gelände (Anfrage); Camping in Dreisel; Kaltenbachmühle; Bach; Lauthausen; Siegburg: DKV-Zeltplatz.
Kein wildes Zelten!

Sehenswertes
Wissen: Schöne Häuserzeilen am Fluß.
Windeck: Burgruine, Heimatmuseum.
Merten: Ehemaliges Kloster St. Agnes, frühromanische Kirche.
Stadt Blankenberg: Burgruine, Fachwerkhäuser, Pfarrkirche St. Katharina, Stadtmauer mit Türmen.
Hennef: Pfarrkirche, Station der Thurn und Taxis Reit- und Fahrpost; Ortsteil Allner: Schloß, Park; Seligental: Ehemaliges Minoritenkloster, Franziskanerkirche, Talsperre.
Siegburg: Benediktinerabtei St. Michael, St.-Servatius-Kirche, Teile der Stadtmauer, Torhaus (Museum), Pranger u. a.

Karten, Kanu-Literatur
Generalkarte 1:200 000, Blatt 10; Deutsche Idealkarte 1:100 000, Blatt 14, 15; Wassersport-Wanderkarte 1:550 000, Teil 2.
Deutsches Flußwanderbuch.

Lenne

Nebenfluß der Ruhr

36

Werdohl – Mündung
45 km
2–3-Tage-Fahrt

Nach der Eisenbahnbrücke bei Knerling vereinigen sich zwei Flußarme.

Die Lenne, neben der Ruhr der wichtigste Fluß des bergigen Sauerlandes, entspringt am Gipfelhang des Kahlen Asten (841 m). Von dort in westlicher Richtung entlang des Rothaargebirges ihren Weg suchend durchbricht sie in vielgewundenem Lauf zwischen Finnentrop und Plettenberg die Kalksteinsedimente der Attendorfer Mulde, um anschließend die alten, im Tal eingeengten Städte Werdohl und Altena in vollkommenen Schleifen zu durcheilen. Bei Letmathe zwängt sich die Lenne entlang der bizarren Felsen des Iserlohner Massenkalkzugs. In Hohenlimburg fließt sie am Schloß des Fürsten Bentheim-Tecklenburg vorbei, um dann im regulierten Flußbett am Fuße der Feste Hohensyburg ihr Wasser mit dem der Ruhr zu vermischen.

Bei gutem Wasserstand im Frühjahr oder nach längeren Regenfällen im Sommer beginnen wir unsere Kanuwanderung in Werdohl, dessen alten Ortskern die Lenne mit einer engen Schleife umschlingt. Am großen Parkplatz am Lenneufer können wir die Autos abstellen. Eine flotte Strömung zieht unsere Boote unter mehreren Brücken hindurch. Das halbrunde Wehr bei der Brücke (B 236) ist je nach Wasserstand mit Einer-Kajaks links befahrbar; man kann auch leicht umtragen. Nach dem beheizten Freibad liegt links bei einer Eisenbahnbrücke eine Raststelle mit Grillplatz. Bis hierher reicht der Stau von Wilhelmstal. Am Wehr müssen wir rechts in den Obergraben paddeln, um über eine Rutsche wieder das Flußbett zu erreichen.

Das nächste Wehr in Dresel ist glatt befahrbar. Schwieriger wird es am Kraftwerk Elverlingsen: Beide Stufen sind unpassierbar, und wir tragen ca. 200 m weit bis unterhalb der Werksbrücke um. Zwischen bewaldeten Hängen zwängen sich Straße, Eisenbahn und Fluß dicht nebeneinander durch das enge Tal.

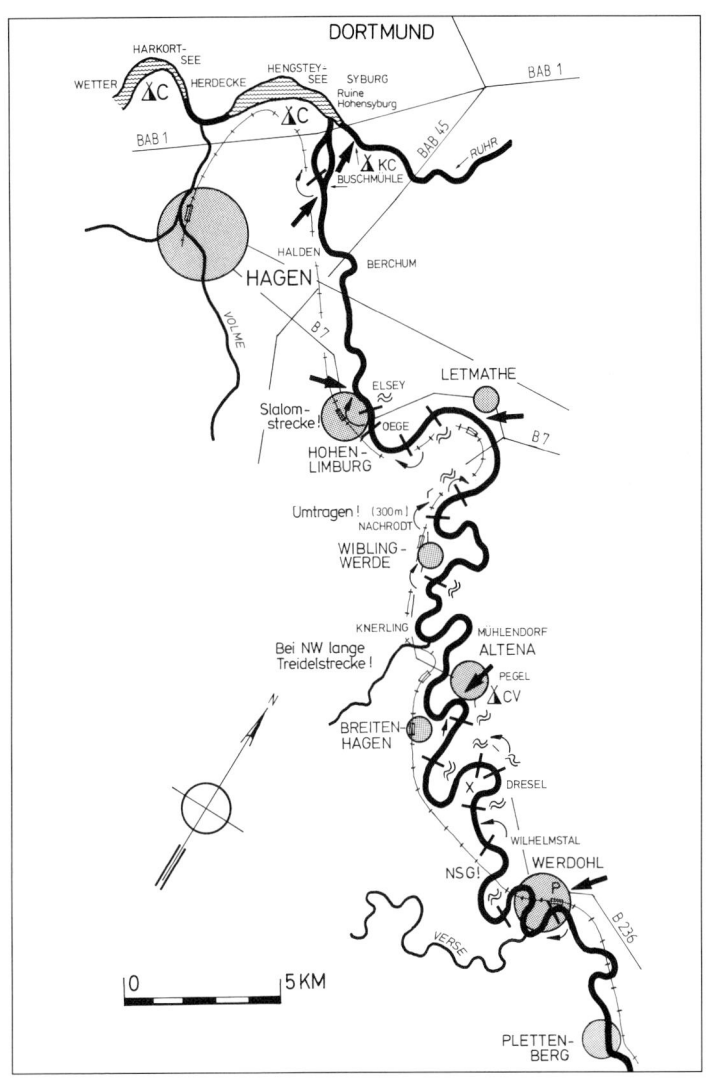

Neben dem Bootshaus der Altenaer Kanuten liegt das nächste Wehr; links umtragen! Eine günstige Einsetzstelle für eine Tagesfahrt nach Hohenlimburg finden wir an der Straßenbrücke, die zum VDM Altena-Werk führt (Parkplatz daneben). Wir sollten einen Tag in Altena bleiben und auch zu dem hoch über dem Fluß thronenden Burgkomplex hinaufwandern (lohnende Museen).

Im begradigten Flußbett paddeln wir später zwischen hohen Ufermauern durch die Stadt, die, eng an den Burghang geschmiegt, kaum Platz zwischen Fluß und Burg gefunden hat. Das nächste Wehr bewältigen wir links. An der Flußteilung tragen wir in den linken Arm um, der sich nach der Eisenbahnbrücke mit dem rechten wieder vereinigt. Ruhige Passagen wechseln mit spritzigen Schwallstrecken, rechts zieht das einladende Waldwirtshaus »An der Obstfuhr« vorbei.

Eine heftige Stromschnelle läßt uns kaum Zeit, die schöne Nachrodter Brücke zu betrachten; es folgt eine Rechtsschleife, und wir legen am Wehr an. Die lange Bootsrutsche ist überwiegend trocken, und so müssen wir, je nach Wasserstand, die Boote ca. 200 bis 300 m weit umtragen. Am nächsten Wehr gleiten die Kajaks über die Fischtreppe ins Unterwasser.

Nach Lethmathe, einem Ortsteil von Iserlohn, begleiten uns bizarre Felsgestalten, anschließend säumen eintönige Fabrikfassaden die Lenne. Das nachfolgende Wehr befahren wir im Knick (lange Schwallzunge), am nächsten tragen wir um, sofern nicht eine Rutsche eingehängt ist. Bald erblicken wir die ersten Häuser von Hohenlimburg. Das Wehr vor der Brücke ist am rechten Brückenjoch passierbar. An der folgenden mittelschweren Kanuslalomstrecke (Olympiazentrum) probieren wir unser Paddelkönnen aus. Anfänger tragen links um.

Im flotten Lauf eilt die Lenne jetzt unter der Autobahnbrücke hindurch und am Industriegelände vorbei zur Ruhr. Am Buschmühlenwehr tragen wir noch einmal um und bleiben im linken Flußarm. Vor uns blickt die dunkle Burgruine Hohensyburg ins Tal. Am Hengsteysee auf der Ruhr endet unsere Lennefahrt. Stromaufwärts liegt rechts das schöne Zeltgelände beim Vereinsheim der Hohenlimburger Kanufahrer, wo wir nach Anmeldung zelten dürfen.

Charakter, Tips
Durch ein bewaldetes, tief eingeschnittenes Tal flott fließender, leicht sportlicher Wanderfluß, ab Werdohl fast ganzjährig befahrbar. Der Oberlauf ist nur bei erhöhtem Wasserstand für Wildwasserfahrer zu empfehlen. Die relativ vielen Wehre können wir teils befahren, teils müssen wir umtragen. Nach der Lenne-Regatta, die meist im Juni stattfindet, bleiben manche Wehre mit Bootsrutschen ausgestattet. Befahrungsbeschränkung am Stau zwischen Werdohl und Wilhelmstal: Erlaubt ist ein zügiges Durchfahren mit 10 m Abstand vom rechten Ufer. Durchgehende Pkw-Begleitung möglich.
In Hohenlimburg Olympiastützpunkt für Kanuslalom.

Zeltmöglichkeiten
Finnentrop: Heggen; Altena: Kanu-Club; an der Lennemündung bei Kabel: Camping auf der Ruhr; Zeltplatz der Hohenlimburger Kanufahrer (Anmeldung; Tel. 02331/1 37 81, ab 18 Uhr).

Sehenswertes
Plettenberg: Christuskirche, Böhler Kapelle, Schloß Brünninghausen.
Altena: Große Burganlage, Kapelle, Märkisches Heimatmuseum, Drahtmuseum, Haus Holtzbrinck, Lutherkirche.
Lethmathe: Dom St. Kilian, Dechenhöhle, Dorfkirche, Heimatmuseum, Herrenhaus Lethmathe.
Hohenlimburg: Schloß mit Brunnen, Heimatmuseum, Stiftskirche in Elsey.
Hagen: Jugendstilbauten, K.-E.-Osthaus-Museum, Freilichtmuseum, Theater.
Hohensyburg: Burgruine, St.-Peters-Kirche, Brunnen.

Karten, Kanu-Literatur
Generalkarte 1:200 000, Blatt 8, 10; Deutsche Idealkarte 1:100 000, Blatt 15. Deutsches Flußwanderbuch; Kleinflußführer für Nordrhein-Westfalen.

Eder

Nebenfluß der Fulda

Frankenberg –
Guntershausen
ca. 100 km
kleine Ferienfahrt

Unter dem Bergfried der Altenburg heben wir unsere Boote über die Wehrkrone.

Im Rothaargebirge, unweit der Quellen von Lahn und Sieg, erblickt auch die Eder, »die Eilige«, das Licht der Welt. Als schmales Bächlein durchflitzt sie Erndtebrück und sammelt, in östlicher Richtung durch ein enges Tag hüpfend, die Gewässer des Wittgensteiner Landes. Nach den Schleifen bei Battenberg wird aus ihr ein ausgewachsener Mittelgebirgsfluß, der, im steinigen Bett eilend, die alte Hessenstadt Frankenberg mit ihrem zehntürmigen Rathaus berührt. Von hier aus fließt die Eder durch ein bewaldetes Tal nordwärts bis nach Herzhausen, um den 26 km langen Eder-Stausee, der sich wie ein enger Fjord zwischen den grünen Kuppen der Ederhöhen windet, zu speisen.

Unterhalb der Staumauern, nicht weit von Bad Wildungen, erreicht der Fluß eine fruchtbare Senke und grüßt die altehrwürdige Domstadt Fritzlar.

In der Waberner Ebene wird bei Altenburg die windungsreiche Schwalm aufgenommen. Vorüber an Felsberg, die landschaftlich schöne Wolfershausener Schleife hinter sich lassend, vereint dann die Eder ihr grünklares Wasser mit den dunklen Fluten der Fulda.

Für eine Wanderfahrt setzen wir unsere Boote bei Frankenberg ein; die beste Stelle befindet sich oberhalb der Nuhnemündung bei der Bahnstation Schreufa. Dabei umgehen wir die lange Treidelstelle, die im Frühsommer durch Ableiten des Flußwassers in Frankenberg entsteht. Das liebliche Tal nimmt uns auf. Linksufrig begleitet uns die Eisenbahnstrecke, rechts schmiegt sich die gut ausgebaute B 252 an den Fluß. Wir paddeln uns ein, und die ersten Schwallstrecken mit lustig spritzenden Wellen machen uns diesen Mittelgebirgsfluß gleich am Anfang sympathisch. Das Wasser ist optisch sauber, und große Forellen flitzen an den Booten vorbei.

Nach 3 km sind wir am Wehr in Viermünden. Ohne Probleme tragen wir links um, rechts ist es auch möglich. Bald begegnen wir einer Reiherkolonie; die Vögel sitzen auf hohen Fichten über dem Fluß. Rechts am Hang lugt aus dem Wald Schloß Hessenstein, heute eine Jugendherberge. An einer Kiesbank vor der Orkenmündung legen wir an – eine Vesperpause ist fällig.

Nach der Schmittlotheimer Brücke drängen noch steile Berghänge noch dichter an die Eder heran, und nach einem Linksbogen zeigt sich Kirchlotheim. Der Fluß beruhigt sich, bis hierher reicht der Rückstau des Edersees.

Vorbei am großen Campinggelände erreichen wir die Herzhausener Brücke. Bei Niedrigwasser erscheint hier eine Stufe, sonst kommen wir gut durch. In vielen Windungen zwischen steilen Waldhängen paddeln wir nun durchs ruhige Wasser des künstlichen Sees. Wie Kulissen ziehen die Landzungen an uns vorüber, Harbshausen, Hohe Fahrt mit Campingplatz und Bootshäusern, Asel Süd und kurz danach das schöne DKV-Heim »Edersee« mit Zeltplatz. An der Halbinsel Scheid vorbei paddeln wir durch den tief eingeschnittenen Seearm nach Nieder-Werbe. Später entfaltet sich der See zu voller Breite. Aus der Bucht beim eleganten Café »Seeblick« unternehmen wir einen lohnenden Spaziergang ins Städtchen Waldeck, um dem gleichnamigen Schloß einen Besuch abzustatten.

Am See-Ende, vor der Sperrmauer, steuern wir links die Anlege- und Umtragestelle an, befestigen den Bootswagen unter dem Kanu und ziehen ihn ca. 1 km weit über die Staumauerstraße. Dann nehmen wir links den zum Ort hinunter führenden Fahrweg und kommen zum Unterwasser. Beim unteren Ausgleichsbecken dürfen wir am linken Ufer entlang paddeln; die Fahrrinne ist nur 5 m breit. Später kommen wir an der langgezogenen Insel des Affolderner Stausees vorbei. Über die Treppen und einen Fahrweg transportieren wir die Boote zu der wieder freigewordenen Eder. Kurz danach steuern wir den schönen Campingplatz in Affoldern an.

Ein leichter Dunst liegt noch über dem Fluß, wenn wir morgens in die Boote steigen und uns von der überraschend guten Strömung davontreiben lassen. Wie eine sattgrüne Wiese sieht streckenweise die Eder aus, doch eine Fahrrinne findet sich zwischen den langen Wasserpflanzen immer. Kurz nach dem Start erspähen wir das zwischen Parkbäumen versteckte Bergheimer Schlößchen.

Die runden Bergrücken treten jetzt weiter zurück, und beidufrig beginnt ein ausgedehntes Naturschutzgebiet, zu dem die Eder selbst gehört. Nach dem Camping in Ungedanken macht sich der Stau des Fritzlarer Wehrs bemerkbar. Hier tragen wir die Boote rechts um. Danach wird der Fluß etwas seicht, doch bald treibt uns ein Schwällchen an mehreren Pferdekoppeln vorüber in eine parkähnliche Landschaft. Den Fritzlarer Dom erspähen wir durch die Bäume hindurch, und vor der alten

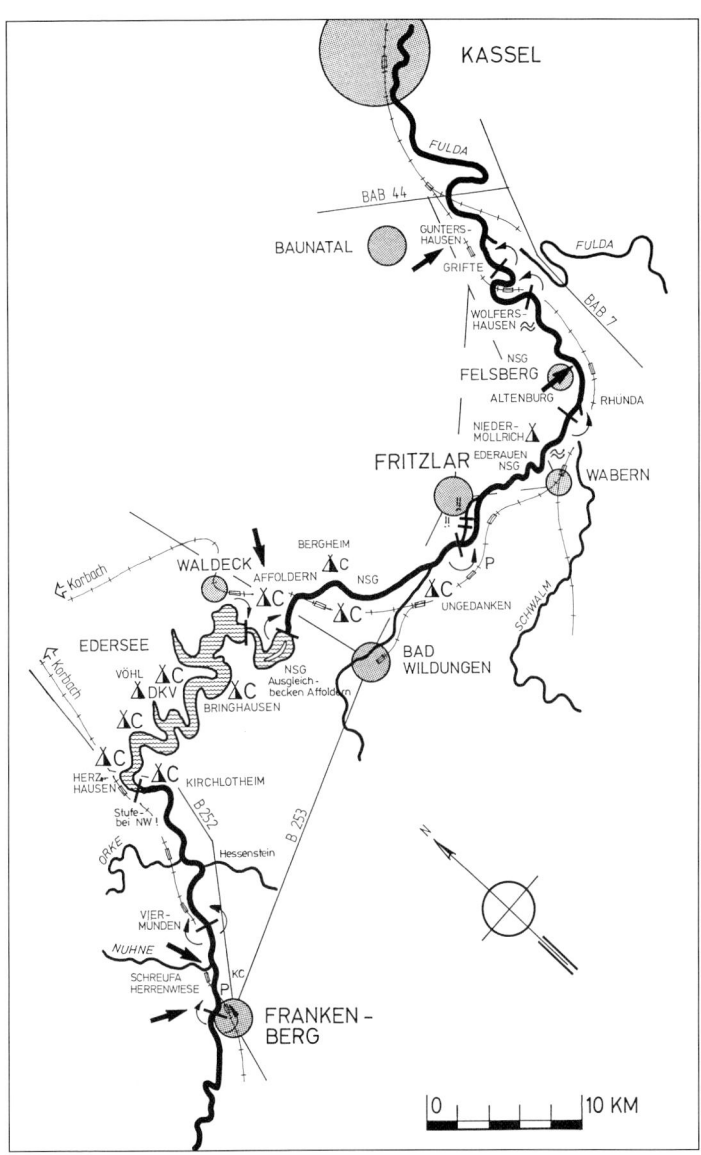

Steinbrücke legen wir an, um der ehemaligen Freien Reichsstadt unsere Referenz zu erweisen.
Nach Fritzlar ändert sich die Landschaft; wir erreichen die Ebene bei Wabern. Riesige Schotter- und Sanddeponien erheben sich an den Ufern, und eine Fabrik verpestet die Luft mit ihrem Gestank. Dann kommen wir nach Niedermöllrich und

können dort beim kanufahrerfreundlichen Gasthaus an der Ederbrücke nach Anfrage zelten.
Am nächsten Morgen erreichen wir Altenburg. Dunkel ragt der schlanke Turm der Burgruine über dem Fluß auf. Heute ist die Ruine in Privatbesitz und leider dem Verfall preisgegeben. 1860 hat man hier mit Sacktuch und Trog noch Gold aus dem Fluß gewaschen.
Am schrägen Wehr unterhalb der Burg lassen wir bei niedrigem Wasserstand unsere Boote über die Krone gleiten. Von rechts mündet die Schwalm, und wir erreichen Felsberg. Von der in Wirklichkeit so eindrucksvollen Burg ist vom Wasser aus nur wenig zu erblicken.

Flußabwärts zeigen sich wieder viele Graureiher; wahrscheinlich kommen sie vom Naturschutzgebiet bei Böddiger. Bald nähert sich ein Bergrücken, dahinter müßte das Fuldatal liegen. Nach einer schönen Flußschleife folgen das langgezogene Schrägwehr, der letzte Schwall bei Haldorf, noch eine Eisenbahnbrücke und schließlich das Wehr in Grifte.
Bald danach gesellt sich fast unbemerkt die Fulda zu uns; ihr dunkles, braunes Wasser mischt sich mit dem klaren Wasser der Eder. Unter der weitgespannten Eisenbahnbrücke hindurchpaddelnd ziehen wir linksufrig auf einer Wiese bei Guntershausen unsere Kanus an Land.

Charakter, Tips
Im Oberlauf typischer Mittelgebirgsfluß, der ab Frankenberg bis in den Frühsommer mit allen Kanutypen auch von weniger geübten Kanuten befahrbar ist (Pegel Frankenberg 50 cm). Sauberes Wasser, flotte Strömung, viele kleine, spritzige Schwallstrecken und die ansprechende Landschaft bieten abwechslungsreiche Fahrt. Unterhalb der Talsperre zügig fließender Wanderfluß, dessen Wasserstand von der Abgabe des Eder-Stausees abhängig ist (Auskunft Tel. 05623/40 11). An allen Wehren kann man leicht umtragen; an den Staumauern ist ein Bootswagen erforderlich. Bei Wassermangel unter dem Fritzlarer Wehr kann man links in den Mühlgraben umtragen; doch hier Vorsicht bei niedrigen Brücken, zwei Wehren (rechts umtragen) und Schwemmgut! Auf dem Eder-Stausee gilt für alle Boote Kennzeichnungspflicht. Auf Sperrzonen (mit Tonnen gekennzeichnet) und Naturschutzgebiete achten! Edersee-Ausgleichsbecken 16. 10.–15. 3. gesperrt; sonst links fahren!

Zeltmöglichkeiten
Camping Herzhausen; Edersee: Hohe Fahrt, Asel Süd, DKV Edersee, Scheid; unterhalb der Staumauer; Affoldern; Bergheim; Ungedanken; Zeltwiese in Niedermöllrich (Gasthaus an der Ederbrücke).

Sehenswertes
Frankenberg: Liebfrauenkirche, zehntürmiges Rathaus mit Markthalle, Kreisheimatmuseum.
Waldeck: Schloß, Stadtkirche.
Bad Wildungen: Stadtkirche, Heimatmuseum, Fachwerkhäuser, Kurpark, Schloß Friedrichstein.
Fritzlar: Dom St. Peter (Krypta, Domschatz), Marktplatz mit Rolandsbrunnen, Rathaus, Hochzeitshaus, Minoritenkirche, Stadtmauer, Grauer Turm.
Felsberg: Mittelalterliche Kleinstadt, Stadtkirche, St.-Jakobs-Kapelle, Burg mit Turm, in der Nähe Altenburg und Burg Heiligenberg.

Karten, Kanu-Literatur
Generalkarte 1 : 200 000, Blatt 11;
Deutsche Idealkarte 1 : 100 000, Blatt 16.
Deutsches Flußwanderbuch;
Kleinflußführer für Nordrhein-Westfalen;
Kanuführer für Südwestdeutschland.

Fulda

38

Quellfluß der Weser

**Bad Hersfeld –
Hann. Münden
118 km
Ferienfahrt**

Nach der Bartenwetzerbrücke in Melsungen.

Fast 180 km legt die Fulda von ihrer Quelle an der Wasserkuppe in der Rhön bis zum Weserstein in Münden zurück. Dabei durchquert sie, in nördlicher Richtung fließend, das geschichtsträchtige Land zwischen Rhön und Vogelsberg und verbindet die Bischofsstadt Fulda mit Bad Hersfeld, dessen romanische Stiftskirche die größte nördlich der Alpen ist. Bei Bebra knickt der Flußlauf nach Nordwesten und eilt an der Residenzstadt Rotenburg vorbei nach Melsungen. Nach der großen Schleife bei Büchenwerra lockern die schroff abfallenden Berghänge ihre enge Umarmung und entlassen die Fulda in die Talweite von Kassel. Etwas nördlicher durchsägt sie die letzten Ausläufer des Kaufunger Waldes, um am Weserstein in Münden durch den berühmten »Kuß« mit der Werra die Weser entstehen zu lassen.

Unsere Wanderung beginnen wir mit der Stadtbesichtigung in Bad Hersfeld. Danach finden wir eine gute Einsetzstelle beim Hersfelder Kanu-Club. Am nahen Wehr tragen wir über ein Treppchen rechts um. Zuerst treibt uns die Fulda im regulierten Flußbett nach Bebra. Das dazwischen liegende Wehr von Mecklar umgehen wir links. An der Haselbachmündung sowie am Rotenburger Campingplatz vorbeipaddelnd steuern wir vor der Stadtbrücke links zur ehemaligen, heute verschütteten Schleuse, um hier die Boote umzutragen.

Nach Rotenburg erwartet uns eine reizvolle Strecke durch das wiesenreiche Fuldatal, das beiderseits von bewaldeten Hängen eingefaßt ist. In Morschen können wir das sehenswerte ehemalige Zisterzienserkloster besichtigen. An der selbstbedienbaren Schleuse tragen wir die leeren Boote über die Schleuseninsel, bei Gepäckfahrt wählen wir lieber das länger dauernde Schleusen.

Das Tal verengt sich, es folgt der Durchbruch von Beiseförth, der mit vielen kleinen Schwällen und Stromschnellen auf uns wartet. Nur das Wehr in Melsungen unterbricht die flotte Fahrt. Vor der Selbstbedienungsschleuse an der sechsbogigen Steinbrücke nisten Schwäne, deshalb im weiten Bogen anfahren!

Nach dem spritzigen Schwall unter der Grebenauer Brücke beginnt die große Fuldaschleife. Hier drängt der langgestreckte Umlaufberg von Büchenwerra den Fluß mehrere Kilometer in südliche Richtung, bis er sich wieder seinen Weg nach Norden zurück erkämpft. Am Auslauf der Guxhagener Schleuse beachten wir bei Niedrigwasser die flachen Stellen, da eine Grundberührung mit dem Faltboot meist nicht ohne Folgen bleibt. Nach der Autobahnbrücke gesellt sich die klare Eder zu uns. Bei Guntershausen (guter Abbauplatz auf Wiese in Bahnhofsnähe) leuchtet am Hang vor uns das Hotel »Felsenkeller«.

Anschließend paddeln wir durch die schöne, ebenmäßige Malerwinkelschleife. Am neuen Mühlenwehr nach der nächsten Autobahnbrücke stehen wir vor der Wahl: entweder links schleusen (Achtung auf Sog!) oder rechts vor dem Wehr an Treppen anlegen und die

An der Einsetzstelle am Wehr in Bad Hersfeld.

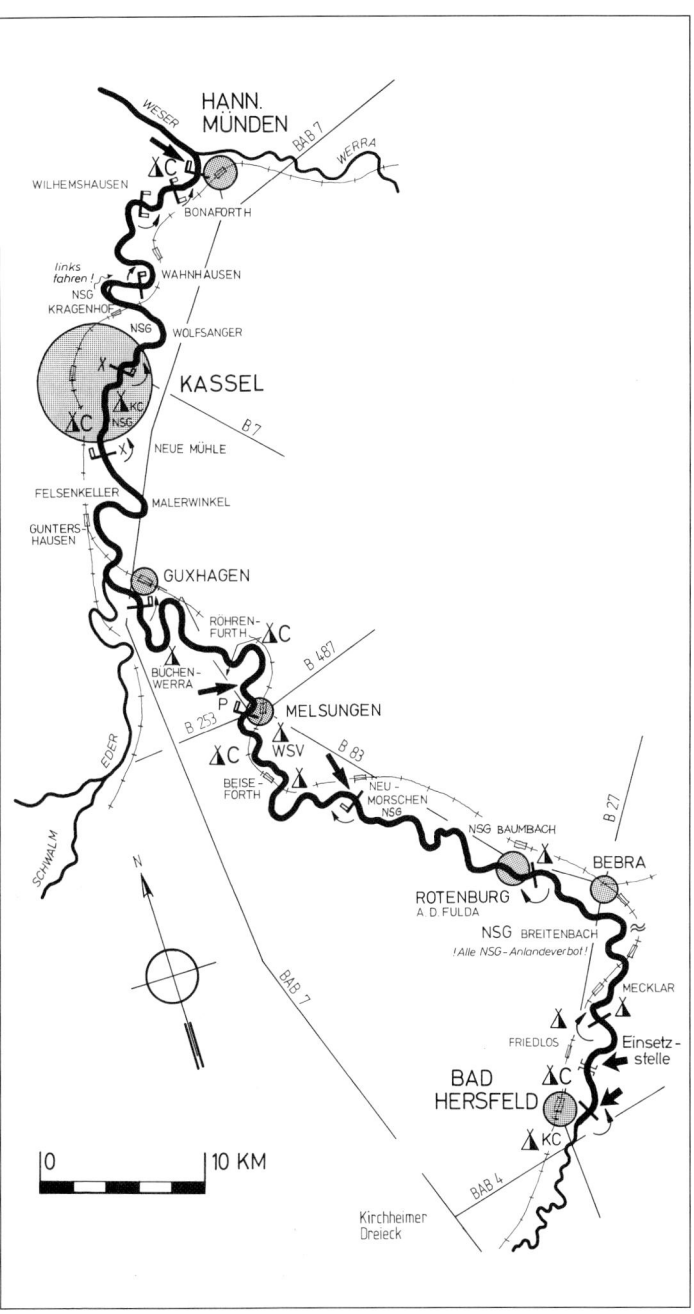

Kanus mit einem Gleiswagen zum Unterwasser befördern. Danach zieht uns die grüne Großstadt Kassel in ihren Bann. Hier gibt es viel zu sehen, und wir nutzen den Städtischen Campingplatz oder einen der vielen Vereinsplätze, um unsere Zelte aufzuschlagen und mindestens einen Tag zu bleiben. Anschließend wird am Walzenwehr geschleust, oder die Kanus werden mit Gleiswagen ins Unterwasser gebracht.

Das wieder verengte Tal überrascht uns mit immer neuen Landschaftsbildern. Ein Teil der folgenden Kragenhofener Schleife steht unter Naturschutz (ganzjähriges Fahrverbot); nur eine Fahrrinne in der Außenkurve ist für Wanderfahrer freigegeben. Die Schleusen von Wahnhausen, Wilhelmshausen (Bootsgasse) und in Bonaforth bereiten uns dagegen keine Schwierigkeiten.

Bald darauf erblicken wir die ersten Häuser der am Zusammenfluß mit der Werra liegenden Stadt Münden. Zum Zelten steuern wir zur Schleuse hinüber und legen am Campingplatz auf der Insel Tanzwerder an. Eine Stadtbesichtigung sollten wir uns nicht entgehen lassen.

Charakter, Tips

Geruhsam fließender Wanderfluß, ab Bad Hersfeld ganzjährig auch mit Faltbooten befahrbar. Landschaftlich sehr eindrucksvolles, tief eingeschnittenes Tal, das sich nur bei Kassel kesselartig erweitert. Ab Mecklar Bundeswasserstraße, nur wenig Schiffsverkehr (Kassel bis Spiekershausen Personenschifffahrt). Alle Wehre unterhalb Rotenburg sind mit Schleusen versehen; flußaufwärts von Kassel sind diese für Selbstbedienung eingerichtet, sonst werden sie vom Personal bedient (Schleusenzeiten 16. 4.–30. 9. bei Tageslicht, gebührenfrei). An Schleusen, die nicht in Betrieb sind, stehen Gleisloren zur Verfügung, die über eine Rampe ins Unterwasser gezogen werden (wieder zum Oberwasser zurückschieben!). Pkw-Begleitung möglich; Eisenbahnstrecke durchs Tal. Viele Zeltplätze ermöglichen ein problemloses Aufteilen der Tagesetappen.

Zeltmöglichkeiten

Bad Hersfeld; Camping im Geistal; Rotenburg; Beiseförth; Obermelsungen; WSV Melsungen; Wagenfurth; Büchenwerra; mehrere Möglichkeiten in Kassel; Hann. Münden.

Sehenswertes

Bad Hersfeld: Stadtmauer mit Wehrturm, Rathaus mit Renaissancefassade, Ruine der Stiftskirche (9. Jh.), Katharinenturm (Lullusglocke), Stadtkirche, Fachwerkhäuser, Dudendenkmal, Kurpark, Schloß Eichhof u. a.
Bebra: Biberbrunnen.
Rotenburg a. d. Fulda: Mittelalterliches Stadtbild, Renaissanceschloß, Rathaus, Stadtkirche St. Jakob, Stadtmauer mit Hexenturm, Gut Elingerrode u. a.
Altmorschen: Zisterzienserkloster Heydau, Fachwerkhäuser, Orangerie.
Melsungen: Altstadt, Landgrafenschloß, Rathaus, Stadtkirche, Marktplatz mit Brunnen, Fuldabrücke (Bartenwetzerbrücke).
Kassel: Stadt der Kirchen, Museen, Galerien und Parks; Brüderkirche, Martinskirche (Grabstätte der Hessischen Landgrafen), Landesmuseum, Tapetenmuseum, Brüder-Grimm-Museum, Ottoneum, Neue Galerie, Murhard-Park, Botanischer Garten, Karlsaue, Wilhelmshöhe mit Schloß und Park, Kaskade u. v. a.
Hann. Münden: Siehe Tour 39

Karten, Kanu-Literatur

Generalkarte 1:200 000, Blatt 11;
Deutsche Idealkarte 1:100 000, Blatt 16.
Deutsches Flußwanderbuch;
Kanuführer für Südwestdeutschland.

Weser

Nordseestrom

Hann. Münden – Minden
203 km
Ferienfahrt

An der altehrwürdigen Abtei Corvey in Höxter ziehen wir auf der Weser vorbei.

Bei ihrer Entstehung durch den Zusammenfluß von Werra und Fulda in Hann. Münden ist die Weser schon ein stattlicher, ausgewachsener Fluß, der mit ruhiger Strömung in vielen Schleifen die landschaftlich reizvollen norddeutschen Mittelgebirgszüge durchquert, an der Porta Westfalica bei Minden die norddeutsche Tiefebene erreicht und nach 430 km Flußlänge bei Bremerhaven von der Nordsee aufgenommen wird. Sehr vielseitig ist die Weser auf ihrem Weg. Fast ohne Hindernisse gemächlich strömend ist sie ein Fluß der Ruhe, gleichzeitig aber auch ein Tummelplatz der Wassersportler, wenn an Wochenenden die verschiedensten Boote ihre Fluten beleben.

Man kann sie auch den »Märchenfluß« nennen: Erinnern wir uns an Doktor Eisenbart, der in Münden lebte, oder an das Märchen vom Dornröschen, dem die im geheimnisvollen Reinhardswald versteckte Sagaburg die Kulisse lieferte. Auch der »Lügenbaron« Freiherr von Münchhausen aus Bodenwerder, der Rattenfänger von Hameln sowie die Bremer Stadtmusikanten dürfen in diesem Zusammenhang nicht vergessen werden.

Die Weser ist auch ein Fluß der deutschen Geschichte. Viele Klöster, die um die Jahrtausendwende an ihren Ufern gebaut wurden, sowie auch mittelalterliche Städte mit gut erhaltenen, reich verzierten Fachwerkhäusern säumen den Fluß und laden uns zum Besuch ein. Doch leider hält die Weser auch einen negativen Rekord: Dank der 1 Mio. t Kalisalze, die ihr jedes Jahr zugeführt werden, ist sie einer der meistbelasteten Flüsse Deutschlands! Trotzdem bleibt eine Kanuferienfahrt ein unvergeßliches Erlebnis.

Wenn wir nicht bereits im Boot auf der Fulda oder Werra ankommen, beginnen wir unsere Wanderfahrt in Münden, oft noch Hannoversch Münden genannt. Am paddlerfreundlichen Campingplatz auf der Flußinsel vor den Toren der Stadt setzen wir unsere Kajaks unterhalb der Schleuse ins Wasser. Vorbei am berühmten Weserstein mit der so oft zitierten Inschrift »Wo Werra sich und Fulda küssen…« führen uns die ersten Paddelschläge in den ruhigen, doch zügig strömenden Weserfluß.

Die ersten 40 km sind mit die reizvollsten, doch die Weser überrascht uns auch weiter flußabwärts immer wieder mit neuen, schönen Landschaftsbildern. Über weite Strecken reichen jetzt die steilen Buntsandsteinhänge des Bramwaldes, des Sollings und des sagenumwobenen Reinhardswaldes rechts und links bis an den Fluß. Zwischen den kleinen Dörfern, die die Weserufer schmücken, verkehrt noch wie in alten Zeiten so manche handbetriebene Fähre.

Gimte, Hilwartshausen und Vaake hinter uns lassend verbringen wir im einladenden Veckerhagener »Brauhaus« eine angenehme Vesperpause. Am anderen Ufer liegt Hemeln. Kurz danach, in einer scharfen Rechtskurve, versteckt sich hoch über dem Fluß im Wald die Ruine Bramburg, von der wir eine prächtige Aussicht ins Wesertal genießen können. Es folgt Gieselwerder, von wo wir eine Wanderung durch den urwaldähnlichen Forst zu unserem Dornröschenschloß, der Sababurg, unternehmen.

Wieder zurück in den Kanus, paddeln wir nach Lippoldsberg und ziehen in einer vollendeten Schleife um den Umlaufberg Kahlberg herum. Das Tal wird sehr eng; eine einsame Strecke – der Solling-Durchbruch – führt uns nach Bad Karlshafen, wo uns rechtsufrig ein großer Campingplatz erwartet. Über eine der wenigen Weserbrücken spazieren wir in die 1699 gegründete Hugenottenstadt, wo sich im alten Hafenbecken die weiß leuchtende Barockfassade des Rathauses spiegelt. Auch ein Aufstieg zum Hugenottenturm lohnt sich; der Ausblick auf die Stadt und ins Wesertal ist sehr schön.

Von links mündet unterhalb der Stadt die Diemel, ein hübsches Wanderflüßchen. Weiter flußabwärts säumt das rechte Ufer eine Felsgalerie – die Hannoverschen Klippen. Das enge Tal öffnet sich, der große Weserbogen liegt vor uns. Hoch über dem Fluß ragen wie riesige antike Amphoren die Kühltürme des stillgelegten Kernkraftwerks Würgassen. Wir paddeln links im Außenbogen vorbei und spüren, daß dieses technische Monstrum nie in die liebliche Weserlandschaft hineingehörte.

In weiten, regelmäßigen Schleifen teilt anschließend die Weser die hellen Kalksteinschichten des Lipper Berglandes vom rötlichen Buntsandstein des Sollings. Bald ragt rechts, gegenüber der Nethemündung, das auf einem Felssporn erbaute Schloß Fürstenberg auf, das seit fast 250 Jahren Sitz einer weltberühmten Porzellanmanufaktur ist.

Nach der nächsten Flußbiegung erblicken wir die Türme der Kilianskirche von Höxter. In der mittelalterlichen Stadt finden wir noch

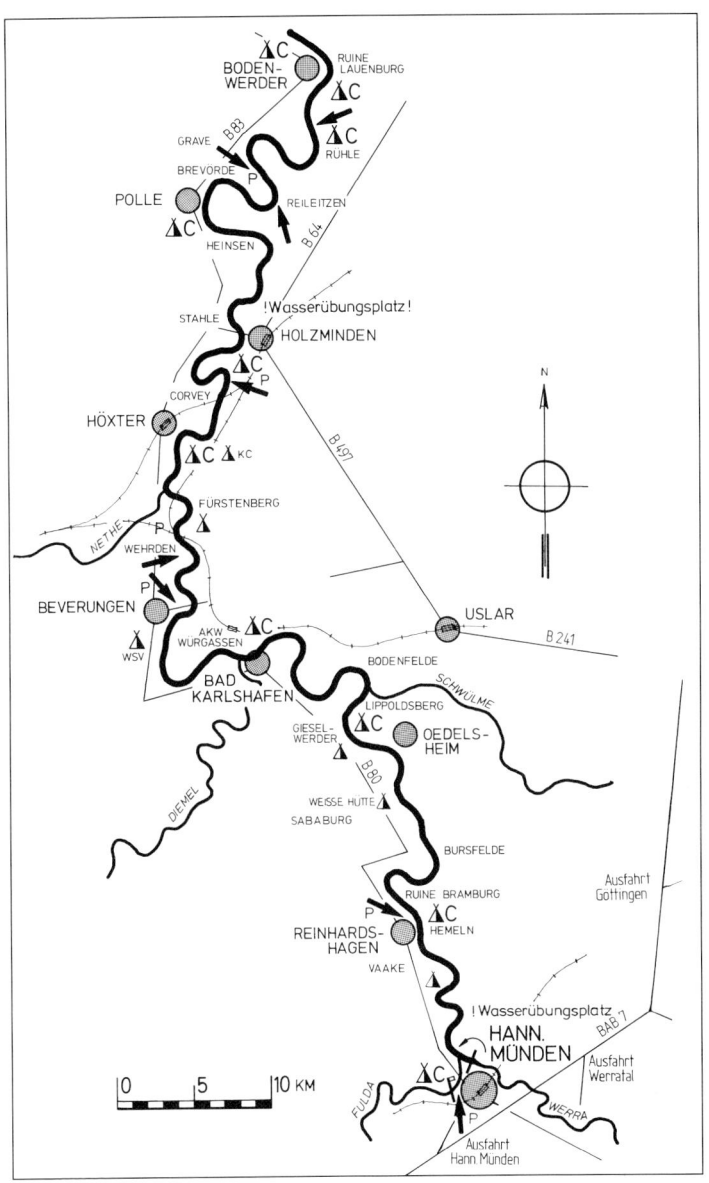

manches Kleinod der Weserbaukunst: reichgeschnitzte, farbige Fachwerkhäuser mit ihren typischen Fächerrosetten, die Dekanai, das Rathaus mit dem wunderschönen Erker. Ein Spaziergang am Weserufer führt uns zur berühmten Benediktinerabtei Cor-

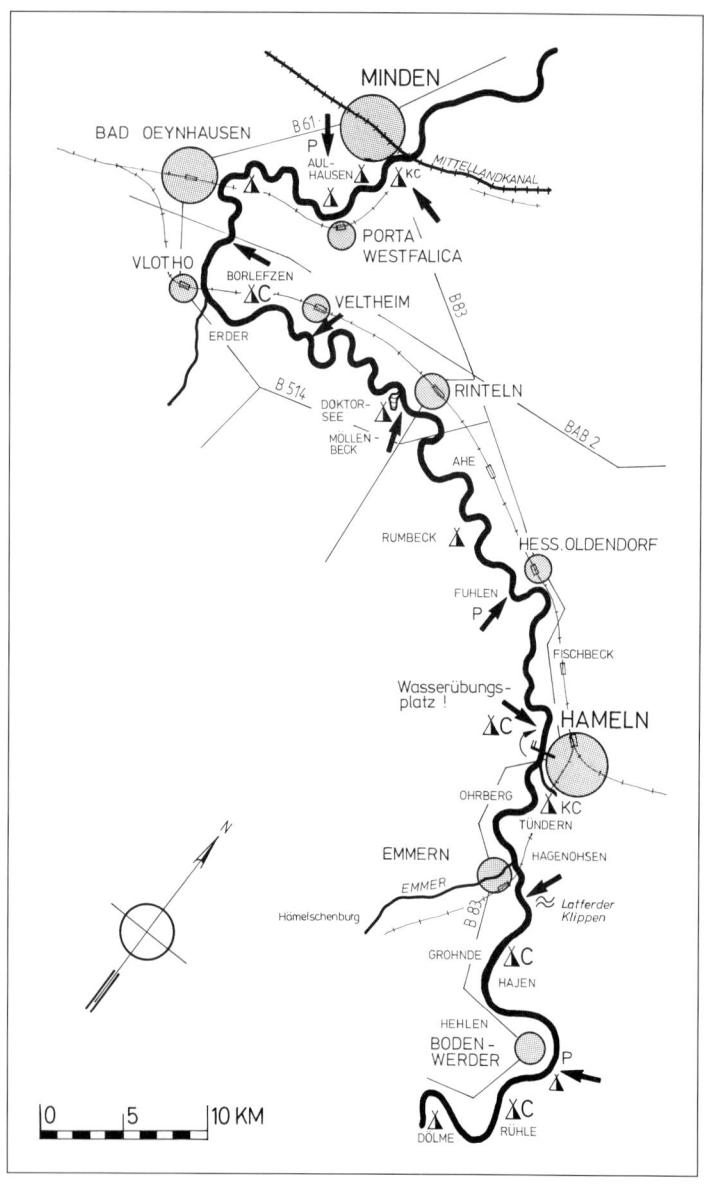

vey. Es lohnt ich, hier eine Tagespause einzuplanen. Auf dem Campingplatz vor der Brücke oder am Zeltgelände des Wassersportver- eins Höxter sind wir sehr gut aufgehoben.

Bei der Weiterfahrt können wir vom Kanu aus die Silhouette der Abtei

Gepäckfahrt auf der Weser mit »Eskis«.

Corvey bewundern, bevor uns die Strömung in eine enge Südschleife hineinzieht. An Holzminden vorbei (Parfümindustrie) pendelt die Weser von einem Prallhang zum anderen, vom Kiekenstein zum Kapenberg, Eckberg und Kollberg, oft nackten Fels freilegend.

Nach dem Städtchen Bodenwerder, in dem der bekannte Geschichtenerzähler Freiherr von Münchhausen lebte, verläßt der Fluß das enge Tal. In großen, sanften Bögen nähern wir uns dem zweiten Kernkraftwerk an der oberen Weser, Grohnde, das klotzig und steril in der Landschaft steht. Flott strömt die Weser über die Latferder Klippen, als möchte sie die Begegnung mit dem Atomzeitalter schnell hinter sich bringen.

Doch beim Dorf Emmern verlangsamt sich die Strömung, der Rückstau des Hamelner Wehres macht sich bemerkbar. Von hier aus ist es nicht weit ins Emmertal, zum Schloß Hämelschenburg, einem Juwel der Weserrenaissance.

Im ruhigen Wasser erreichen wir dann langsam das Hafengebiet von Hameln und können rechts vor der Eisenbahnbrücke beim Kanu-Club Hameln anlanden. Bei einer Weiterfahrt steuern wir nach der Brücke halb links zur großen Schiffsschleuse und an ihr rechts vorbei zur automatischen Bootsgasse (Druckschalterbedienung). Wenn diese nicht in Betrieb ist, tragen wir um.

Beim Durchfahren von Hameln achten wir auf den Schiffsverkehr. Links nach den Straßenbrücken liegt der Campingplatz. Hier schlagen wir unser Zelt auf, um der Metropole der Oberweser einen Besuch abzustatten. Wir werden nicht enttäuscht sein; diese lebendige und doch so historisch wirkende Stadt zieht uns sofort in ihren Bann. Häuserreihen mit formenreichen, bunten Fachwerkfassaden versetzen unsere Phantasie in die Zeit der Rattenfänger-Sage, als Hameln eine reiche, bedeutende Hansestadt war. Voller Eindrücke kriechen wir spätabends in unsere Schlafsäcke und hören vielleicht noch im Traum das Flötenspiel des Rattenfängers.

Am nächsten Morgen trägt uns die Weser weiter flußabwärts. Rechts beherrschen die Süntelhöhen den Horizont, links begrenzt das Massiv des Rumbecker Berges das breite Tal. Mehrere Kieswerke säumen den Flußlauf, und es folgen viele einsame Flußkilometer, bis wir die nächste Stadt erreichen: Rinteln. Es begrüßt uns mit dem markanten, mehrstöckigen Turm der Nikolaikirche und schönen Fachwerkhäusern. Erstaunt stellen wir fest, daß diese kleine Stadt schon vor mehr als 350 Jahren eine Universität besaß.

Der Motorbootverkehr auf dem Fluß wird immer dichter. Bei Erder und auf anderen ausgewiesenen Strecken müssen wir auf vorbeiflitzende Wasserskifahrer achten. Jetzt beginnt die letzte »Engtalstrecke«, und die Weser zeigt noch einmal ihre schönen Seiten. Als nehme sie Anlauf, läßt sie sich weit nach Westen abdrängen und ändert ihre Richtung erst im großen Bogen bei Vlotho und Bad Oeynhausen.

Von hier ist es nicht mehr weit zum letzten Höhepunkt unserer Weserfahrt, zur »Porta Westfalica«, dem Weserdurchbruch zwischen dem Wiehen- und Wesergebirge. An der Brücke im Durchbruch finden wir eine gute Abbaumöglichkeit sowie Zeltplätze. Von da aus führt der kürzeste Aufstieg zum monumentalen Kaiser-Wilhelm-Denkmal am Wittekindsberg. Im Falle einer Weiterfahrt nach Minden können wir am Bootshaus der Faltbootabteilung TV Jahn oder am Zeltplatz Uferwiese unsere Reise beenden.

Ferienbetrieb auf der Weser bei Boffzen.

Charakter, Tips

Ganzjährig befahrbarer Wanderfluß, der in vielen Schleifen durch ein teils enges, teils breiteres, landschaftlich sehr schönes Tal mit guter Strömung fließt. Für alle Bootstypen geeignet, bietet die Weser die einzigartige Möglichkeit, die über 200 km von Hann. Münden bis Minden nur mit einem Wehr (Bootsgasse) zu bewältigen. Die zügige Strömung erlaubt uns zwar, am Tage 40 bis 50 km zu paddeln, doch für die unzähligen Sehenswürdigkeiten sollte man sich Zeit lassen und für die Strecke mindestens eine Woche einplanen. Obwohl Bundeswasserstraße (Bootsbezeichnung, DKV-Ausweis, Binnenschiffahrtsstraßenordnung!), herrscht so gut wie kein Frachtverkehr; nur eine Personenschifffahrtslinie verbindet Münden mit Hameln. Unangenehm kann der Motorbootverkehr an Wochenenden werden. Zu beachten sind bei Niedrigwasser die unzähligen Buhnen, die dann weit in die Flußmitte ragen. Auch manche Seilfähre ist noch als Verbindung zwischen den Ufern in Betrieb, selbstverständlich hat sie Vorrang. Trotz des von der Industrie belasteten Wassers (Kalisalze) ist eine Wanderfahrt auf der Weser äußerst lohnend. Kanuverleih am Campingplatz Hann. Münden.

Zeltmöglichkeiten
Camping Hann. Münden; Hemeln; Oedelsheim; Gieselwerder; Karlshafen; Beverungen; Fürstenberg; Höxter; Holzminden; Polle; Rühle; Grohnde; Hameln; Rinteln: KC, Borlefzen; Porta; Minden; zwischen Hann. Münden und Bursfelde Naturpark: hier rechtsufrig nicht frei zelten!

Sehenswertes
Hann. Münden: Altstadt mit Fachwerkhäusern, Renaissance-Rathaus mit Portal und Freitreppe; St.-Blasius-Kirche, St.-Ägidien-Kirche, Werrabrücke, Heimatmuseum, ehemaliges Welfenschloß, Weserstein u. a.
Veckerhagen: Barockes Jagdschloß.
Ruine Bramburg: Schöner Ausblick ins Wesertal.
Bursfelde: Benediktinerabtei, Klosterkirche (Fresken), Sababurg (4 km), Tierpark, Urwald.
Gieselwerder: Wasserburg, Freilichtmuseum.
Lippoldsberg: Romanische Basilika.
Bad Karlshafen: Barockes Hugenottenstädtchen, Rathaus, Hafen, Invalidenhaus, Solequelle, Ruine Kruckenberg.
Beverungen: Fachwerkhäuser, Burgturm.
Wehrden: Schloß (ehemalige Wasserburg), Schloß Fürstenberg (Porzellanmanufaktur).
Höxter: Romanische Kilianskirche, Minoritenkirche, Fachwerkhäuser mit Balkenornamentik, Rathaus (Glockenspiel), Steinbrücke, Benediktinerabtei Corvey.
Holzminden: Lutherkirche, Marktplatz, Duftstoff-Industrie.
Polle: Burgruine (Freilichtbühne), Kirche, Fachwerkhäuser.
Bodenwerder: Romanische Klosterkirche, Kemnade, Geburtshaus des Freiherrn Baron von Münchhausen, Museum, Brunnen.
Hehlen: Wasserschloß.
Emmern: Schloß Hämelschenburg (4 km).
Hameln: Frühere Hansestadt, Altstadt mit vielen Fachwerk- und Renaissancehäusern, Stadtmauerreste, Pulverturm, Rattenfängerhaus, Stiftsherrenhaus, Münster, Lachsbrunnen, Marktkirche u. a.
Fischbeck: Romanische dreischiffige Basilika.
Hessisch-Oldendorf: Spätgotische Hallenkirche, Herrenhäuser.
Rinteln: Rathaus, frühgotische Kirche, Marktplatz, Fachwerkhäuser.
Möllenbeck: Klosterkirche, Kloster mit Kreuzgang.
Veltheim: Schloß Varenholz.
Vlotho: Alte Schifferstadt, Burgruine, Wittekindstein, Schwedenschanze, Lippische Porta.
Bad Oeynhausen: Kurpark, Jordansprudel (Geysir), Deutsches Märchen- und Sagen-Museum, Auto- und Motorradmuseum.
Porta-Westfalica: Kaiser-Wilhelm-denkmal am Wittekindsberg.
Minden: Malerische Fischerstadt, Dom St. Peter (Domschatz), Heimatmuseum, Rathaus, Schachtschleuse (Schiffshebewerk).

Karten, Kanu-Literatur
Generalkarte 1:200 000, Blatt 6, 7, 9; Deutsche Idealkarte 1:100 000, Blatt 12, 16; Panoramakarte Weserlauf mit Beschreibung, Stollfuß Verlag, Bonn.
Deutsches Flußwanderbuch;
Kanuwanderbuch für Nordwestdeutschland;
Wasserwandern auf der Weser, Prospekt der Kreisverwaltung Minden-Lübbecke;
Kanu-Sport 11/97.

Werra

Quellfluß der Weser

40

Hörschel – Hann. Münden
117 km
Ferienfahrt

Burg Ludwigstein blickt auf die dahinziehenden Kajakfahrer.

Im Thüringer Wald bei Eisfeld entspringend fließt die Werra zuerst in westliche Richtung, doch bald wird sie, im breiten Tal pendelnd, vom Bergmassiv der Vorderrhön immer mehr nach Norden abgedrängt. Im »Salzbogen« zwischen Bad Salzungen und Mihla wird das Werrawasser durch Kalisalze angereichert, die hier schon über Jahrhunderte aus dem Erdinnern gefördert werden. Burgen und Schlösser begleiten den Fluß auf seinem Lauf in der schon immer exponierten Grenzlage zwischen Hessen und Thüringen, und manche Altstadt wie Meiningen, Creuzburg, Eschwege oder Witzenhausen spiegelt ihr historisches Gemäuer im glatt dahinfließenden Wasser. Eingezwängt von den steilen Hängen des Kaufunger Waldes in ein tief eingeschnittenes Tal, erreicht die Werra nach fast 300 km Flußlänge die Fulda, um mit dieser zusammen die Weser entstehen zu lassen.

Obwohl die Werra als Wanderfluß schon ab Meiningen auch für Zweierboote befahrbar ist, beginnen wir unsere Wanderung erst am Zeltplatz des KC in Hörschel. Der Grund: 16 unbefahrbare Wehre versperren den oberen Flußabschnitt. Bald nach dem Start müssen wir am Spichra-Wehr links umtragen, doch dann paddeln wir in großen Flußbögen durch ein einsames Tal. Nur das kleine Städtchen Creuzberg, in dessen engen Gassen die Zeit stehengeblieben zu sein scheint, und die schrägen Wehre in Mihla und Falken unterbrechen die Fahrt. Weite Kies-

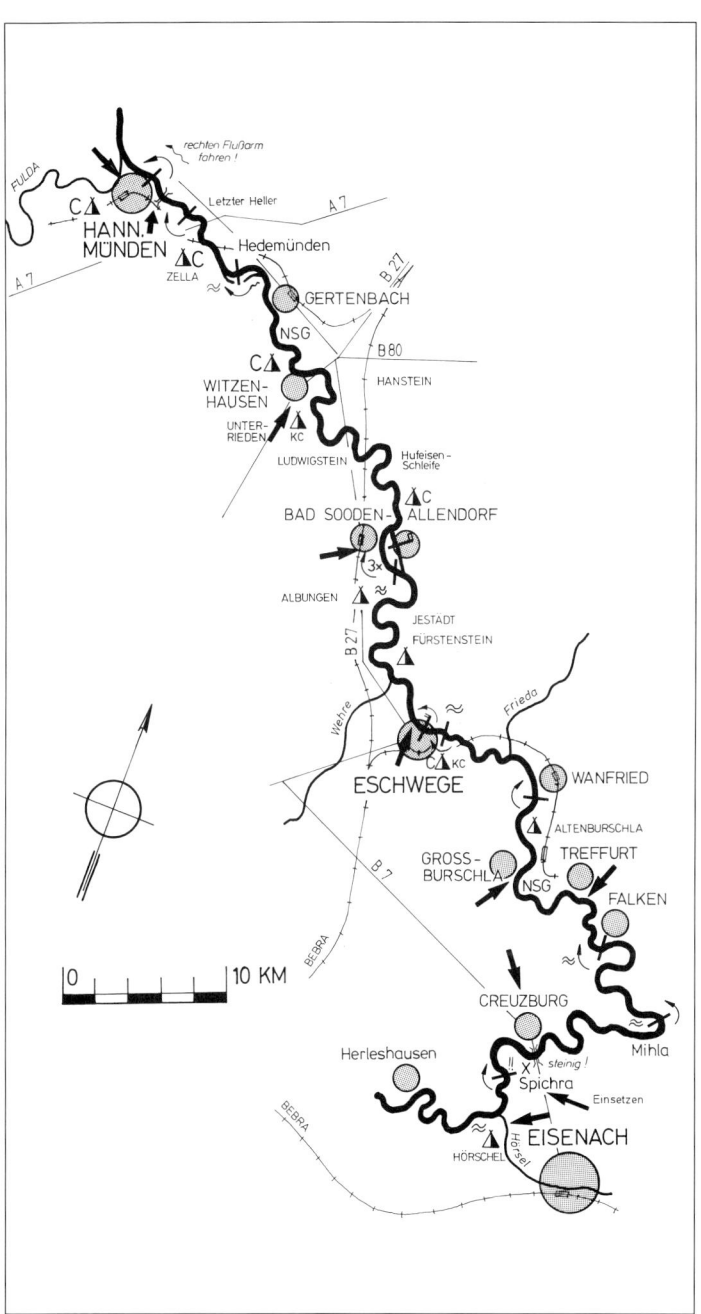

bänke säumen die vollendeten Flußschleifen, und nach den ehemaligen Grenzorten Treffurt und Großburschla erreichen wir das unbefahrbare Wehr in Wanfried. Hier endete im vorigen Jahrhundert die Weser-Werra-Schiffahrtsstraße.

Bei Frieda weitet sich das Tal kesselartig, und vor uns zeigt sich der Bismarckturm am Großen Leuchtberg, hinter dem sich die alte Landgrafenstadt Eschwege versteckt. Hier sollten wir bleiben und auf dem Campingplatz übernachten.

Bei der Weiterfahrt, nach Passieren des hübschen »Klein-Venedig«, müssen wir am Überfallwehr die Kanus umtragen. Vorbei am Schloß erreichen wir Jestädt. Die Strecke ist landschaftlich sehr ansprechend; Burg Fürstenstein und Schloß Rothenstein begleiten die Werra. Bei langsam werdender Strömung erreichen wir die Allendorfer Wehre. Wir paddeln jeweils rechts im Strom weiter, am dritten Wehr tragen wir die Boote über die neue Treppenanlage um. Auch Bad Sooden-Allendorf ist einen Aufenthalt wert.

Nach der ausgeprägten Hufeisenschleife bei Lindewerra durchbricht der Fluß den Bergriegel zwischen Ludwigstein und Hasenkanzel. Das Tal öffnet sich, und bei der Flachsbachmühle erhaschen wir den berühmten Zweiburgenblick.

Das nun breite Tal ertrinkt im Frühling in der weißen Pracht der blühenden Kirschbäume, welche die sanft ansteigenden Hänge rings um Witzenhausen bedecken. Weiter flußabwärts nähern sich die Ausläufer des Kaufunger Waldes. Die Fachwerkdörfer Gertenbach und Bickershausen ziehen vorbei, und vor dem Städtchen Hedemünden steuern wir an der Flußgabelung unsere Kanus in den linken Flußarm, »die Lache«; so umfahren wir das unbefahrbare Wehr. Die Strömung läßt nach, hoch über uns schwebt die Autobahnbrücke, und wir legen links vor der Schleuse des Kraftwerks »Letzter Heller« an.

Es heißt aussteigen, die Boote auf die Gleislore heben und dann kräftig bremsen – so steil geht es zum Unterwasser. Bald zeigen sich die ersten Häuser von Hann. Münden, unter der Eisenbahnbrücke halten wir uns rechts und erreichen unter der Steinbogenbrücke hindurch die kleine Insel vor der Bootsschleuse. Ein Gleiswagen erleichtert uns wieder das Umtragen. Nach wenigen Paddelschlägen sehen wir schon links den Weserstein; hier am Zusammenfluß mit der Fulda beginnt die Weser.

Charakter, Tips

Durch eine abwechslungsreiche, reizvolle Mittelgebirgslandschaft gut fließender Wanderfluß, mit allen Bootstypen ganzjährig befahrbar. Besonders während der Obstbaumblüte ist eine Wanderung zu empfehlen.

Die Werra ist im beschriebenen Abschnitt zwar Bundeswasserstraße, doch findet heute kein Verkehr mehr statt. Die Wehranlagen müssen umtragen werden, nur in Bad Sooden-Allendorf ist die kleine Schiffsschleuse betriebsbereit.

Die Wasserbelastung durch Kalisalze ist in den letzten Jahren stark zurückgegangen. In den NSG bei Treffurt und bei Witzenhausen besteht Anlandeverbot. Fast durchgehende Pkw-Begleitung möglich, auch Eisenbahnverbindung im Tal.

Zeltmöglichkeiten

Zeltplatz KC Hörschel; Camping Altenburschla; Eschwege; Jestädt, Bad Sooden-Allendorf bei Wahlhausen; Witzenhausen, Laubach-Zella; Hann. Münden.

Das Rathausportal in Hann. Münden zeugt vom ehemaligen Reichtum der Stadt.

Sehenswertes
Eisenach: Wartburg, Marktplatz, barockes Stadtschloß, Rathaus, Residenzhaus, Lutherhaus, Nikolaitor, Richard-Wagner-Museum, NSG Drachenschlucht, Hörselberg u. a.
Creuzburg: Stadtmauern, Schloß.
Mihla: Rotes Schloß, Graues Schloß, barocke Dorfkirche.
Treffurt: Burgruine Normannstein.
Altenburschla: Kirche mit Bauernmalereien.
Wanfried: Endpunkt der mittelalterlichen Schiffahrt, alte Speicher, Kran.
Eschwege: Landgrafenschloß, Marktplatz mit Fachwerkhäusern, Altstädter Kirche, Bismarckturm, »Klein Venedig«.
Bad Sooden-Allendorf: Allendorf: schöne Straßenzüge mit Fachwerkhäusern, Heimatmuseum, Heiliggeisthospital, Werrabrücke; Sooden: Söder Tor, Fachwerkhäuser, Salzamt, Marienkirche.
Witzenhausen: »Kolonialschule« im ehemaligen Wilhelmitenkloster, Stadtkirche, Renaissance-Rathaus, Stadtmauer mit Wehrtürmen, prächtige Fachwerkhäuser, Völkerkundemuseum u. a.
Hedemünden: Berlepschschloß, Arnstein, Ludwigstein, Mollenfelde, Europäisches Brotmuseum.
Hann. Münden: Altstadt, Rathaus mit Portal und Freitreppe, St.-Blasius-Kirche, Werrabrücke u. v. a.

Karten, Kanu-Literatur
Generalkarte 1:200 000, Blatt 11 (Großraumausgabe); Deutsche Idealkarte 1:100 000, Blatt 16; Wassersport-Wanderatlas 1:100 000, Weser W 1+2.
Deutsches Flußwanderbuch; Kanuwanderbuch für Südwestdeutschland; DKV-Gewässerführer für Ostdeutschland.

Ems
(mit Werse)
Nordseefluß

41

Handorf (Münster) – Lingen
105 km
4–5-Tage-Fahrt

Für viele Wasserwanderer ein Etappenziel – das Kanu-Club-Gelände bei Emsdetten.

An die 370 km legt die Ems von ihrer Quelle im Teutoburger Wald unweit von Paderborn bis zu ihrer Mündung in Dollart in die Nordsee zurück und entwässert dabei als drittgrößter nordwestdeutscher Fluß über 12 000 km² Land. Schon vor Jahrhunderten diente sie der Schiffahrt, als kleine Schiffe mit nur geringem Tiefgang – die sogenannten Pünten – bis nach Greven Ware zur und von der Nordsee verfrachteten.

Heute ist ein Teil des Unterlaufs in den Dortmund-Ems-Kanal einbezogen, doch mäandert die Ems überwiegend noch recht ungestört durch die flache, verträumte Landschaft. Für Kanufahrer bietet sie, noch ziemlich sauber, schon ab Rietberg bei Gütersloh eine beschauliche Ferienfahrt.

Wegen der vielen Wehre und Stufen im Oberlauf beginnen wir unsere Wanderung bei Münster im schmucken Handorf an der lieblichen Werse, wo wir eine schöne Einsetzstelle am Campingplatz Hof Linde finden. Doch vor der Fahrt sollten wir einen ganzen Tag einer Visite der alten Bischofsstadt Münster widmen, deren viele Kirchen ihr den Beinamen »Rom des Münsterlandes« eingetragen haben. Mit dem Bus oder mit Fahrrädern (über das Boniburger Wäldchen) erreichen wir die Stadt, deren restaurierte Straßenzüge mit bürgerlichen Häusern, das Residenzschloß (Universität) und die vielen Parks den Gesamteindruck abrunden.

Am nächsten Morgen paddeln wir die windungsreiche Werse hinunter und tragen bei der Süd- und Havichhorster Mühle die Boote um. Vor den Kastenbrücken des Dortmund-Ems-Kanals mündet die Werse in die Ems, die hier noch recht schmal, aber mit guter Strömung zwischen niedrigen Ufern in weiten Bögen dahinzieht. Links sehen wir bald das rote Dach der Dorfkirche in Gimbte, und nach der Autobahnbrücke folgt das Freibadgelände von Greven (Parkplatz, Etappenziel, Zeltmöglichkeit).

In Greven besichtigen wir die schöne Innenstadt mit der St.-Martins-Kirche. Wieder am Fluß, können wir die steinige Sohlschwelle ganz rechts mit leeren Booten befahren; beladene Kanus tragen wir lieber um. Das neue Sportgelände hinter uns lassend paddeln wir durch eine leicht wellige Landschaft, an der kleinen Ortschaft Hembergen vorüber. Danach schwingt die Ems in westlicher Richtung nach Emsdetten.

An der Bispinger Brücke zeigen uns rot-weiße Rauten die richtige Durchfahrt zwischen den alten Fundamenten, die noch aus dem Fluß ragen. Links am Hotel »Waldesruh« liegt ein kleiner Campingplatz, kurz danach winkt uns vom rechten Ufer das großzügig gebaute Boots- und Vereinsheim der Emsdetter Kanuten zu (Zeltmöglichkeit für DKV-Mitglieder). Die Eintönigkeit der nächsten Flußkilometer ist bald bei der schönen Gastwirtschaft »Emsfähre« vergessen. Hier können wir anlegen und bei einem guten Pils eine Pause machen.

Es folgen verträumte Schleifen, Altarme mit verwachsenen Ufern, an denen manches Ferienhaus seinen Platz gefunden hat. Nur die Mesumer Brücke überspannt den einsamen Fluß. Schon weit vor Rheine sehen wir die Türme der auf einem Hügel stehenden, neugotischen St.-Antonius-Kathedrale. Nach der Eisenbahnbrücke paddeln wir an der Uferpromenade entlang zum Klubhaus des Rheiner Wassersportvereins, wo unsere Tagesetappe endet.

Bei einer Weiterfahrt nach Lingen müssen wir an den Wehren in Selbstbedienung die Boote zwei- bzw. dreimal schleusen. Der windungsreiche und teils durch Auwälder fließende Flußabschnitt wird noch durch die Listruper Schleuse und das Wehr in Haneckenfähr (rechts umtragen, falls in der alten Ems weitergefahren wird – hier Camping am Schwimmbad) unterbrochen. In Lingen können wir, vorher den Dortmund-Ems-Kanal ansteuernd, beim Bootshaus der Ruder-Gemeinschaft unsere Wanderfahrt beenden.

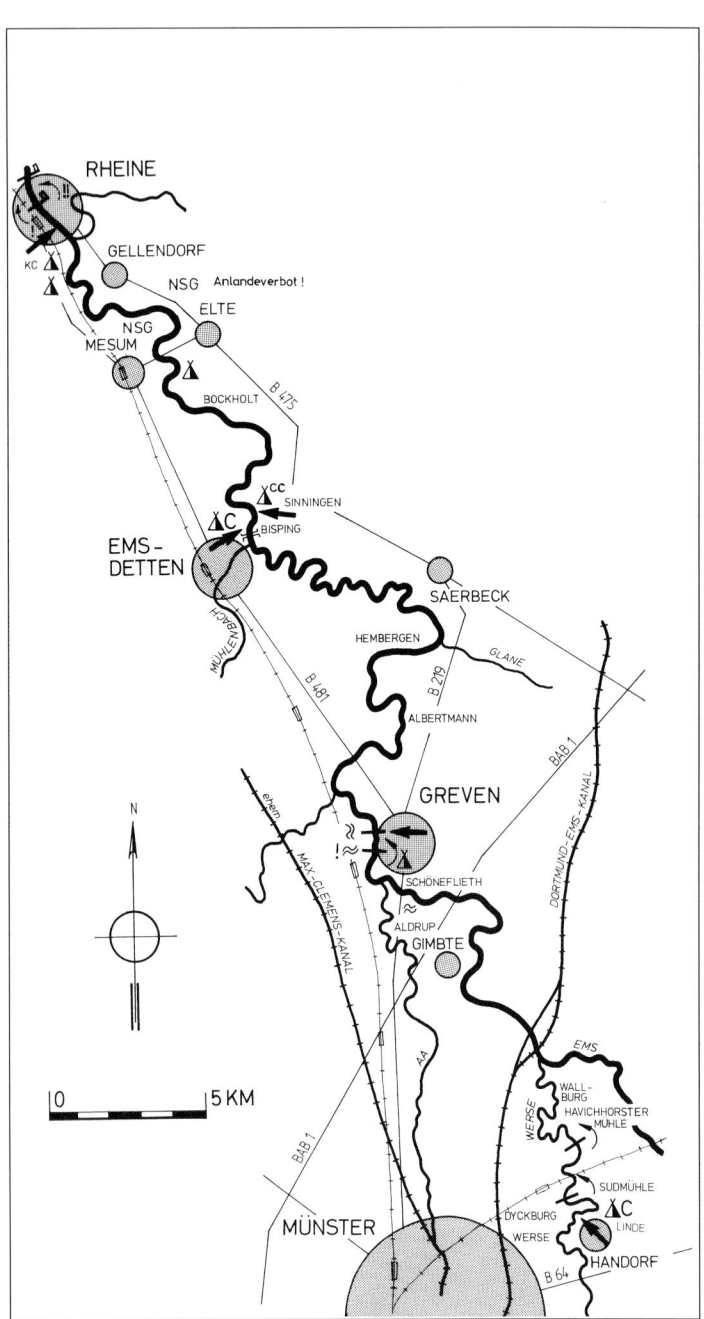

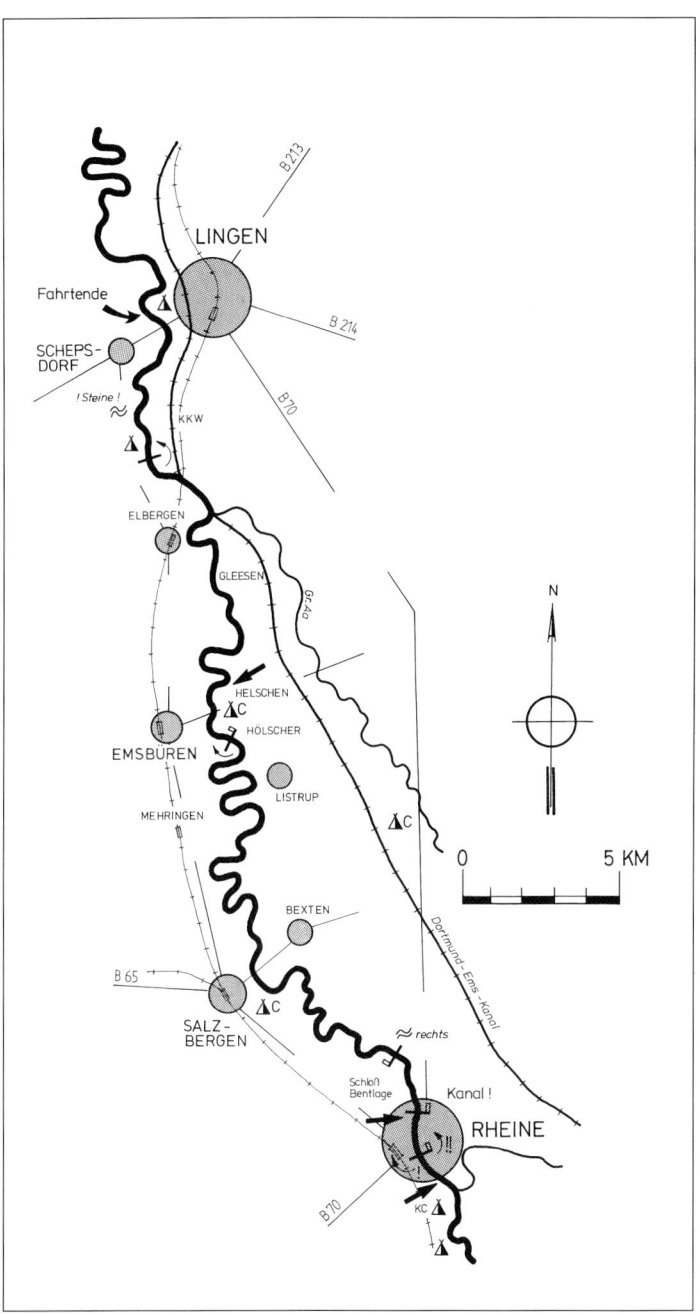

Charakter, Tips
Werse: Verträumtes, sehr gewundenes Wald- und Parkflüßchen mit ruhiger Strömung und zwei nicht befahrbaren Wehren. Ems: Gemächlich fließender Wanderfluß, mit allen Kanutypen ganzjährig ab Rietberg ohne Schwierigkeiten befahrbar. Die wenigen Wehre sind durch selbstbedienbare Schleusen oder durch problemloses Umtragen zu überwinden. Wasser ziemlich sauber.
Pkw-Kontakt an Brücken möglich, günstige Eisenbahnverbindung in Flußnähe. Zwischen Elte und Rheine (Eisenbahnbrücke) Naturschutzgebiet, hier nicht anlanden oder zelten! Schwieriges Umtragen der Boote am Wehr in Rheine (links um Mühle)!

Zeltmöglichkeiten
Werse: Handorf, von hier Busverkehr nach Münster. Ems: Greven; Emsdetten; Bockholt; Rheine KC; Emsbüren; Lingen.

Sehenswertes
Münster: Bischofs- und Universitätsstadt, Rathaus, Patrizierhäuser, St.-Paulus-Dom (größte Kirche Westfalens), St.-Mauritz-Stiftskirche, Martinikirche u. a. Kirchen, Residenzschloß (Universität), Krameramtshaus, Buddenturm, Museen, Theater, Hafen, Zoo, Botanischer Garten u. v. a.
Handorf: St.-Petronilla-Kirche, Haus Dyckburg, Kloster.
Greven: Spätgotische Hallenkirche St. Martinus (große Orgel, Sonnenuhr).
Emsdetten: Pfarrkirche, NSG Emsdettener Venn (Hochmoor), Heimatmuseum (Hof Deitmar).
Rheine: Altstadt, Schloß Bentlage, Bürgerhaus Falkenhof (Museum), St.-Antonius-Basilika (116 m hoher Turm), St.-Dionysius-Kirche, Heilquelle (Solbad Gottesgabe), Tierpark.
Listrup: Kirche.

Karten, Kanu-Literatur
Generalkarte 1:200 000, Blatt 6, 8; Deutsche Idealkarte 1:100 000, Blatt 7, 10; Wassersport-Wanderkarte 1:550 000, Teil 2,1.
Werse: Kleinflußführer für Nordrhein-Westfalen;
Ems: Deutsches Flußwanderbuch.

An der beliebten Gastwirtschaft »Emsfähre« bei Bockholt.

Hase

42

Nebenfluß der Ems

Quakenbrück – Meppen
79 km
3–4-Tage-Fahrt

Was schwimmt denn da auf dem Wasser? ... Oder: Gegenseitige Neugierde.

Irgendwo am 173 m hohen Kersenbrocker Berg im Teutoburger Wald entspringt ein Flüßchen. Ein paar Kilometer nördlich von hier weiß es noch nicht, zu welchem Strom es sich wenden soll. Also teilt es sein Gewässer in zwei Arme und läßt den westlichen als Hase in die Ems, den östlichen als Else in die Weser fließen. So etwas nennen die Hydrologen eine Bifurkation; es ist die einzige in Deutschland. Wir verfolgen die Hase, die über Osnabrück zum Mittellandkanal fließt, um von dort in nördlicher Richtung als reizvoller Wiesenfluß das fruchtbare Artland zu durchqueren und das malerische Städtchen Quakenbrück zu streifen. Weiter westlich an Löningen und Haselünne vorbeifließend erreicht die pendelnde Hase die an der Ems liegende Stadt Meppen, das Ziel unserer Kanuwanderung.

Am Rande von Quakenbrück, unweit des Schützenhofes, wo sich die Mühlen- und Überfallhase teilen, finden wir unterm Wehr neben dem Bootshaus einen guten Einsetzplatz. Im Flußbett der begradigten Überfallhase paddeln wir in nördlicher Richtung zum Brokhager Wehr, das meist offen steht, ansonsten benutzen wir die Bootsgasse. Die zuerst hohen Ufer werden niedriger, und wir blicken in die leicht wellige, einsame Landschaft, die nur von Schafherden belebt wird. Hinter uns bleiben die Eisenbahn- und die Straßenbrücke der B 68 zurück, und nach der niedrigen Völkersbrücke erreichen wir die langsame Lager Hase. An der Landzunge am Zusammenfluß läßt sich gut picknicken.

Danach paddeln wir auf der Großen Hase, wie sie hier genannt wird, zum Farwicker Wehr. Wenn es nicht offen steht, tragen wir rechts um. Es folgen Oster- und Westerbrücke, und in weiten Schleifen nähern wir uns bei guter Strömung Löningen. Ein breites, reguliertes Flußbett führt an der Stadt vorbei, die sich hinter hohen Ufern versteckt.

Nach den neuen Brücken gewinnt der Fluß wieder seine Natürlichkeit, und umgeben von Weiden und Pappeln wendet sich die Hase

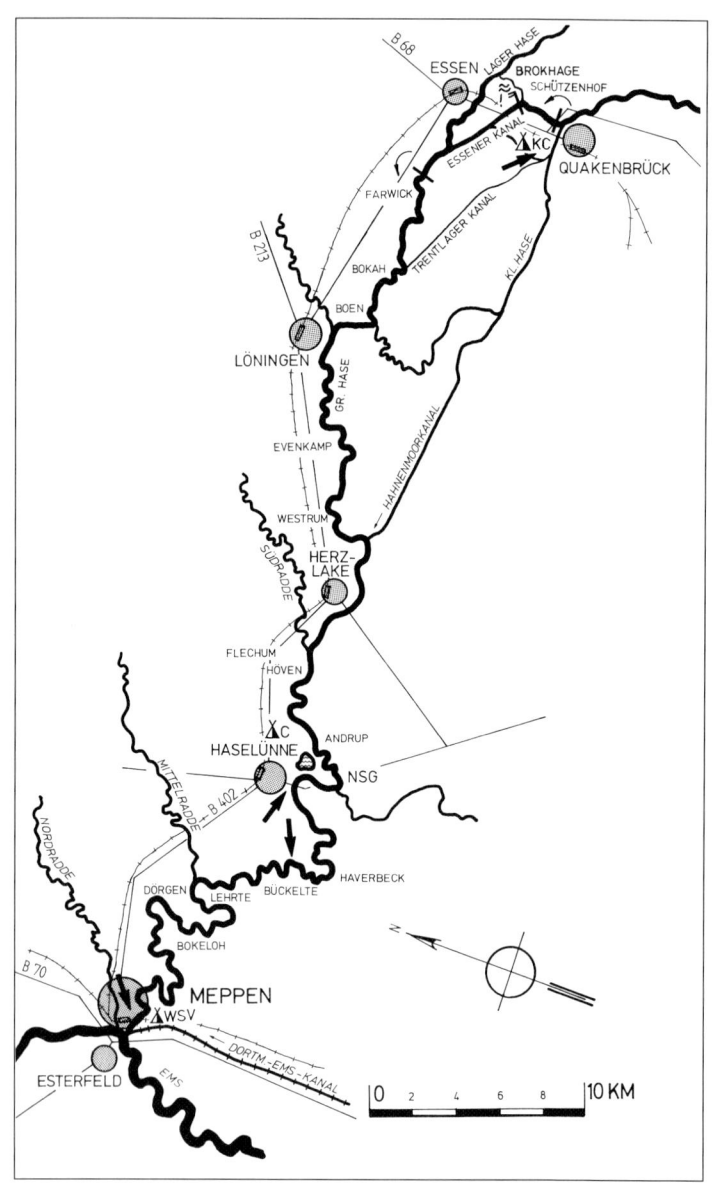

nach Südwesten. Bei Einhaus mündet von links der Hahnenmoorkanal, und wir paddeln am Erholungsort Herzlake vorbei.

Nach der Einmündung der Südradde, einem beliebten Wanderflüßchen, wird die Landschaft vielfältiger. Sandufer, Wacholdergruppen und Kiefernwälder begleiten uns zum Campingplatz in Haselünne. Hier bleiben wir und wandern am nächsten Tag in die Umgebung, die manches bietet. Ein Wildgehege, ein großer Badesee, das interessante Freilichtmuseum und der unter Naturschutz stehende Wacholder-Urwald ziehen unsere Aufmerkamkeit in dieser reizvollen Heidelandschaft ganz besonders an.

Nicht weniger reizvoll sind die folgenden zahlreichen Flußschleifen, in denen steile Sandufer mit flachen Stränden abwechseln und in deren Spitzkehren mancher umgestürzte Baum auf uns wartet. Dieser natürliche, einsame Flußabschnitt endet erst vor Meppen, das sich mit der Eisenbahnbrücke ansagt. Es folgt die verlandete Mündung (die Fahrrinne ist mit grünen Tonnen abgegrenzt) in den Emskanal. Links am kleinen Hügel steht die alte Höltingmühle, und nur wenige Paddelschläge rechts davon landen wir am Anlegesteg des Wassersportvereins Meppen. Die Hase-Befahrung krönen wir mit einem Spaziergang durch die schöne Altstadt.

Charakter, Tips
Mäßig strömender, doch sehr reizvoller Wiesenfluß mit relativ sauberem Wasser. Ab Quakenbrück ganzjährig auch mit Faltbooten leicht befahrbar. Einsame, weite Landschaft. Wenig Campingplätze, Zelten auf Wiesen nach Absprache mit Landwirten möglich. Die wenigen Wehre sind leicht umtragbar.

Zeltmöglichkeiten
Quakenbrück: am Bootshaus; Camping Haselünne; Meppen (Vereinsplatz).

Sehenswertes
Quakenbrück: Altstadt, Patrizierhäuser, Marktplatz, Stadttor Hohe Pforte, St.-Sylvester-Kirche, Rathaus.
Löningen: St.-Vitus-Kirche, Glockenturm; Werwe: Hünengrabstätte.
Herzlake: Aseburg (ehemalige Burganlage).
Haselünne: Hansestädtchen, gotische Kirche mit Kronleuchter, Heimatmuseum, NSG Wacholderhain, NSG Hudener Moor.
Meppen: Rathaus mit reichgeziertem Erker, Stadtwälle, Pfarrkirche, Jesuitenkolleg mit Kapelle, Höltingmühle.

Karten, Kanu-Literatur
Generalkarte 1:200 000, Blatt 6; Deutsche Idealkarte 1:100 000, Blatt 7; Wassersport-Wanderkarte 1:550 000, Teil 1.
Deutsches Flußwanderbuch.

Die Landzunge am Zusammenfluß des Essener Kanals und der Lager Hase bietet einen schönen Rastplatz.

Wümme

43

Quellfluß der Lesum

Lauenbrück – Bremen
ca. 70 km
3–4-Tage-Fahrt

Im Kuhgraben, unweit der Bremer Universität.

Die Quelle der Wümme liegt am Südwesthang des Wilseder Berges in der Lüneburger Heide. Von dort umrundet sie im großen Bogen das ausgedehnte Königsmoor und vereint sich bei Lauenbrück mit der Fintau. Südlich von Scheeßel nähert sich die Wümme in zahlreichen Schleifen dem alten Ort Rotenburg. Das schöne Städtchen verläßt der Fluß in westlicher Richtung und verläuft sich bei Ottersberg in mehrere Arme, die, teilweise reguliert, das auf einer Sanddüne liegende Künstlerdorf Fischerhude umfließen und sich vor Lilienthal wieder vereinigen. Hier berührt die Wümme das Bremer Stadtgebiet und bildet mit der Hamme zusammen bei Ritterhude die Lesum. Diese mündet bei Bremen-Vegesack in die Weser.

Für Kanus ist die Wümme praktisch ganzjährig ab Lauenbrück befahrbar. Unser Start ist unterhalb der Brücke am Camping Alte Löweninsel. Über eine Sandbank ziehen wir die Boote ins rotbraune Moorwasser und paddeln zuerst durch Wald und Wiesen. Das Flüßchen mäandert ganz schön, Spitzkehren mit Sandbänken in den Innenbögen wechseln mit behutsam regulierten Abschnitten.

Vor Scheeßel läßt die Strömung nach, das Mühlenwehr macht sich bemerkbar. Der Fluß teilt sich, wir steuern links. Vor der Insel mit roten Häuschen geht es rechts zur Anlegestelle. Die Boote werden über die Straße (Zauntor schließen!) links an der Mühle vorbeigetragen und am Bootshaus der Kanuabteilung TV Scheeßel wieder eingesetzt.

Der nächste Flußabschnitt wirkt anfangs etwas eintönig, doch vor Rotenburg überrascht uns die Wümme mit vielen schönen Schleifen. Nach der Eisenbahnbrücke wurde im regulierten Flußbett eine neue Anlegestelle als kleiner Hafen

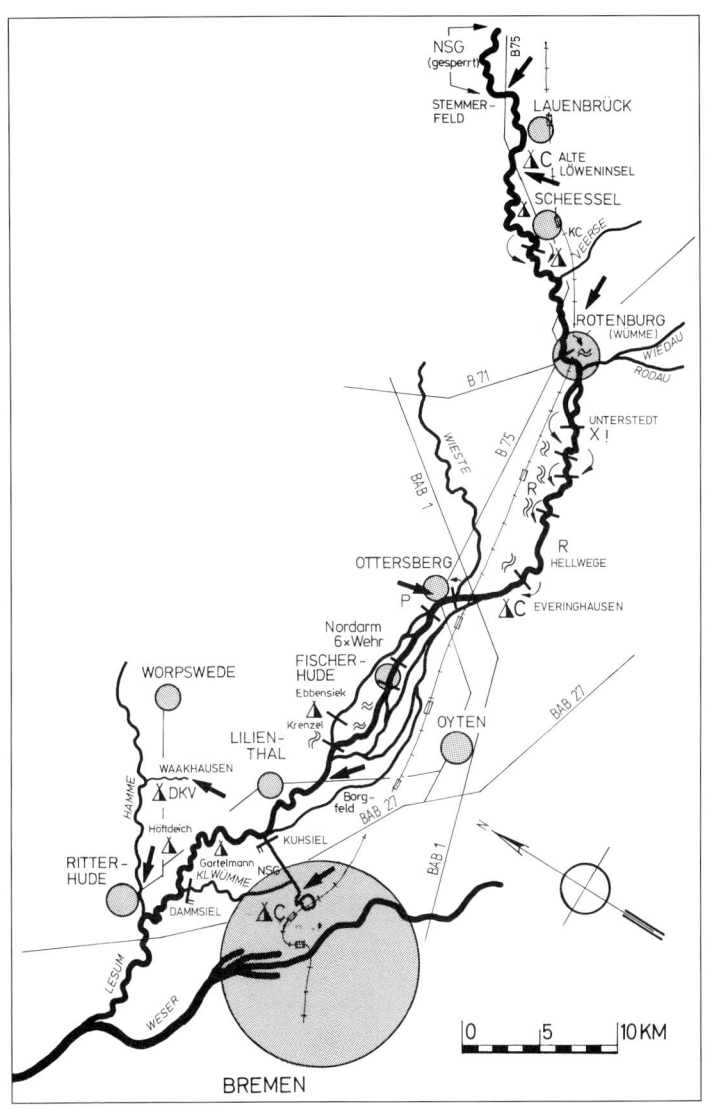

ausgebaut (Parkplätze, Schwimmbad). Im weitläufigen Stadtpark befindet sich die künstlich angelegte Wildwasserstrecke, Austragungsort mancher Norddeutscher Meisterschaft.

An der Rodau- und Wiedaumündung vorbei erreichen wir über mehrere Wiesenwehre, die überwiegend offen sind, die Straßenbrücke nach Hellwege. Hier finden wir den kleinen, einladenden »Kaiser's Gasthof«, wo wir eine Pause einlegen sollten.

Zwischen sandigen Geestrücken geht es dann weiter, unter der Autobahnbrücke hindurch, zur ersten Flußgabelung, wo wir den rechten Arm ansteuern, der uns nach Ottersberg führt. Links am Ortseingang finden wir eine Anlegestelle mit Parkplätzen beim neuen Sportgelände.

Nach Ottersberg wird die Landschaft noch flacher. Am Wehr fahren wir den naturnahen Mittelarm an (links), der uns durch eine Wiesen- und Moorlandschaft von einzigartigem Reiz führt. Der hohe Himmel, der weite Horizont und die durchsichtige, klare Luft an sonnigen Sommertagen haben schon immer Künstler, vor allem Maler, angezogen, die sich in Fischerhude, einem kleinen Dorf zwischen Erlen- und Eichenriesen, niederließen.

Am ersten Dorfwehr entscheiden wir uns für den linken Arm. An verträumten Bauerngärten vorbei sind wir bald am Sportplatzwehr. Es folgen vier niedrige Stufen (alte Wehre), die Arme vereinigen sich, und wir treiben am Ausflugsort Lilienthal vorüber bis zur Schleuse Kuhsiel. Wir können links anlegen und über die Straße in den Kuhgraben umtragen oder uns schleusen lassen (Anmeldung beim freundlichen Schleusenwart).

Das schöne Gasthaus mit dem bewohnten Storchennest hinter uns lassend paddeln wir durch den stromlosen, schnurgeraden Kuhgraben, die Hochhäuser der Universität vor uns, der Stadt Bremen entgegen bis zum Bürgerpark. Nicht weit von hier liegt der große Städtische Campingplatz.

Natürlich können wir auf der Wümme weiter bis Ritterhude paddeln (an der Schleuse Dammsiel Abzweigung zum Bürgerpark) und dort über die Hamme das schöne Gelände des DKV-Zeltplatzes Waakhausen erreichen.

Charakter, Tips
Gemächlich fließender, sauberer Heide- und Wiesenfluß, ohne Schwierigkeiten ab Lauenbrück ganzjährig befahrbar. Die Wümme fließt durch eine weite, überwiegend einsame Landschaft. Nördlich von Bremen liegt das ausgedehnte NSG Blockland und Hollerland. An der Schleuse Kuhsiel wird nach Anmeldung geschleust. Pkw-Begleitung teilweise möglich; Eisenbahnverbindung bis Lauenbrück.

Zeltmöglichkeiten
Camping in Lauenbrück; TV Scheeßel (DKV, Anfrage); Camping Everinghausen; Otterstedter See (nicht am Fluß); Ebbensiek (am Nordarm); Zeltplatz Höftdeich; Bremen: Am Bürgerpark; Waakhausen: DKV-Zeltplatz.

Sehenswertes
Lauenbrück: Wildpark, Eibenhain am Campingplatz.
Scheeßel: Barocke Saalkirche, Findlingsblöcke (Heidenkulturstätte), Heimatmuseum.
Rotenburg: Heimatmuseum, neugotische Kirche, Bullensee (Gletschersee), Park.
Ottersberg: Amtshaus im ehemaligen Schloß.
Fischerhude: Reetgedeckte Bauernhäuser, Künstlerkolonie, Otto-Modersohn-Haus, Heimatmuseum.
Bremen: Rathaus, Ratskeller, Rolandsäule, Dom St. Petri, Schnoorviertel, Böttcherstraße mit Roseliushaus, Kunsthalle, Übersemuseum, Hafen u. v. a.

Karten, Kanu-Literatur
Generalkarte 1:200 000, Blatt 3, 4 und 5; Deutsche Idealkarte 1:100 000, Blatt 5, 8.
Deutsches Flußwanderbuch; Kanuwanderbuch für Nordwestdeutschland; Faltblatt Wasserwandern Lüneburger Heide.

Böhme

Nebenfluß der Aller

Dorfmark – Böhme
43 km
2-Tage-Fahrt

Auf der Böhme nach dem Walsroder Wehr.

Die Böhme, ein zauberhaftes Heideflüßchen, das von seiner Quelle in Pietzmoor bei Schneverdingen durch die alten Ortschaften Soltau, Fallingbostel und Walsrode in südlicher Richtung eilt und nach 70 km Flußlänge im flachen und einsamen Wiesental beim Flecken Böhme die Aller ansteuert, ist einer der schönsten, noch nicht so überlaufenen Wanderflüsse in der Lüneburger Heide.

Vielleicht ist es der spielerische Wechsel zwischen ruhigem und eifrig plätscherndem Wasser oder die ideale Ergänzung von Wald- und Wiesenpartien, vielleicht sind es die überraschend hohen, bewaldeten Randhöhen, die den Fluß an vielen Stellen begleiten, oder das zum Süden geöffnete, durchsonnte Tal – dies alles macht aus einer Kanuwanderung auf der Böhme eine Genußfahrt. Insbesondere im Frühsommer, wenn die gemähten Wiesen nach Heu duften und in den blühenden Kiefernwäldern leichte Windböen Explosionen von gelben Pollenwolken auslösen.

Erfahrene Kanufreunde in Kunststoff-Einern können bereits an der Straßenbrücke in Soltau-Tetendorf mit der Befahrung beginnen. Wanderfahrer in Faltbooten oder Zweiern tun gut, erst in Dorfmark oberhalb des naturnah gestalteten Bürgerpark in der Nähe eines kleinen Parkplatzes die Boote einzusetzen.

In vielen Schleifen windet sich anschließend die Böhme durch den schönen Park, am Moränenhügel vorbei, auf dem die gelb gestrichene Holzkirche und der uralte Friedhof liegen.

Vor der Bömmelmühle läßt die Strömung nach, und am Wehr tragen wir die Boote bis ca. 60 m links hinter die Mühlenanlage zum Unterwasser.

Es folgt eine schöne, schattige Waldstrecke. Nach der Autobahnzubringerbrücke (auch Einsetzstelle) paddeln wir am romantisch gelegenen »Gasthaus zum Böhmegrund« vorüber. Es folgen ein Bauernhof und die im Wald versteckten Zelte eines Campingplatzes. Tief sägt sich die Böhme hier in die Moränenzüge ein. Verstreut im Bachbett liegen runde Granitfindlinge, die wir vorsichtig umfahren. Vor dem Campingplatz Küddelse erwartet uns eine glitzernde Schwallstrecke, und eine Kiesinsel lädt zum Pausieren ein.

Der Wald lichtet sich, und bald pendelt das Flüßchen in sanften Bögen durch Wiesen, die im Nordwesten von steilen, fast 50 m hohen Waldhügeln umrahmt werden. Ein Schwimmbad kündigt die Nähe von Fallingbostel an. Das Stadtwehr ist in der Mitte durch eine enge Fahrrinne mit Kunststoff-Einern befahrbar, doch wer sein Boot schonen will, paddelt in den Obergraben, wo eine vorbildliche Umtragestelle angelegt wurde (gute Einsetzstelle, leider Parkplatzmangel).

An der renovierten Kirche vorbei durcheilen wir weiter die Heidelandschaft. Ab der Holzbrücke unterhalb Elferdingen führt ein kurzer Wanderweg linksufrig zum herrlichen Tietlinger Wacholderhain; hier hat der Heidedichter Hermann Löns seine letzte Ruhestätte gefunden.

Ein niedriges, überwiegend offenes Wiesenwehr ist für uns kein Hindernis, und das Wasser der von rechts mündenden Bomlitz wirkt nicht mehr so stark verschmutzt wie vor Jahren. Am Ziegelpfeiler der abgetragenen Eisenbahnbrücke wirbelt ein kurzer Schwall, doch bald beruhigt sich die Strömung.

Als nächstes folgt Walsrode. Am Holzponton des Schulzentrums vorbei (mögliche Aussetzstelle) zwängen wir uns unter die niedrige Straßenbrücke und tragen am unbefahrbaren Wehr links um. Die alte Mühle wurde zu einem schönen Kanuvereinsheim ausgebaut. Nach Absprache können wir unser Zelt auf der kleinen Wiese neben dem Mühlgraben aufstellen. Der Aufenthalt in Walsrode ist lohnend; auf jeden Fall sollten wir mit dem Bus den eindrucksvollen, einzigartigen Vogelpark besuchen.

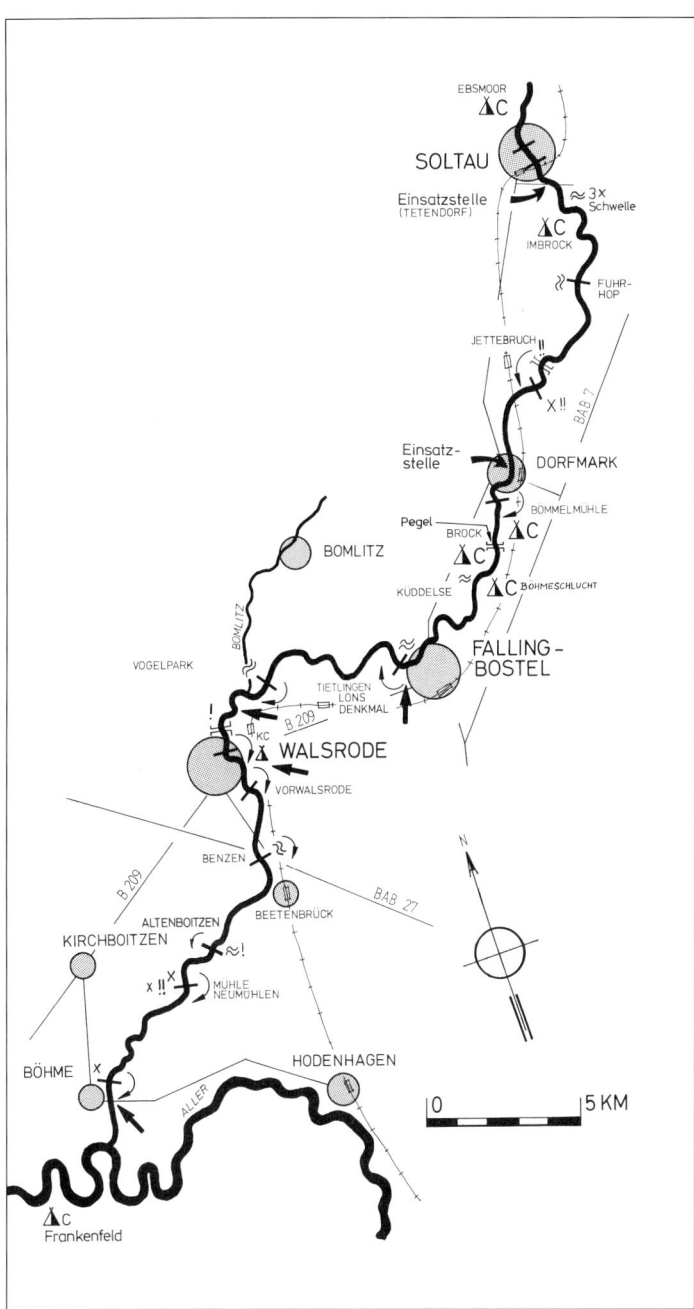

Durch den Stadtpark paddeln wir anschließend weiter in südlicher Richtung und kreuzen dabei die laute Autobahn. Bald wird es ruhig; völlig einsam fließt der Fluß durch Wiesen zwischen der Schneeheide und Ahrensheide zur Aller. An den drei folgenden Wehren sowie im winzigen Ort Böhme müssen wir unsere Boote nochmal umtragen. Hier, unweit des alten Herrengutshofes, verabschieden wir uns von der lieblichen Böhme.

Charakter, Tips
Sehr eindrucksvoller Heidefluß, der tief eingegraben zwischen bewaldeten Heidehügeln in südlicher Richtung fließend, auch mehrere sehenswerte Orte berührt. Die Böhme ist ohne Schwierigkeiten fast ganzjährig ab Dorfmark auch mit Faltbooten befahrbar; dabei sorgen leichte Schwälle für sportliche Abwechslung. Alle Wehre leicht umtragbar. In Walsrode Vorsicht an der niedrigen Straßenbrücke! Pkw-Kontakt an Brücken möglich; gute Eisenbahnverbindung zwischen Dorfmark (Soltau) und Walsrode.

Zeltmöglichkeiten
Soltau: Ebsmoor, Hof Imbrock u. a. Plätze; Dorfmark; Brock; Vierde; Küddelse; Walsrode: für DKV-Mitglieder, kleine Zeltwiese.

Sehenswertes
Soltau: St.-Johannis-Kirche, Heldenhain, Museum, Stöhrkreuz, Heide-Park.
Dorfmark: Kirche, 1000jähriger Friedhof, Bürgerpark.
Fallingbostel: Kneipp-Heilbad, Lönsgrab und -denkmal im Wacholderhain Tietlingen, Freilichtmuseum.
Walsrode: St.-Johannis-Kirche, Klosterchor (Glasfenster), Heidemuseum mit Hermann-Löns-Zimmer, großer Vogelpark.

Karten, Kanu-Literatur
Generalkarte 1:200 000, Blatt 5;
Deutsche Idealkarte 1:100 000, Blatt 8.
Deutsches Flußwanderbuch, Kanuwanderbuch für Nordwestdeutschland; Faltblatt Wasserwandern Lüneburger Heide.

Von den Höhen am Rande öffnet sich so mancher reizvolle Blick auf die pendelnde Böhme.

Oertze

45

Nebenfluß der Aller

Müden/Ö. – Winsen/A.
43 km
2-Tage-Fahrt

An schönen Wochenenden herrscht auf der Oertze, wie hier vor Hermannsburg, reger Bootsverkehr.

Gespeichert von vielen kleinen Moorbächen, bahnt sich die Oertze, in der Großen Heide um Munster entspringend und leicht im flachen Urstromtal schwingend, ihren Weg durch die vielfältige Landschaft des Naturparks Südheide. Vorbei an typischen, jahrhundertealten Heideorten wie Müden, Hermannsburg, die großen Höfe von Oldendorf und Eversen hinter sich lassend, beginnt die Oertze nach dem Wolthausener Wehr kräftig zu mäandern, bevor sie die Randhügel des Allertales durchbricht und vor Winsen ihre Gewässer mit denen der Aller vereinigt.

Auf vier Fünftel ihrer gesamten Länge bietet die Oertze eine schöne Kanufahrt, die wir auch im trockensten Sommer unternehmen können. Unsere Wanderung beginnt an der ehemaligen alten Mühle in Müden, wo wir eine Einsetzstelle mit Bootsrampe und einen Rastplatz mit Bänken und Tischen finden. (Hier können wir auch eine Nacht zelten.) Gegenüber liegt die Bootsverleihstelle. An sommerlichen Wochenenden und Feiertagen »wuselt« es hier von Kajakfahrern, organisierten und »wilden«, und das Ganze erinnert uns an die fränkische Wiesent. Doch während der Woche ist es am Flüßchen ruhig und wir erleben eine ziemlich einsame Wanderfahrt.

Eine flotte Strömung zieht uns unter die Straßenbrücke im noch recht schmalen Flußbett, doch bald mündet von rechts die wasserreiche Wietze. Das halb zerfallene Wehr unterm Steg befahren wir ohne Schwierigkeiten. Links begleitet uns ein Kiefernwald, und am Sandsteilhang tummeln sich im Sommer badende Kinder.

Nach mehreren Schleifen durch

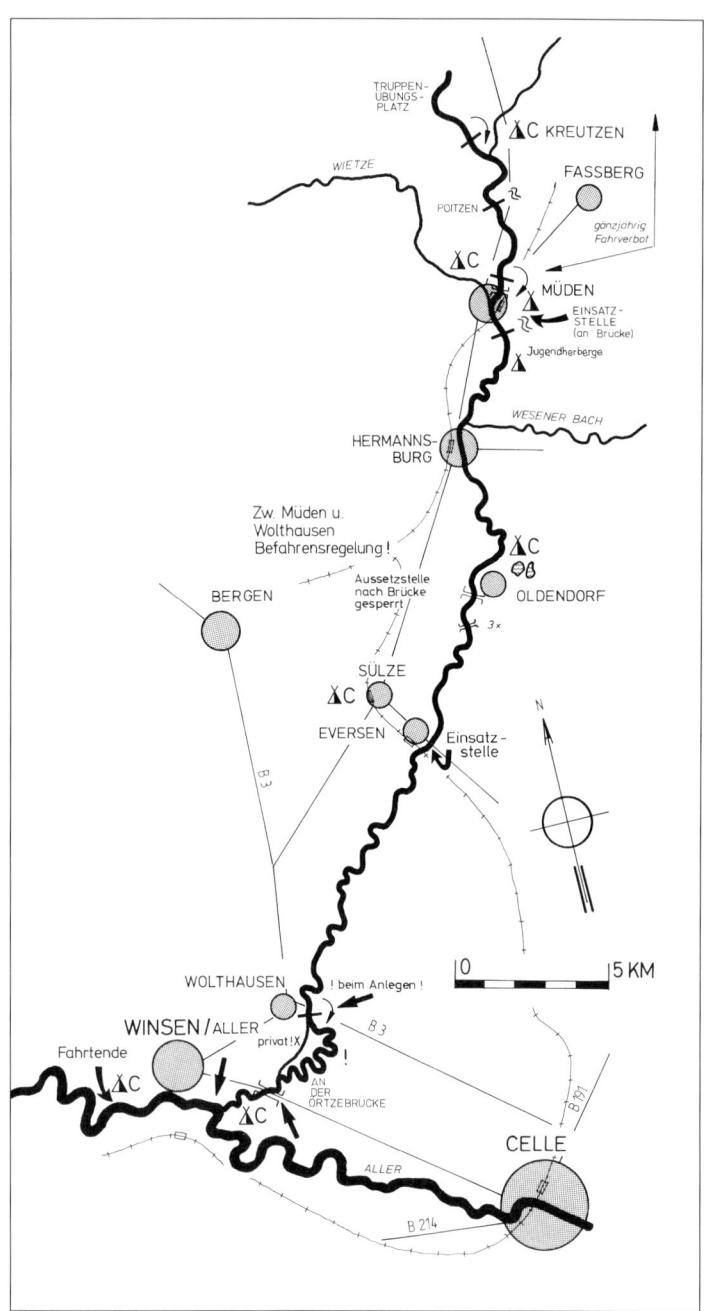

Wiesen winkt vom Ufer ein Wanderrastplatz mit Grillstelle. Kurz danach paddeln wir durch den gepflegten Park von Hermannsburg. Vor der Straßenbrücke hat die Ortsverwaltung schöne Anlegestellen gebaut. Wir steigen aus den Booten und besuchen die altehrwürdige, 1000jährige Peter-und-Pauls-Kirche.

Wiesen und schöne Kiefernbestände, die zum Westrand des Naturparks gehören, begleiten weiter die Oertze. In Eversen beenden die Leihboote ihre Fahrt, und der folgende Flußabschnitt gehört uns nun allein. Mit erhöhter Strömung zieht das Gewässer in eine Wildnis von Eichen und Erlen hinein, wo rhythmische Kehren mit geraden Abschnitten abwechseln. Nach der alten Holzbrücke folgt eine einladende Kiesbank. Wir legen an und vespern.

Vor dem Wolthausener Wehr paddeln wir an der Flußgabelung links (rechts Balken im Wasser!) zum Wehr und tragen hier kurz um (automatische Wehrbedienung, Vorsicht!) Es geht jetzt unter der B3 hindurch, der Fluß verengt sich und gewinnt nochmal an Geschwindigkeit.

Mit unzähligen Spitzkehren, die von uns eine gute Bootsbeherrschung verlangen, beginnt nun ein sportlicher und landschaftlich sehr ansprechender Abschnitt: überhängende Weiden, hohe Sandufer und immer wieder enge Schleifen – als möchte sich die Oertze noch einmal so richtig austoben, bevor sie schließlich von der Aller verschluckt wird.

Dann erblicken wir die ersten Wochenendhäuser, und der Fluß beruhigt sich. An der blauen Straßenbrücke könnten wir schon abbauen und beim gemütlichen Gasthaus die Fahrt beenden. Es lohnt sich aber, bis in die Aller weiterzupaddeln. Nach ca. 2 km zeigt sich das Städtchen Winsen, wo nach der Brücke beim Campingplatz unsere abgestellten Autos warten.

Charakter, Tips
Im Abschnitt zwischen Müden und Wolthausen 29. 2.–15. 7. Fahrverbot! Befahrung erlaubt: 16. 7.–30. 9., 8–19 Uhr und 1. 10.–28. 2., 8–16 Uhr für Canadier und Kajaks bis 6 m Länge und 1 m Breite. Ein- und Aussteigen nur an offiziellen Anlegestellen! Bis Eversen sind viele Leihboote unterwegs. Spitzkehren und Strömung verlangen gute Bootsbeherrschung.

Zeltmöglichkeiten
Camping Kreutzen; Müden: Sonnenberg; Oldendorf; Winsen/A.

Sehenswertes
Munster: St.-Urbani-Kirche, Wassermühle, Panzermuseum.
Müden/Ö.: St.-Laurentius-Kirche, Bauernhäuser, Wietzer Berg (Lönsdenkmal), Tilly-Linde.
Hermannsburg: Kirche St. Peter u. Paul, Missionssammlungen im Ludwig-Harms-Haus, Hiesterhof.
Oldendorf: Gemäldegalerie im Bauernhausmuseum, kleiner Vogelpark.
Eversen: In Sülze Afrikamuseum.
Winsen/A.: St.-Johannis-Kirche, Junkerntor, Kötnerhaus.
Celle: Siehe Tour 46.

Karten, Kanu-Literatur
Generalkarte 1:200 000, Blatt 5, 7; Deutsche Idealkarte 1:100 000, Blatt 9. Deutsches Flußwanderbuch, Kanuwanderbuch für Nordwestdeutschland; Faltblatt Wasserwandern Lüneburger Heide.

Aller

Nebenfluß der Weser

Wolfsburg – Celle
ca. 90 km
kleine Ferienfahrt
(bis Verden ca. 190 km,
Ferienfahrt)

Am südlichen Ufer des Allersees finden wir am Gelände des Kanuvereins eine gute Einsetzstelle.

Die Aller ist der wichtigste Nebenfluß der Weser. Von ihrer Quelle bei Seehausen am Rande des Lappwaldes fließt die Aller in nördlicher Richtung und entwässert im Oberlauf die fruchtbare Magdeburger Börde. Vor Wolfsburg wendet sie sich nach Westen und durchquert als ruhiger Wiesenfluß den Drömling, um weiter im eiszeitlichen Urstromtal über Celle die vielen Flüßchen der Lüneburger Heide aufzunehmen. Nach einem 260 km langen Lauf mündet die Aller bei Verden in die Weser.

Unsere Tour beginnt in einer der modernsten Städte Deutschlands, in Wolfsburg. Am Allersee, einem großen Sport- und Badesee, finden wir am Südufer einen Campingplatz und das schöne Zeltgelände der Wolfsburger Kanuten (Mitglieder des DKV sind willkommene Gäste). Hier lassen wir unsere Kanus ins Wasser und steuern in Richtung des gelb leuchtenden Eispalastes über den See. An der Bootsrampe am Schwimmbad legen wir an und tragen die Boote am Wanderweg entlang zum Fluß. (Man kann auch im sehenswerten Städtchen Vorsfelde einsetzen).

Durch eine weitläufige Parkanlage, unter der breiten Straßenbrücke hindurch, paddeln wir am Wolfsburger Schloß vorbei. Es folgt ein langer, begradigter Flußabschnitt am VW-Werk entlang. Lange begleiten uns noch die hohen Schornsteine des neuen Kraftwerks Ost. Kurz vor Weyhausen, einem wendischen Rundlingsdorf, zweigt am niedrigen Schützenwehr die Alte Aller nach rechts ab. Gerade weiter führt der auf 5 km Länge im Barmbrucher Forst für Kanuten gesperrte Allerkanal.

Wir paddeln im engen, ursprünglichen und vielgewundenen Flußbett der Alten Aller durch die Gärten von Weyhausen und erreichen nach Osloß die Kastenbrücke des Elb-Seitenkanals. In weit ausholenden Schlingen windet sich die Aller durch das Clausmoor und den Gifhorner Stadtwald. Nicht weit von hier liegt das bekannte Internationale Mühlenmuseum, das wir besichtigen sollten.

Bis hierher reicht der Stau des Entlastungswehrs. Bei niedrigem Wasserstand fahren wir im rechten Stadtarm weiter, bei gutem Wasserstand tragen wir die Boote links über die Rampe in den Entlastungskanal um.

Unterhalb der Stadt mündet die wasserreiche Ise in die Aller. Durch die Fahle Heide paddeln wir zur Brenneckenbrücke der B 188, an der ein Campingplatz und das einladende Wirtshaus »Im Wiesengrund« liegen. Hier schließt sich fast rechtwinklig mit einem Schwall der Allerkanal wieder an, und nach dem Wehr in Dieckhorst-Münden, das wir links über die Straße umgehen, folgt im spitzen Winkel die Oker.

Etwas reguliert ist das Flußbett vor dem Langlinger Wehr. Leider ist die automatische Bootsgasse nicht immer in Betrieb, und so müssen wir hier die Kanus über einen Holzsteg umtragen. Wir nutzen die Gelegenheit zu einer Pause, trinken ein kühles Bier oder essen Eis im gemütlichen »Allerparadies« (auch Zeltplatz).

Bald sind wir an der oft nicht funktionierenden Oppershausener Bootsgasse, in deren Nähe das adrette Bootshaus der Flotwedeler Kanuten steht. Vor der Wiesenhausener Brücke können wir anlegen, um das ehemalige Zisterzienserkloster (Damenstift) und seine Kunstschätze zu besichtigen.

Begleitet von einzelnen mächtigen Eichen erreichen wir das Theewinkelwehr, tragen über die Treppchen rechts um und lassen danach die Kanus ohne Hindernisse nach Celle treiben. Bald nehmen wir die kristallklare Lachte auf und finden links haltend und geführt von der Kastanienallee am Ufer die Einfahrt zum Magnusgraben. Am Anleger des Celler Paddler-Clubs steigen wir aus den Booten. Das Vereinsgelände auf der Ziegeninsel ist ein idealer Zeltplatz, und nach Anfrage sind wir hier gerngesehene Gäste.

Mindestens einen Tag muß man Celle widmen. Die alte Residenzstadt wirkt mit ihren vielen schönen Straßenzeilen voller farbiger Fachwerkhäuser wie ein großes, lebendiges Freilichtmuseum.

Wir können unsere Wanderung von Celle aus noch weiter flußabwärts fortsetzen. Die Aller ist hier zwar Binnenwasserstraße, doch mit nur geringem Schiffsverkehr. Am Celler Wehr tragen wir rechts um und landen nach 20 km gemütlicher Fahrt (Schleuse in Oldau) in Winsen, wo sich der Campingplatz am rechten Allerufer als Etappenziel anbietet.

Bis zur Mündung in die Weser erwarten uns noch drei Schleusen, alle liegen vor der Leinemündung (umtragen oder ab drei Booten Schleusung). Auf den nächsten 64 km strömt der Fluß völlig unverbaut und zügig am Schloß Ahlden vorbei und in vielen weiten Schleifen über Rethem zur Mündung bei der sehenswerten Stadt Verden, wo wir beim Wassersportverein (guter Zeltplatz) unsere Ferienfahrt beenden.

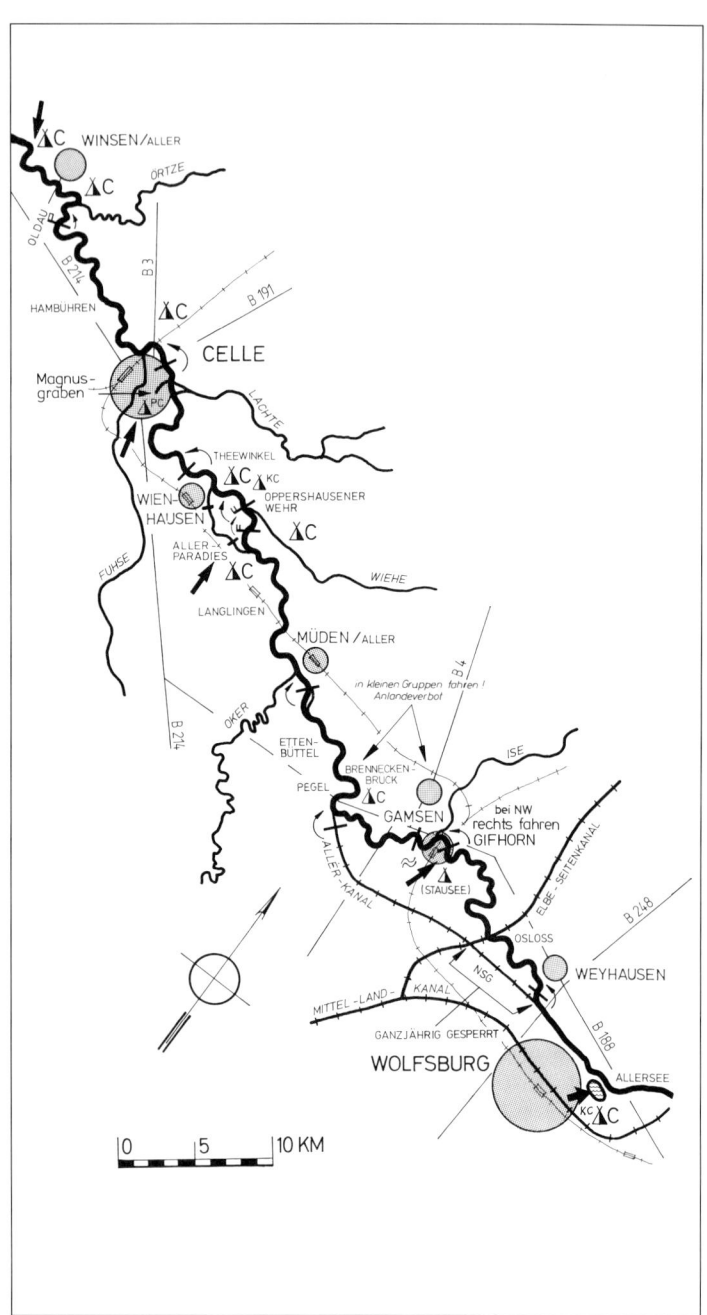

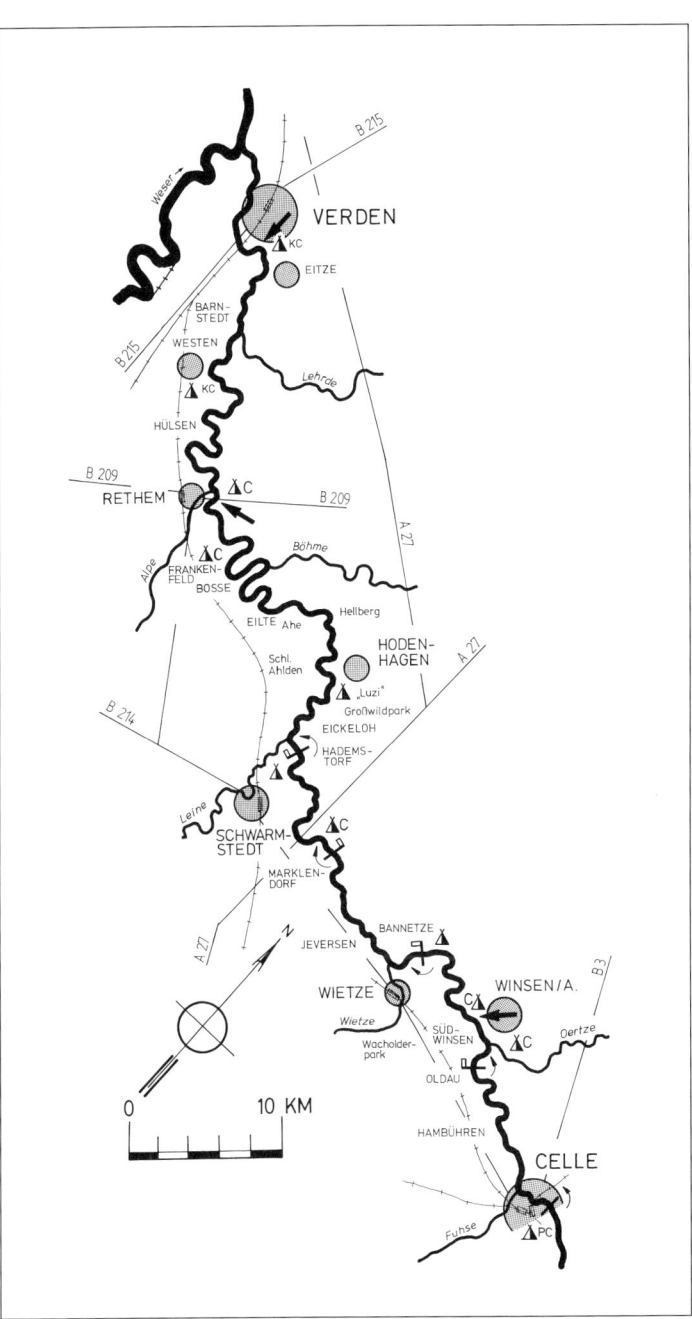

Charakter, Tips

Ganzjährig ab Vorsfelde mit allen Kanutypen leicht befahrbarer Wanderfluß mit sandigem Flußbett und sauberem Wasser. Viele Zeltplätze erlauben eine schöne Ferienfahrt mit Gepäck. Vor Weyhausen am Schützenwehr rechts in die Alte Aller hineinfahren (durch Gifhorn), da der Allerkanal auf 5 km Länge für Kanufahrer gesperrt ist. Pkw-Kontakt an Brücken möglich; Bahnverbindung zwischen Celle und Wolfsburg. Ab Leinemündung auf 64 km freie Fahrt bis Verden. Möglichkeit zum Schleusen besteht ab drei Booten; sonst umtragen.

Zeltmöglichkeiten

Camping: Wolfsburg, am See auch Kanu-Club; Gifhorn; Brenneckenbrücke; bei Schwachhausen; Langlingen; Wienhausen; Celle: Kanugelände; Winsen/A.; Bannetze; Engehausen; Frankenfeld; Verden.

Sehenswertes

Vorsfelde: Altstadt.
Wolfsburg: Renaissanceschloß mit Galerie (Alt Wolfsburg), St.-Annen-Kirche, Kulturzentrum, moderne Kirchen, Planetarium, Volkswagenwerk (Besichtigung) u. a.
Weyhausen: Rundlingsdorf.
Gifhorn: Schloß (Kreisheimatmuseum), Torhaus, Schloßkapelle, Wind- und Wassermühlen-Museum, Nikolaikirche, Bürgerhäuser.
Wienhausen: Ehemaliges Zisterzienserinnenkloster mit Nonnenchor und Sammlungen (Wienhäuser Teppiche).
Celle: Altstadt mit vielen Fachwerkhäusern, Altes Rathaus, Stadtkirche (Holztonnendecke), Schloß, Schloßtheater, Parkanlage u. a.
Winsen: Altstadt; *Wietz:* Erdölmuseum.
Hodenhagen: Serengeti-Großwildpark.
Verden: Dom St. Marien, St.-Andreas-Kirche, St.-Johannis-Kirche, Bürgerhäuser, Heimatmuseum, Pferdemuseum.

Karten, Kanu-Literatur

Generalkarte 1:200 000, Blatt 7, 5;
Deutsche Idealkarte 1:100 000,
Blatt 8, 9.
Deutsches Flußwanderbuch;
Kanuwanderbuch für Nordwestdeutschland.

Kaum 5 m breit und sehr windungsreich ist die Aller bei Weyhausen.

Ilmenau

Nebenfluß der Elbe

47
Uelzen – Lüneburg
56 km
2–3-Tage-Fahrt

Alte Bauernhöfe liegen an den niedrigen Ufern der Ilmenau.

Hydrologisch betrachtet, ist die Ilmenau mit ihrem fast 3000 km² umfassenden Einzugsgebiet der größte Heidefluß. Doch genau gesehen, hat die Ilmenau keine eigene Quelle; erst am Zusammenfluß zweier Heidebäche – der Stederau und der Gerdau – bei Uelzen bekommt das neu entstandene Flüßchen den Namen Ilmenau. Früher nannte man sie auch Ulmenfluß wegen der zahlreichen Ulmenhaine, die in alten Zeiten ihre Ufer säumten und später unter den Salzsiedepfannen der Lüneburger Saline verheizt wurden. Das flache Ilmenautal hat durch landwirtschaftliche Nutzung auch seinen ausgeprägten Heidecharakter verloren. Durch eine liebliche Wiesen-, Feld- und Parklandschaft schlängelt sich heute der teils regulierte Oberlauf von Uelzen über Bad Bevensen und Bienenbüttel nordwärts nach Lüneburg. Zweimal unterquert er dabei den Elbe-Seitenkanal, den »Heide-Suez«, wie ihn die Anwohner scherzhaft nennen. Wenige Kilometer flußabwärts von Lüneburg berührt die

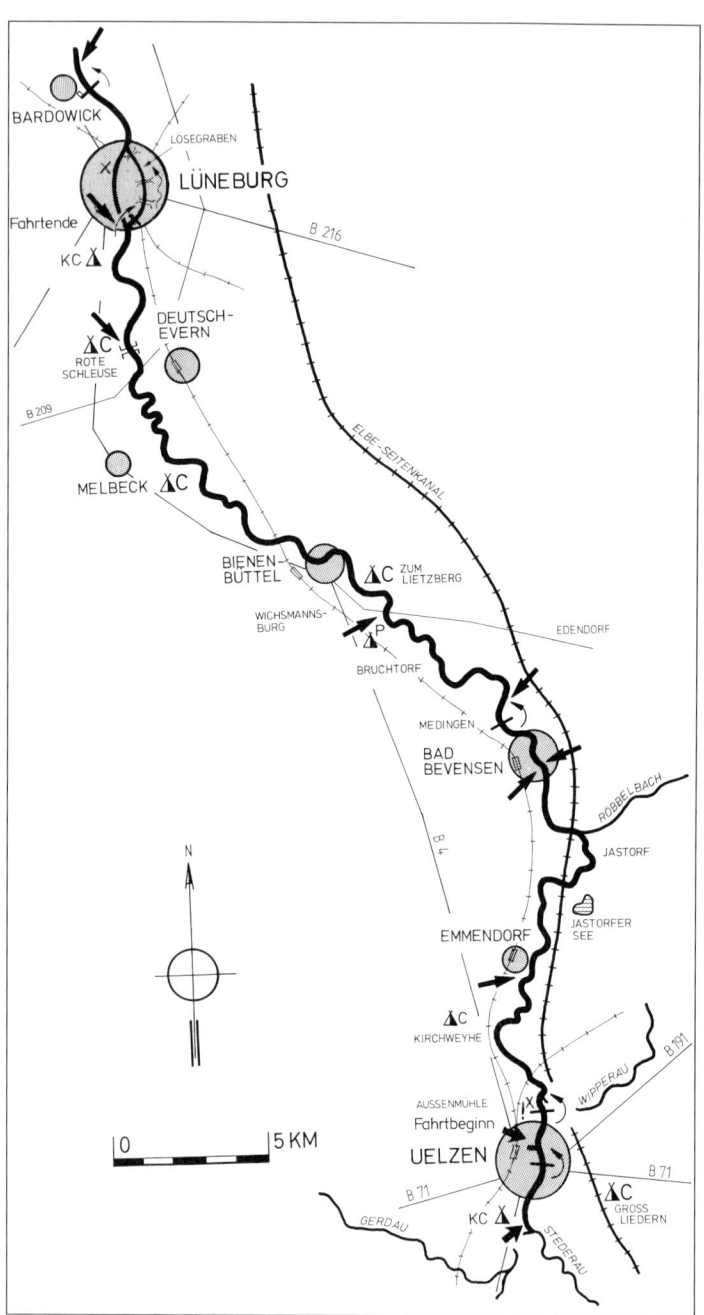

Picknick am Flußufer der Ilmenau.

Ilmenau den mächtigen Bardowicker Dom. Bei Wittorf übernimmt der Ilmenaukanal das ganze Wasser und nähert sich in westlicher Richtung der Elbe. Nördlich von Winsen wird noch die flotte Luhe aufgenommen. Kurz danach, in Hoopte, wo ein Hochwasser-Sperrwerk die Landschaft am Unterlauf vor Sturmfluten schützt, mündet die Ilmenau nach fast 90 km Länge in die Elbe.

In der Stadt der »Eulenkäufer«, in Uelzen, beginnt unsere Kanuwanderung. Die Autos lassen wir am großen Parkplatz neben der alten Ilmenaubrücke stehen; von hier sind es knapp 100 m über die Straße zur Einsetzstelle, einem kleinen »Hafenbecken« im Park. Nach den ersten Paddelschlägen, die uns an der Stadt entlangführen, trauen wir unseren Augen nicht: Links voraus sehen wir ein Storchennest. Doch es ist nur ein weißer Blechstorch, der den lebendigen Adebar ersetzt.

Nach der modernen Straßenbrücke sperrt ein unbefahrbares Wehr die Ilmenau. Rechts winkt eine gut angelegte Rampe; wir tragen 50 m um und sitzen schon wieder in den Booten.

In weit ausholenden Schleifen, leicht im Terrain eingeschnitten, zieht uns der Fluß zwischen Holunderbüschen, Pappeln und Weiden unter der neuen Eisenbahnbrücke hindurch und an den Hügelgräbern von Kirchweyhe vorbei. Vor Emmendorf ermöglichen die nun flachen Flußufer einige schöne Ausblicke auf die verstreuten, niedrigen Bauernhöfe, und eine angenehme ländliche Stimmung begleitet uns.

Nach einer Rechtsschleife nähern wir uns der hohen Brücke des neuen Elbe-Seitenkanals, der die Elbe mit dem Mittellandkanal verbindet. Wir legen an und steigen die steilen Treppen hinauf. Es ist schon seltsam, wie hoch diese künstliche Wasserstraße über der ursprünglichen Talsohle fließt, fast schnurgerade in der Nord-Süd-Achse. Noch ein Blick auf das unter uns liegende Jastorf; unweit von hier unterquert die Ilmenau nochmals den Kanal.

Durch eine parkähnliche Landschaft nähern wir uns in regelmäßigen Flußschlingen Bad Bevensen. Am alten Mühlenwehr in Medingen tragen wir später die Kanus rechts über die Wiese ins Unterwasser. Eine Besichtigung der reich ausgestatteten klassizistischen Klosteranlage sollten wir uns nicht entgehen lassen.

Nach Medingen folgt bei guter Strömung über mehrere Kilometer eine schöne, abwechslungsreiche Waldstrecke, in der kleine Sandbänke bei heißen Sommertemperaturen zum Faulenzen einladen. Große Findlinge, knapp unter dem Wasserspiegel liegend, fordern unsere Aufmerksamkeit; im glitzernden Gegenlicht sind sie vom Boot aus leicht zu übersehen. An Wichmannsburg vorbei finden wir in Bienenbüttel an der Straßenbrücke zu Vastorf eine Raststelle mit Treppchen und einer Sitzgruppe.

Eine bequeme Tagesetappe trennt uns noch von Lüneburg. In sanften Schleifen mäandert die Ilmenau durch die Flachwiesen vor Deutsch-Evern, und auf dem kanufreundlichen Campingplatz Rote Schleuse bei der Häcklinger Holzbrücke, einem idealen Ausgangsort für viele Flußwanderungen in der Heide, können wir nochmal übernachten. Von hier erreichen wir am nächsten Vormittag die Salz- und Hansestadt Lüneburg, wo links vor dem Lösegrabenwehr ein günstiger Abbauplatz liegt.

Charakter, Tips

Zügig fließendes Wanderflüßchen, das ganzjährig von Uelzen mit allen Bootstypen problemlos befahrbar ist und eine genußvolle Wanderung bietet, für die man sich ca. 3 Tage Zeit nehmen sollte. Gute Einsetzstelle auch beim KC Uelzen, ca. 1 km südlich der Brücke der B 191. Erfahrene Wanderfahrer können bis in den Spätfrühling auf einem der Quellbäche, der Stederau, ab Bodenteich 22 km bis Uelzen an einem Tag hinunterpaddeln (hier fünf teilweise nicht befahrbare Wehre). Zwischen Lüneburg und Uelzen Eisenbahnverbindung.

Zeltmöglichkeiten

Stederau: Bodenteich; Ilmenau; Uelzen: Großliedern, KC Uelzen für DKV-Mitglieder; Camping Westerweyhe; Wichmannsburg; Camping Melbeck; Rote Schleuse; Kanu-Club Lüneburg.

Sehenswertes

Uelzen: Altstadt, Marienkirche, gotische St.-Gertruden-Kapelle, Heiliggeist-Kapelle; Stadtteil Oldenstadt: ehemaliges Benediktinerkloster, Hügelgräber, Ulenköper (Denkmal), Schiffsschleuse.
Bad Bevensen: Thermalquellen, Kurzentrum, Kloster Medingen (Damenstift), Gestüt Klosterhof, gotisches Brauhaus, Hügelgräber.
Lüneburg: Alte Salz- und Hansestadt, Straßenzüge mit reichgeschmückten Giebelhäusern, Rathaus, ehemaliges Schloß, Ratsbücherei, ehemalige Ritterakademie, Naturdenkmal Kalkberg, St.-Benedikt-Kirche, St.-Johannis-Kirche mit 105 m hohem Backsteinturm, gotische Basilika St. Nikolai, Hafen mit altem Kran, Saline, Kloster Lüne u. v. a.
Bardowick: Gewaltiger Dom mit Schnitzaltar und Chorgestühl, Gildehaus, Ilmenauschleuse.

Karten, Kanu-Literatur

Generalkarte 1:200 000, Blatt 5; Deutsche Idealkarte, Blatt 6, 9. – Deutsches Flußwanderbuch; Kanuwanderbuch für Nordwestdeutschland; Wassersport-Wanderatlas, 1:100 000, E 3.

Alster

48

Nebenfluß der Elbe

Naherfurt – Außenalster
42 km
2-Tage-Fahrt

Alles, was ein Paddel in der Hand halten kann, schippert am Wochenende die Alster hinauf.

Welche Großstadt in Deutschland, außer Hamburg, kann schon einen so urwüchsigen und erfrischend fließenden Fluß wie die Alster sein eigen nennen? Ob es der noch natürlich mäandernde, durch Feuchtwiesen und einen Grüngürtel von Wäldern ziehende Oberlauf ist oder der in die Stadt integrierte und regulierte Unterlauf ab Fuhlsbüttel oder die riesige Wasserfläche der Außenalster und die vielen Kanäle, die wie ein Netz die Stadt durchziehen. Die Hamburger sind stolz auf ihren Fluß. Viele von ihnen verbringen einen großen Teil ihrer Freizeit auf der Alster, und wenn man hier als Fremder den Fluß herunterpaddelt, ist man von den zahlreichen Kanus, Kajaks und Ruderbooten sehr beeindruckt. Alles, was ein Paddel in der Hand halten kann, schippert samstags den Fluß hinauf, um das Wochenende am Wasser zu verbringen.

Wir beginnen unsere Kanuwanderung unter der Straßenbrücke der B 432 am Gasthof »Naher Furt«, wo wir auch gleich einen Parkplatz vorfinden. Eine Treppe erleichtert

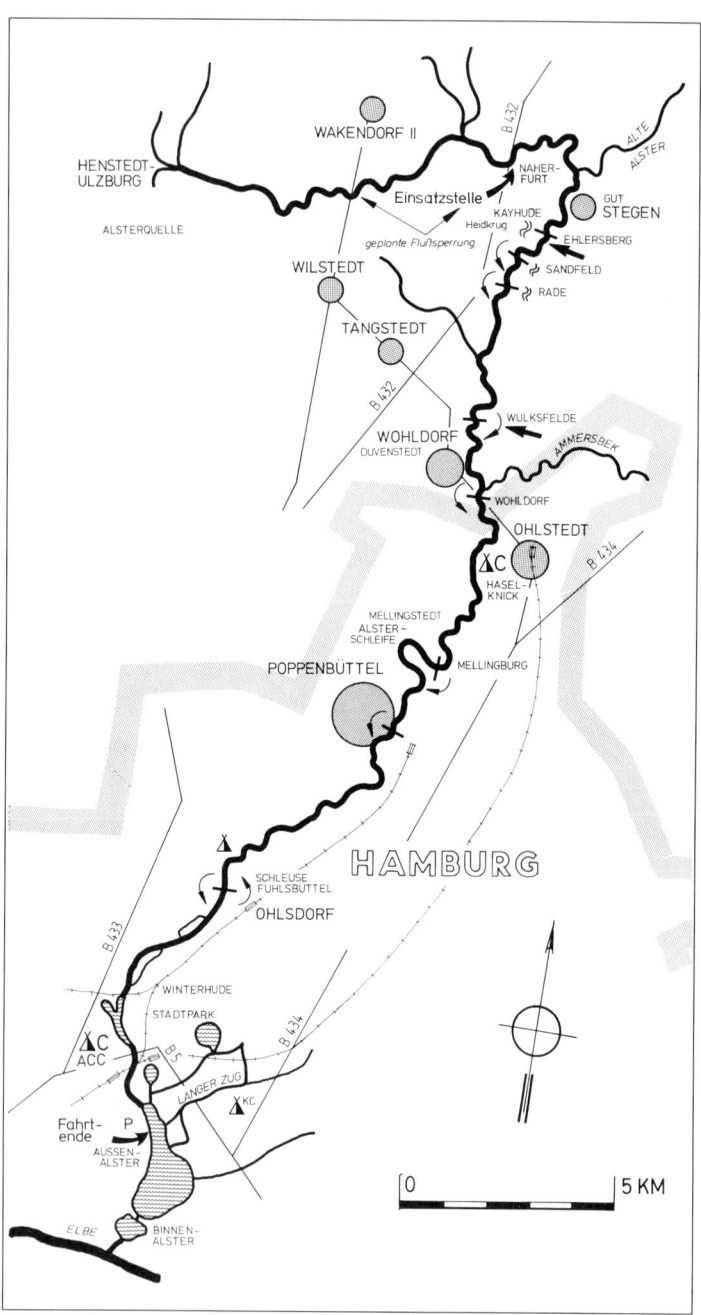

das Einsetzen der Boote, und der Pegel zeigt bis lange in den Sommer einen ausreichenden Wasserstand an. Zuerst geht es gerade durch eine Pappelallee, doch bald schwingt die Alster von Schleife zu Schleife. Teppiche von gelben Teichrosen überwuchern die Wasserfläche, und an den frisch gemähten Wiesen finden wir schöne Plätze zum Ausruhen.

Eine Halbinsel mit sieben Pappeln markiert den nördlichsten Punkt unserer Fahrt; ab hier paddeln wir südwärts der Sonne entgegen. Mächtige Weiden säumen die Flußufer, und vor uns taucht das alte Gut Stegen auf. Oberhalb der Straßenbrücke mündet die Alte Alster, vor vielen Jahrhunderten als Alster-Trave-Kanal ausgebaut, doch heute versandet und unbefahrbar. Der nach der Brücke folgende Mäander wurde mit Steinwurf etwas verflacht, um die Erosionsschäden in Grenzen zu halten. Das Wehr vom »Heidkrug« (historisches Wirtshaus) ist meist offen und leicht befahrbar.

Ab hier ändert sich fast schlagartig der bisherige Wiesenflußcharakter – die Alster wird zum Wald- und Parkfluß. Jede Kehre überrascht uns mit neuen Bildern, bei Sonnenschein glitzern viele kleine Lichter auf der Wasserfläche, und wir tauchen in ein grünes, alles durchdringendes Zwielicht ein. Drei Wehre unterbrechen diese stimmungsvolle Fahrt, doch gute Umtrageanlagen erleichtern das Weiterkommen.

Nach dem Rade-Wulksfelder Forst, wo alte Eichen bis in die Alster steigen, mündet rechts die Wohldorfer Au, danach folgt ein weiteres Wehr. Wir steuern mit unseren Booten rechts unter die Straßenbrücke; eine Rolltreppe mit Bootssteg ermöglicht es, auch schwer beladene Faltboote mühelos ins Unterwasser zu schieben. Bevor wir unsere Fahrt fortsetzen, schauen wir uns noch den schönen Fachwerkbau des Schleusenmeistereihauses an, das seinen Ursprung im 16. Jh. hat.

Anschließend gräbt sich die Alster tief ein, und alte Pfahlregulierungen befestigen die Ufer. Die ersten Villen der reichen Hamburger Bürger lugen durch die Waldkulisse, und manche Gärten voller blühender Rhododendronbüsche grenzen bis an den Fluß. Bald legen wir am

Der Canadier ist das meistgefahrene Boot auf der Alster.

hübschen, etwas verstecken Campingplatz Haselknick, dem Ziel dieser Tagesetappe, an.

Am nächsten Morgen paddeln wir durch das Naturschutzgebiet Rodenbeker Quellental. Unter mehreren Brücken hindurch steuern wir zu einer Rechtsschleife; hier mündet der Mühlbach. Ein paar Meter weiter liegt das sehenswerte Mühlenhaus mit einer malerischen Gastwirtschaft. Die folgende Mellingburger Schleuse mit Anlegestegen, Rolltreppen und dem alten Schleusenmeisterhaus ist eine Sehenswürdigkeit für sich. Nach der großen Alsterschleife paddeln wir weiter in einer gepflegten Parklandschaft. Vor dem Poppenbütteler Wehr erweitert sich die Alster seeartig, und die Boote werden über die Straße und die Bootsschleppe ins Unterwasser umgetragen. Ein Biergarten lockt zum gemütlichen Umtrunk.

Nach der Erfrischung geht es weiter, an Spielwiesen, Gärten, Teichen und Sportplätzen vorüber zur Schleuse Fuhlsbüttel, die wir rechts über eine Rollenrampe bewältigen. Ab hier ist die Alster kanalisiert, begradigt und für die Weiße Flotte, die Ausflugsschiffe, befahrbar.

Hamburg tritt jetzt ins Rampenlicht, schöne Anlagen schmücken die Ufer. In Eppendorf liegt der Mühlenteich, das Winterquartier der unzähligen Alsterschwäne. Es folgt das Gelände des Alster-Canoe-Clubs. Vorbei an der St.-Johannis-Kirche erreichen wir die Krugkoppelbrücke, die uns den Zugang zur fast 200 ha großen Außenalster öffnet. Wie ein übergroßes blaues Juwel, eingefaßt mit Grünanlagen, liegt der See inmitten der Stadt.

In der schönen Parkanlage des Alstervorlandes beenden wir unsere Wanderung, und am großen Parkplatz am Fährdamm können wir die Kanus auf die wartenden Autos laden.

Charakter, Tips

Ruhig fließender, teilweise sehr urwüchsiger und abwechslungsreicher Wiesen-, Park- und Waldfluß, in der Stadt seeartig (Außenalster) erweitert. Auch für wenig Erfahrene zu empfehlen. Die Wehre sind teilweise befahrbar, ab Wohldorf unbefahrbar, mit Bootsschleppen ausgerüstet. Ab der Straßenbrücke B 432 Naherfurt bzw. Kayhude auch mit Faltbooten ganzjährig befahrbar. An Wochenenden im Stadtbereich reger Bootsverkehr. Pkw-Kontakt an Brücken. Ein Wanderweg, der die alten Treidelwege nutzt, führt am Fluß entlang (Rückholen der Autos mit dem Fahrrad).

Zeltmöglichkeiten

Alster: Campingplatz Haselknick in Ohlstedt, Alster-Canoe Club, Hanseat-Verein für Wassersport (nach Anmeldung); Alsternähe: Camping in Itzstedt, Hamburg, Eidelstedt.

Sehenswertes

Henstedt: Ulzburg (gefaßte Alsterquelle).

Am Fluß: Gasthof »Heidkrug«, Museum Rade, Herrenhaus Wohldorf, Schleusen, Alte Mühle, Poppenbüttler Markt, Arboretum.

Hamburg: Rathaus, Börse, St.-Michaels-Kirche, St.-Peters-Kirche, Deichstraße, Brücken, St. Pauli, Reeperbahn, Landungsbrücken, Museum für Völkerkunde, Kunsthalle u. v. a.

Karten, Kanu-Literatur

Generalkarte 1:200 000, Blatt 2; Deutsche Idealkarte 1:100 000, Blatt 6; Hamburger Stadtplan des Vermessungsamts, Karte 2, 3. Wassersport-Wanderatlas, 1:100 000, E 4; Deutsches Flußwanderbuch; Kanuwanderbuch für Nordwestdeutschland; Die Alster, Prospekt der Hamburger Information GmbH.

Schwentine

49

(mit Holsteinischen Seen)
Ostseefluß

Eutin – Raisdorf
ca. 50 km
kleine Ferienfahrt

Diese Gruppe beginnt am Kleinen Plöner See die Schwentinefahrt.

Auf ihrem Weg zur Kieler Förde durchfließt die Schwentine, nahe des 168 m hohen Bungsberges entspringend, zwischen Eutin und Preetz die Ostholsteiner Seenplatte, ein geologisches Überbleibsel des abgeschmolzenen Eiszeitgletschers.

Nördlich von Preetz zwängt sich die bisher zahme Schwentine durch die enge Waldschlucht von Raisdorf, hier wie ein Wildbach von Stein zu Stein springend (NSG, Fahrverbot!), um beruhigt die Landeshauptstadt Kiel anzusteuern und dort im Fischerhafen in die Ostsee zu münden.

Sportlich läßt sich unser Wandervorschlag in zwei Tagen bewältigen, doch die faszinierende Seenlandschaft und die sehenswerten Städtchen verlangen nach mehr Zeit; eine kleine Ferienfahrt ist hier angebracht.

In Eutin, wo uns das rote Backsteinschloß und die vielverzierten Bürgerhäuser am Marktplatz beeindrucken, setzen wir unsere Boote unweit des Schlosses ins Wasser. Die Fahrt geht über den Eutiner See, unter der weißen Holzbogenbrücke hindurch, am Gelände des Rudervereins Germania vorbei (nach Anfrage auch Einsetzmöglichkeit) zur Neumühle. Auf einer Holzbrücke überquert der Europäische Fernwanderweg E 6 die verschilfte Schwentine, die uns zum Wehr der Fissauer Mühle trägt. Um die Mühle müssen wir ca. 80 m rechtsufrig umtragen.

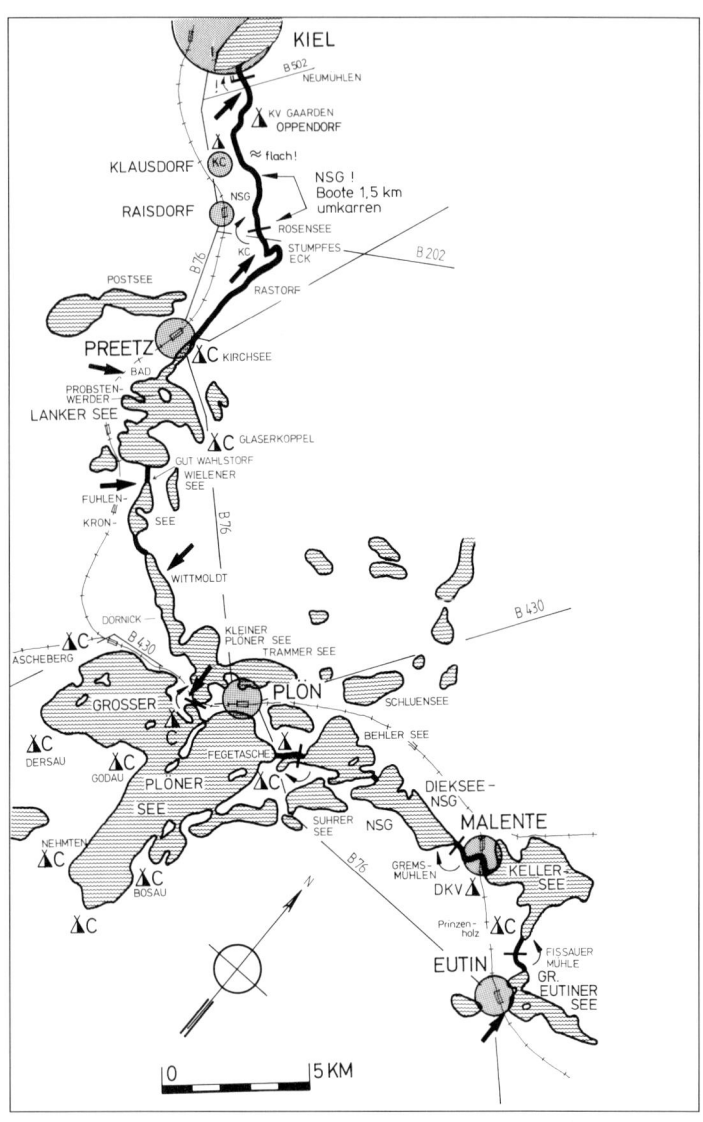

In nördlicher Richtung steuern wir unter der nächsten Straßenbrücke hindurch zum Kellersee. Alte Buchenbestände säumen das rechte Ufer, an dem entlang wir bis nach Sielbeck paddeln. Von hier unternehmen wir einen Spaziergang zum verträumten Ukleisee, an dessen Ufern ein reizendes Jagdschlößchen steht.

Wieder zurück, erreichen wir in westlicher Richtung bald die Halbinsel Ohlenhof, wo aus dem dunklen Grün der Buchenwälder ein hübscher Pavillon zum See herüberleuchtet. Der Schwentinelauf liegt am Südwestufer im Schilf versteckt, nahe beim Gut Rothensande. Hier finden wir zum paddlerfreundlichen Campingplatz An der Schwentine. Der hübsche Kneipp-Kurort Malente ist ein lohnendes Etappenziel.

Am nächsten Tag legen wir linksufrig am Holzsteg vor der wuchtigen Gremsmühle an und bewältigen die lange Umtragestelle mit eigenem Bootswagen (Einsetzen vor dem Hotel Intermar). Weiter geht die Fahrt über den Diekseee (NSG). Zwei Inseln – Warder sagt man hier – unterbrechen die 4 km lange Paddelstrecke, die an der engen Durchfahrt zum Behler See endet. Am Großen Warder links vorbei lassen wir die Jugenderholungsstätte Adlerhorst und das Militärgelände hinter uns liegen und finden den Hals zum Höftsee, an dessen anderem Ende die Anlegestelle der Passagierschiffe liegt. Links daneben der Bootssteg und die Gleislore an der Umtragestelle Fegetasche. So nannte der Volksmund die frühere Zollstation am Schwentineeinlauf in den Großen Plöner See. Das alte Jagdhaus an der Mühleninsel dient heute einem Wassersportverein als Bootshaus.

Vor uns öffnet sich die weite Wasserfläche des Großen Plöner Sees (30 km^2). Rechtsufrig dehnt sich die Residenzstadt Plön mit ihrem vielgiebeligen, weißen Schloß aus. Entlang der Parkanlage paddelnd erreichen wir die Prinzeninsel, die vom Land durch einen mit Kanus befahrbaren Kanal getrennt ist. Von hier sind es nur wenige Paddelschläge zum Camping Am Spitzenort, wo wir unsere Zelte aufschlagen.

Die zweite Hälfte unserer Wanderung ist nicht weniger schön und abwechslungsreich. Am Nordufer das Campingplatzes setzen wir die Kanus ins Wasser, um sie kurz danach an der Straßenbrücke auf die bereitstehende Gleislore zu laden und diese über die Rampe in den Kleinen Plöner See herüberzurollen. (Gleiswagen wieder zurückstellen!) Entlang des Koppelsberges paddeln wir unter der Eisenbahnbrücke hindurch und danach nördlich durch den Durchschlupf zum offenen See.

Anschließend orientieren wir uns an einer kleinen Bauminsel vor uns. Bei günstiger Windrichtung wird bald die Halbinsel mit den großen Häusern des Wittmoldter Gutes erreicht. Runde, grüne Kuppen umrahmen die seeartige Schwentine, und sandige Ufer locken mit schönen Badeplätzen.

Als wirklicher Fluß offenbart sich die Schwentine erstmals vor dem Kronsee. Hier wechseln Schilfufer mit dem Wurzellabyrinth mächtiger Erlen, auf deren Ästen mancher Graureiher sitzt. Eine Enge trennt den Kronsee vom nachfolgenden Fuhlensee, an dessen Ufer das schöne Herrenhaus des Gutes Wahlstorf liegt.

Wir bewältigen vorsichtig die Reusenklappe unter der Straßenbrücke. Kurz danach öffnet sich der südliche Teil des Lanker Sees. Die kleine Sonneninsel ist Vogelschutzgebiet – nicht anlanden! Ein kaum 100 m enger Hals trennt den südlichen Teil vom nördlichen; nun zeigt sich der See in seiner ganzen Breite. Bei frischem Westwind ist eine Überquerung recht anstrengend, ein Fernglas hilft uns beim Anpeilen des Kurses (Richtung Freibad-Rutsche).

An der Möwenschutzinsel und am Probstenwerder vorbei laufen unsere Boote wieder in die Schwentine ein, wo wir am Doppelsteg der Preetzer Ruderer und Kanufahrer eine wohlverdiente Pause einlegen dürfen. Am Kirchsee lugt zwischen mächtigen Weiden die rote, etwas geduckte Stadtkirche von Preetz hervor, rechts finden wir einen Campingplatz.

Nördlich der Stadt verliert die Schwentine ihren seeartigen Charakter und fließt zuerst geradeaus zwischen flachen Schilfufern, später in sanften Bögen durch ein leicht hügeliges Tal am Gut Rastorf vorbei. Das leuchtende Gelb und Rot des spätbarocken Herrenhauses läßt etwas vom Reichtum früherer Besitzer ahnen.

An der Flußgabelung am Brücklein nehmen wir den linken Flußarm. Es folgt eine schöne Waldstrecke mit mächtigen Eichen, Buchen, Erlen und Kastanienbäumen. Auf der Halbinsel »Stumpfes Eck« finden wir einen oft genutzten Rastplatz. Am Rosensee überquert die B 202 mit der blauen Brücke den Fluß, links davor liegt eine gute Aussetzstelle mit kleinem Parkplatz.

Wir können auch weiterfahren, unter der weißen Bogenbrücke hindurch, an der Bootsverleihstelle vorbei bis zum Bootshaus der Raisdorfer Kanuten, und hier die Reise beenden. Unweit befindet sich der große Parkplatz des Sportzentrums am bekannten Schwentinepark.

Charakter, Tips
Schöne Wanderfahrt auf stromlosem Gewässer, ganzjährig mit allen Kanu- und Kajaktypen befahrbar. Bei starkem Wind Vorsicht – hohe Wellenbildung! Für die Umtragestelle in Malente-Gremsmühlen (ca. 400 m) leistet ein Bootswagen gute Dienste. Eine Umrundung des Großen Plöner Sees mit seinen vielen Inseln (Wardern) wird bei schönem Wetter zu einem besonderen Erlebnis. Die vielen Campingplätze am See ermöglichen eine individuelle Aufteilung der Tagesetappen bei einer Wanderfahrt. Auf den Seeinseln sowie an den Ufern sind Vogelschutzgebiete durch Schwimmbojen gekennzeichnet; Befahrungsverbote beachten!
Bei Weiterfahrt nach Kiel ca. 1,5 km lange Umtragestelle am NSG Schwentineschlucht bei Raisdorf.

Zeltmöglichkeiten
Camping Eutin; Rotengrund; Malente: An der Schwentine; Plön: Spitzenort; weitere Campingplätze am Großen Plöner See; Camping Lankersee in Gläserkoppel; Preetz: Kirchsee, Postsee.

Sehenswertes
Eutin: Residenzstadt, fürstbischöfliches Schloß, Kapelle, Kavaliershaus, englischer Park, Hospital, fürstliches Palais, Rathaus, Geburtshaus Carl Maria von Webers.
Malente: Gremsmühlen (Feldsteinkirche), Räucherkate mit Heimatmuseum, Arboretum, Wildgehege, Mahnmal der Heimatvertriebenen am Krützen.
Plön: Schloß, Schloßkapelle, Prinzenhaus, Prinzeninsel mit Bauernhaus, St.-Nikolai-Kirche, Hofapotheke mit Museum, Pastorat, Marktplatz; Bosau: St.-Vizelin-Kirche aus Feldsteinen.
Preetz: Klosterkirche, ehemaliges Benediktinerkloster, Stadtkirche St. Lotharius, Plastik Schusterjunge, Zirkusmuseum.
Raisdorf: Schwentinepark (Zoo).
Kiel: Rathaus mit 106 m hohem Turm, spätgotische St.-Nikolai-Kirche, Kieler Schloß, Schloßgarten, Museen, Zentrum »Pumpe«, Opernhaus u. v. a.

Karten, Kanu-Literatur
Generalkarte 1:200 000, Blatt 1, 2; Deutsche Idealkarte 1:100 000, Blatt 3; Wassersport-Wanderkarte 1:100 000, Teil 1.
Deutsches Flußwanderbuch; Kanuwanderbuch für Nordwestdeutschland; Faltblatt Schwentine der Fremdenverkehrsgemeinschaft Holsteinische Schweiz e. V.

Treene

Nebenfluß der Eider

50

Frörup – Friedrichsstadt
74 km
3–4-Tage-Fahrt

Im Kajak durch die Kanäle von Friedrichstadt.

Am Treßsee, wo die Kielstau mit der Bondenau zusammentrifft, entsteht die Treene, die ab Frörup in südlicher Richtung eine wellige Geestlandschaft, ab Holm die flachen Marschwiesen in unendlich vielen Schleifen durchquert und, in Kanäle, Grachten und Siele aufgeteilt, sich durch Friedrichstadt zur Eider durchzwängt.

Eine geeignete Einsetzstelle finden wir an der Straßenbrücke zur B 76 in Frörup. Etwa 4 bis 5 m ist hier das saubere Flüßchen schmal, und auch nach 20 km nimmt es nicht viel an Breite zu. Schon kurz nach Frörup beginnt die Treene, ihre vielen, für sie so charakteristischen Schleifen zu ziehen. Wiesen und Weiden wechseln mit Erlenwäldchen, und nach der Autobahnbrücke nähern wir uns durch eine parkähnliche Landschaft dem reizenden Städtchen Tarp. Bis ans Wasser hängen im Frühling die blühenden Äste der Kastanien, und nach jeder Kehre wartet eine Überraschung – eine schöne Holzbogenbrücke, Pferde, Gänse auf der Weide. An manchem Hang steht ein sehenswertes Haus, und lange noch begleitet uns der Spitzturm der Tarper Kirche.

In unzähligen Mäandern pendeln wir zwischen teils bewaldeten Geestrücken und steuern unsere Boote um die flachen Sandbänke durch die Spitzkehren. Manche Kehre wurde schon durchbrochen, und so liegen auch kleine Inseln im Fluß. Nach einem verfallenen Wehr paddeln wir unter der Eggebeker Straßenbrücke hindurch. Links folgt die Kanustation in Langstedt; ein Holzponton dient als Einsetzstelle. Danach begleitet uns der ausgedehnte Staatsforst bei Büschau, und an der kleinen Brücke in Sollerup (hier auch gute Einsetzstelle) steht unter den Kopfweiden ein einladendes Bänkchen. Bei Sollbrück, einem langgezogenen Ort mit niedrigen Häusern unter prächtigen Baumalleen, überquert eine Eisenbahnbrücke den Fluß. Das Tal wird flacher, und wir paddeln Treia entgegen. Hier erwarten uns die einzigen Wehre dieser Wanderfahrt. Vor dem Feuerwehrhaus (Aussetzstelle mit Parkplatz) bewältigen wir das halbzerfallene Wehr, können aber auch kurz rechts umtragen. Nach der Straßenbrücke zeigt sich das unbefahrbare Betonwehr, das links leicht umtragen werden kann; auch eine Holzrutsche ist eingebaut. Die gleiche Situation folgt noch einmal $1^1/_2$ km weiter flußabwärts.

Der Flußcharakter ändert sich, die Treene wird zum langsam fließenden, baumlosen, teilweise eingedeichten Wiesen- und Moorfluß. Viele Entwässerungskanäle sorgen für kräftigen Wasserzuschuß. Bald paddeln wir in einem 20 bis 30 m breiten Flußbett. An der Hollingstedter Kirche vorbei erinnern wir uns, daß hier die Wikinger schon vor 1000 Jahren einen Hafen betrieben. Allmählich nähern wir uns den »Sandbergen« – rechts der aussichtsreiche Glockenberg, links die Stapelholmer Hügelkette, auf deren Höhen das Storchendorf Bergenhusen liegt. Bald schwingt die Treene in westliche Richtung. Es folgen eine enge Flußschlinge, eine Eisenbahnbrücke, und wir landen neben dem Strand des schönen Flußbades in Schwabstedt, einem reizenden Ferienort, wo neben dem leiblichen auch das geistige Wohl nicht zu kurz kommt: Die Freilichtbühne bietet alljährlich gutbesuchte Theaterveranstaltungen.

Ab der Straßenbrücke paddeln wir auf der aufgestauten, über 100 m breiten Wasserfläche. Oft wühlt ein kräftiger Gegenwind den Fluß steil auf. Vielleicht begegnen wir einem der weißen Ausflugsschiffe, deren Passagiere uns freundlich zuwinken. Nach 2- bis 3stündiger Fahrt laufen wir in Friedrichstadt ein. Eine Kanufahrt durch die Grachten und Gräben der von holländischen Siedlern gegründeten Stadt ist ein krönender Abschluß unserer Treene-Wanderung.

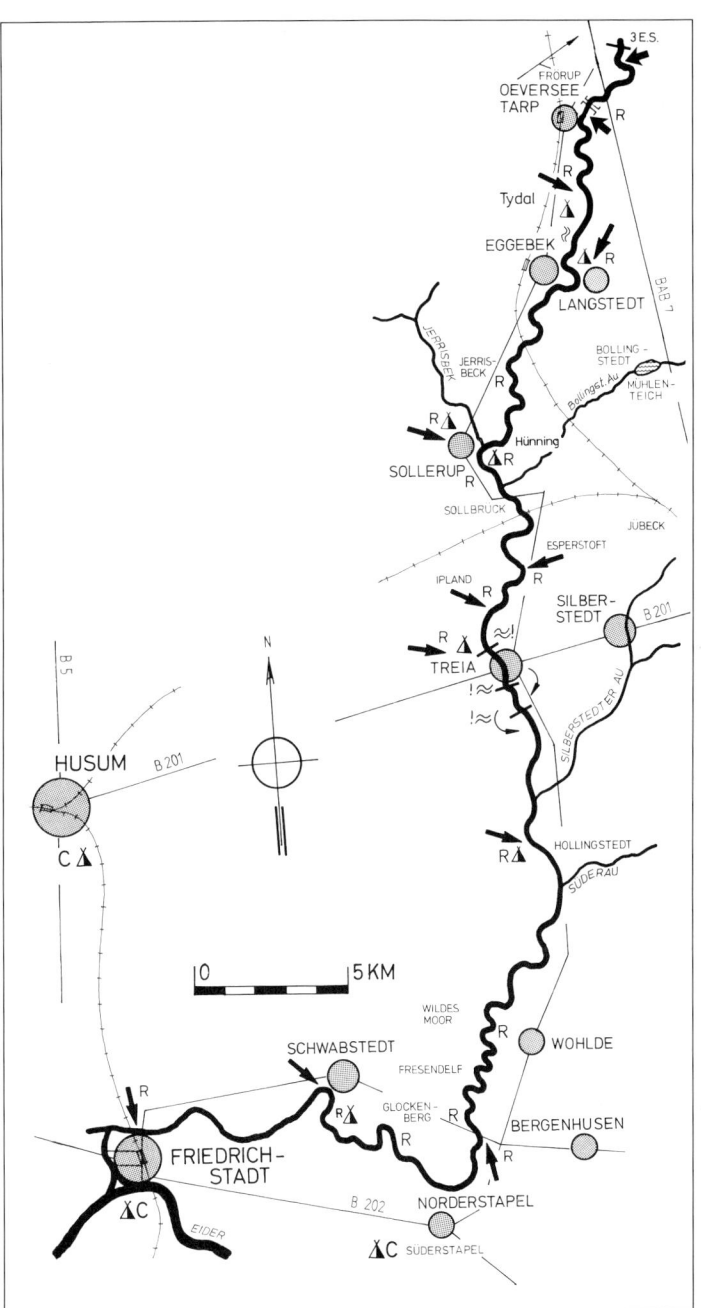

Charakter, Tips
Die Treene ist ab Tarp ganzjährig mit allen Kajak- und Kanutypen leicht befahrbar. Zwei Wehre in Treia sind mit Rutschen ausgestattet. Fluß nur in kleinen Gruppen befahren! Befahrensregelung: 15. 4.–15. 6. oberhalb Tarp Fahrverbot – Vogelbrut. Bis Treia sind nur Boote bis 5,5 m Länge und 1 m Breite zugelassen (keine Schlauchboote). An Einsetzstellen rot-grüne Pegelregelung; wenn Pegel Rot anzeigt, nächste stromabwärts liegende Einsetzstelle aufsuchen. Ein- u. Aussetzen, Rasten und Zelten nur an ausgewiesenen Plätzen erlaubt! Regelung zwischen den Gemeinden und dem Landessportverband Schleswig-Holstein einhalten!

Zeltmöglichkeiten
Eggebeck; Sollerup; Hünning; Treia; Hollingstedt; Schwabstedt; Friedrichstadt-Camping.

Sehenswertes
Tarp: Windmühle.
Schwabstedt, Umgebung: Wehrkirche, NSG Hude, Glockenberg, Storchendorf Bergenhusen; Süderstapel: St.-Katharinen-Kirche.
Friedrichstadt: Grachten, Giebelhäuser, Alte Münze, Paludanushaus, Marktplatzbrunnen, katholische und evangelische Kirche, Saalkirche, Mennonitenfriedhof u. v. a.

Karten, Kanu-Literatur
Generalkarte 1:200 000, Blatt 1; Deutsche Idealkarte 1:100 000, Blatt 1/2 und 3; Wassersport-Wanderkarte 1:100 000, Teil 1.
Kanuwanderbuch für Nordwestdeutschland.

Rast auf der oberen Treene.

In engen Schleifen pendelt die Treene zwischen bewaldeten Geestrücken.

Weiterführende Literatur

Allgemeine Informationen

BAHL: Die Donau von der Quelle bis zur Mündung. Verlag Stähle & Friedel
BUCHER'S Reisebegleiter: Spreewald, Mecklenburger Seen, Sächsische Schweiz, Elbsandsteingebirge, Thüringen. Verlag C. J. Bucher
BULLOCK: Die großen Ströme Europas. R. Löwit, Wiesbaden
CROPP: Der Neckar. Konrad Theiss Verlag, Stuttgart 1987
EDITION: Die deutschen Länder – Sachsen-Anhalt, Brandenburg, Sachsen, Thüringen, Mecklenburg-Vorpommern. Verlag C. J. Bucher
GIER/KAPPLER: Der Rhein von Mainz bis Köln. Artcolor Verlag, Hamm 1989
HAGEMANN: Land der tausend Berge. Verlag Schönes Sauerland, Iselohn 1985
HÖHNE: Unterwegs zu Seen und Flüssen in Bayern. Verlag Kümmerly & Frey 1981
HB BILDATLAS: Romantische Straße, Ostsee und Holsteinische Schweiz, Bayerischer Wald, Bodensee, Lüneburger Heide, Sauerland, Der Rhein zwischen Köln und Mainz, Eifel, Odenwald und Spessart, Fränkische Schweiz, Bergisches Land, Münsterland, Weserbergland, Hamburg, Zwischen Elbe und Weser-Bremen, Die Mosel, Holstein – Herzogtum Lauenburg, Trier, Sachsen
HB BILDATLAS SPEZIAL: Seen in Deutschland, Flüsse in Deutschland
JÜRGENS/BAUM: DDR-Landschaften und Städte zwischen Ostsee und Thüringer Wald. Süddeutscher Verlag, München 1990
JÜRGENS/KRÜGER: Zwischen Rügen und Elbsandsteingebirge. Stürz Verlag, Würzburg
KNAURS Kulturführer in Farbe: Deutschland (1985), Deutsche Demokratische Republik (1990). Droemer/Knaur Verlag, München
KOLLEKTIV: Reisehandbuch Mecklenburger Seen. Tourist Verlag, Berlin 1982
KOMPASS-Wanderführer: Umgebung von Berlin. Wanderverlag Dr. Mair und Schnabel, Stuttgart
LÖSCHBURG/RIEDEL: Wanderatlas Rheinsberg-Neuruppin. Tourist-Verlag, Leipzig 1981
LÜPPKE: Typisch Mecklenburg. Verlag Weidlich, Würzburg 1986
MADER: An den Seen in Mecklenburg. Falken-Verlag GmbH 1991
MÄLZER: Die Geschichte eines Flusses – Der Main. Echter Verlag, Würzburg 1986
MEHLIG: Land um die Mosel. Süddeutscher Verlag München, 1978
MERIAN: Münsterland, Lüneburger Heide, Mainfranken, Fränkische Schweiz
MEISSNER/KANT: Feldberger Seen. Brockhaus Verlag, Leipzig 1988
SCHMIDT: Zwischen Elbe und Havel. VEB Brockhaus Verlag, Leipzig 1990
STECKHAU: Niedersachsen. Schlütersche Verlagsanstalt 1980
VOLLRATH-LAMMEL: Wiedersehen am Strand der Spree. BeRing-Verlag 1990
ZEITLER: Der Regen, Morsak Verlag, Grafenau 1982
ZSCHOCKE/DROMMER: Mecklenburg – Ein Reiseverführer. Husum Druck- und Verlagsgesellschaft 1985

Karten

Generalkarte 1:200 000; Mairs Geographischer Verlag
Deutsche Idealkarte 1:100 000; Haupka & CO Verlag
Maxi-Atlas Deutschland 1:150 000; ADAC-Verlag München 1992
Wassersport-Karte Deutschland 1:1 000 000; RV Verlag
Wassersport-Wanderkarte Jübermann-Kartographie und Verlag Uelzen Teil 1–4, 6, 7
Panoramakarte: Rheinlauf, Mosellauf; Rahmel-Verlag Pulheim (Köln)

Panoramakarte: Weserlauf; Stollfuß-Verlag, Bonn

Wassersportkarte Havelgewässer 1:50 000, Kartogr. Dienst Potsdam

KOMPASS-Wanderkarten 1:50 000; Verlag Geografa

Topographische Karte des Landesvermessungsamts Baden-Württemberg 1:50 000; Stuttgart

Topographische Karte des Bayerischen Landesvermessungsamts 1:50 000; München

Flußwanderführer

Deutsches Flußwanderbuch; Deutscher Kanu-Verband 1991

Kanu-Wanderbuch für Nordwestdeutschland; Hamburger Kanu-Verband 1995

DKV-Kanuführer für Südwestdeutschland; DKV-Wirtschafts- und Verlags GmbH, Duisburg 1994

Kanuführer Württemberg; DKV-Wirtschafts- und Verlags GmbH, Duisburg 1989

Kanuwanderführer für Bayern; Bayerischer Kanuverband (erg. 1995)

Wasserwanderatlas: Mecklenburger Gewässer und Bodengewässer; Kümmerly + Frey, Tourist Verlag Berlin 1995

Wasserwanderatlas: Märkische Gewässer; Kümmerly + Frey, Tourist Verlag Berlin 1995

Wassersport-Wanderatlas Elbe; Jübermann-Kartographie u. Verlag 1993

Die Lahn – Führer für Wasserwanderer; Verlag Buchhandlung Meckel KG, Limburg/L. 1995

Wassersportwanderatlas Weser W 1+2; Jübermann Kartographie u. Verlag, Uelzen 1995

Wasserwandern Lüneburger Heide, Prospekt des Fremdenverkehrsverbands Lüneburger Heide e. V.

Bootwandern im Naturpark Altmühltal, Landkreis Eichstätt u. a.

Bootwandern im Naturpark Oberer Bayerischer Wald, Prospekt des Landkreises Cham u. a.

Bootswandern im Neckartal, Broschüre der Kurverwaltung Eberbach u. a.

Bootswanderführer von Donaueschingen bis Passau, Prospekt AG Deutsche Donau Neuburg a. d. D. 1996

Heinz Squarra: Mit dem Boot durchs Lahn- (Main-, Mosel-)tal (Flußführer für Binnenschiffer); Edition Maritim Hamburg

Kanu-Urlaub in und um Nordrhein-Westfalen; Kanu-Verband NRW 1987

Kanu-Literatur

ALTENHOFER: Der Haderkahn – Geschichte des Faltbootes. Pollner Verlag 1989

BAUR-HALM-HOLZ: Grundlagen des Kanusports. CD Verlagsges. 1986

DEPPE/GERLACH: Kanu-Wandern, Wildwasser, Wettkampf. Stalling Verlag 1981

DINTER: Kajakfahrten zwischen Donau und Inn. Pollner Verlag 1988

FREIBERGER: Kanu. Humboldt-Taschenbuchverlag Jacobi KG 1988

HERM/HÖH: Wasserwandern Mecklenburg-Brandenburg. Reise Know-How Verlag P. Rump GmbH, Bielefeld 1996

MASON/GATZ/ENGEL: Die Kunst des Kanufahrens – der Canadier. Verlag Busse-Seewald 1987

MAC GREGOR: Tausend Meilen im »Rob Roy« Canoe auf Flüssen und Seen Europas 1865. DKV-Verlags GmbH 1988

MARTIN: Kanuwandern in Mecklenburg-Vorpommern. BLV Verlag 1994

NEJEDLY: Kanuwandern in Nord-/Westdeutschland. BLV Verlag 1988

NEJEDLY: Kanuwandern in Süddeutschland. BLV Verlag 1985

OEHRING: Kanuwandern in Deutschland. DKV-Verlag GmbH 1989

RITTLINGER: Das bald verlorene Paradies. Pollner Verlag 1993

V. STRITZKY/DE PREE: Paddel-Handbuch – Wandern auf Salz- und Süßwasser. BLV Verlag 1991

SCHRIFTEN des Deutschen Kanu-Verbands e. V.: Kanu-Sport, Amtliches Organ des DKV (monatlich)

Kanumagazin (zweimonatlich) Rotpunkt Verlag Fellbach

Kontaktadresse

Deutscher Kanu-Verband e. V. Bertaallee 8, 4100 Duisburg

In rhythmischen Schleifen schwingt die Alster durch die Wiesen.

Aufbruch zu neuen Ufern

Otto von Stritzky/Marja de Pree
Paddel-Handbuch
Wandern auf Salz- und Süßwasser
Umfassendes Handbuch mit allen erforderlichen Kenntnissen für Einsteiger und fortgeschrittene Bootswanderer, ergänzt durch aktuelle Tips, Anregungen, spannende Erlebnisberichte und anschauliche Skizzen.

Heinrich Nejedly
**Kanuwandern
in Nord-/Westdeutschland**
40 ausgewählte Flußwanderungen
Touren nördlich von Main und Mosel mit ausführlicher Beschreibung auf neuestem Stand, vielen Fotos und Flußverlaufskizzen.

Karlheinz Martin
**Kanuwandern
in Mecklenburg-Vorpommern**
36 ausgewählte Touren zwischen Oder und Elbe
Tages-, Wochenend- und Ferienfahrten auf Seen und Flüssen: ausführliche Tourenbeschreibungen mit Kartenskizzen, Tips zu Anreise, Zelt- und Unterkunftsmöglichkeiten, Sehenswertes.

Heinrich Nejedly
**Kanuwandern in Österreich,
Böhmen und Mähren**
38 ausgewählte Touren zwischen Riesengebirge und Alpen
Kanutouren auf Flüssen und Seen: 20 Vorschläge in Österreich, 18 in Böhmen und Mähren; aktuelle Streckenbeschreibungen mit Fotos und Flußverlaufskizzen; Sehenswertes, Zeltmöglichkeiten.

Heinrich Nejedly
**Kanuwandern
in Süddeutschland**
30 ausgewählte Flüsse in Bayern und Baden-Württemberg
Vorschläge für 5 Tagesfahrten, 18 mehrtägige Fahrten und 7 Ferienfahrten mit ausführlichen Beschreibungen, Flußverlaufskizzen und vielen Fotos.

Norbert von Frankenstein
**Kanuführer
Masurische Seenplatte**
Die schönsten Touren im Land der tausend Seen
Die attraktivsten Routen im Nordosten Polens mit präzisen Beschreibungen, Anlege- und Übernachtungsmöglichkeiten, Sehenswürdigkeiten und kleinem Reisewörterbuch.

Im BLV Verlag finden Sie Bücher zu folgenden Themen: Garten und Zimmerpflanzen • Wohnen und Gestalten • Natur • Heimtiere • Jagd • Angeln • Pferde und Reiten • Sport und Fitneß • Tauchen • Reise • Wandern, Alpinismus, Abenteuer • Essen und Trinken • Gesundheit und Wohlbefinden

Wenn Sie ausführliche Informationen wünschen, schreiben Sie bitte an:
**BLV Verlagsgesellschaft mbH • Postfach 40 03 20 • 80703 München
Telefon 089/12705-0 • Telefax 089/12705-543**

Notizen